AF561742

SEBASTIAN BIEHL

EIN VOLK SUCHT SEINEN PLATZ

DIE GESCHICHTE VON ORANIA UND DEM FREIHEITSSTREBEN DER AFRIKAANER

Autor: Sebastian Biehl
Herstellung und Verlag: Effekt! - Buchverlag, www.effekt.it

ISBN: 979-12-5532-059-3

Gefördert mit freundlicher Unterstützung

Orania - der Gedanke, die Bewegung und das Dorf

Orania in der südafrikanischen Provinz Nord-Kap, eine Siedlung mit knapp 3500 Einwohnern, ruft wie kein anderes Dorf in Afrika, vielleicht in der Welt, so viel Emotionen hervor, die von aufopferungsvoller Unterstützung und Enthusiasmus bis hin zu Ablehnung, Hass und Verachtung reichen. Dabei ist es, oberflächlich gesehen, kaum anders als fast alle ländlichen Siedlungen dieser Welt: ethnisch homogen, landwirtschaftlich geprägt, ein unspektakulärer Ort, wo fast jeder jeden kennt und man oft zusammen feiert aber auch streitet und das Leben seinen gemächlichen Gang geht. Für einen Besucher wird der erste Eindruck sehr ähnlich mit dem einer Siedlung im Mittleren Westen der USA oder des Outbacks Australiens sein.

Dennoch es ist einzigartig: Orania entstand nicht langsam und eher zufällig wie andere Dörfer, etwa als Handelszentrum an einer Straßenkreuzung, aufgrund des Vorkommens von Bodenschätzen, wegen der fruchtbaren Böden oder weil hier ein Schloss oder eine Kirche als Ausgangspunkt einer Ansiedlung gewesen wäre. Orania wurde bewusst gegründet als Keimzelle eines zukünftigen Staates oder zumindest autonomen Gebietes und dies nicht von staatlicher Seite, sondern von einer Gruppe Idealisten, die das Überleben ihres Volkes in einem abgelegenen und dünn besiedelten Gebiet ermöglichen wollten.

Auch wenn das tägliche Leben wie in vielen ländlichen Siedlungen abläuft, wird dieser Ort von einem großen Ideal getragen. Als am Ende des Kalten Krieges Mauern und Grenzen fielen und sich ehemalige Feinde versöhnt in den Armen lagen, wurde auch in Südafrika die vermeintlich verheißungsvolle Zukunft einer gemeinsamen Regenbogen-Nation beschworen (der Regenbogen, heute von der Homosexuellen- und später „woken" Weltbewegung vereinnahmt, war 1994 das Symbol des neuen Südafrikas), in der die verschiedenen Völker und Volksgruppen des multiethnischen Südafrika harmonisch zusammen leben sollten. Eine Gruppe Angehöriger der afrikaanssprachigen Minderheit gründete genau in diesen Jahren eine kleine Siedlung namens Orania und entzog sich diesem propagandistischen Sog. Trotz Widerständen und Anfeindungen überlebte Orania, wuchs langsam, aber sicher und ist heute eine der wenigen Erfolgsgeschichten des Post-1994 Südafrikas.

Über 30 Jahre sind seit der Gründung Anfang 1991 vergangen. Die Welt ist eine andere geworden. Der

Enthusiasmus über das Ende des Kalten Krieges und der Schaffung einer neuen Weltordnung ist verflogen, die Welt ist trotz massiver Veränderungen und Globalisierung keine bessere geworden. Südafrika selbst hat sich inzwischen in eine Richtung entwickelt, die ziemlich genau dem entspricht, was die größten Skeptiker damals voraussagten: einer der höchsten Arbeitslosenraten der Welt, eine sozialistische, korrupte Regierung, wirtschaftliche Stagnation, enorme Staatsschulden, dazu eine unbeschreiblich hohe Gewaltkriminalität. Das Land, das immer als „positive Ausnahme" in Afrika galt, ist heute nahe dran, zum *failed state* zu werden. Der südafrikanische Staat ist zwar nicht völlig implodiert, wie es in Somalia oder der Republik Kongo geschah, aber Anzeichen des Staatsversagens mehren sich beinahe täglich.

Die Siedlung Orania dagegen blüht und gedeiht trotz zahlreicher Bedrohungen und trotz ihrer zahlreichen Standortnachteile. Wenige außer den überzeugtesten Idealisten hätten bei der Gründung erwartet, dass Orania so lange überleben würde und heute als weltweit einzig praktiziertes Beispiel für einen Neubeginn eines kleinen Volkes nach dessen freiwilligem Machtverzicht angesehen werden kann.

Wenn man sich die Geschichte Südafrikas im 20. Jahrhundert vor Augen führt, ist es erstaunlich, wie sehr dieses Land die globalen Herausforderungen und Probleme im Kleinen abbildet: eine zahlenmäßig unterlegene, aber technologisch und organisatorisch überlegene Gruppe, die lange Zeit dominiert hatte, gibt aus freien Stücken die Macht ab und zelebriert das eigene Aufgehen in einem Schmelztiegel. Die ausgestreckte Hand der Versöhnung wird von den ehemals Unterdrückten zwar ergriffen, aber nicht zum Zwecke einer partnerschaftlichen Zusammenarbeit. Nicht Kooperation, sondern Machtübernahme war das Ziel der ehemals von der Minderheit dominierten Mehrheit.

Oranias Entstehung war nicht eine Kurzschlussreaktion auf den sich anbahnenden Machtverlust, sondern hatte einen langen Vorlaufprozess. Der Kerngedanke war, das jede ethnische Gruppe ihr eigenes Heimatland haben soll, wo sie sich sicher und geborgen fühlen, ihre Kultur ausleben, ihr Erbe bewahren und ihre eigene Wirtschaft aufbauen konnte. Weil jedes Gebiet für sich zu klein war, würde man, ähnlich der Europäischen Union, in übergeordneten Belangen als eine Art „Südafrikanische Konföderation" zusammenarbeiten.

Als erkennbar wurde, dass Südafrika zu groß und die politischen Verhältnisse zu komplex waren, um dieses Konzept zu verwirklichen und eine Machtübernahme der Mehrheitsbevölkerung unvermeidlich war, kam in intellektuellen Kreisen die Idee eines eigenen Heimatlandes für die burisch-afrikaanssprachige Volksgruppe auf. In den 1970ern wurde diese Idee auf theoretischer Ebene entwickelt, in den 1980ern vertieft und experimentell versucht, ab 1991 dann durch die Gründung Oranias in die Praxis übergeführt.

Um diesen Werdegang zu zeigen ist das vorliegende Buch in 2 Teile gegliedert: der erste Teil schildert die Geschichte der Buren und Südafrikas im 20. Jahrhundert, speziell die Idee eines burischen Heimatlandes, der zweite Teil behandelt speziell die Entwicklung der Siedlung Orania von der Gründung bis heute.

Sebastian Biehl,
Autor

Wie Beziehungen dazu beitragen, dass Völker überleben und gedeihen

Es gibt ein Geheimnis für das Überleben von Völkern und Kulturen, ein Geheimnis, das kein Student der Politologie in den Gängen einer angesehenen Universität und kein ehrgeiziger Diplomat in seinem vornehmen Botschaftsbüro erlernen kann. Ein Geheimnis, das im Kollektiv zu finden ist und nicht im Individuum: eine Verbindung zwischen zwei Gruppen, die mit keinen Zahlen, politischen Richtlinien und selbst mit gemeinsamen Interessen quantifiziert werden kann. Es ist die Verbindung zwischen zwei Völkern die einander mühelos „verstehen". Die gemeinsam die Freude, das Trauma, die Trauer und die Hoffnung des anderen teilen und sich ohne große Erklärungen damit identifizieren.

Die Afrikaaner und Oranier haben eine solche zeitlose Verbindung zu unseren Freunden in Südtirol gefunden. Als Einzelperson kann ich sagen, dieses ist so seit 2010, als der Verein Südtiroler Freundeskreis der Afrikaaner gegründet wurde. Als Teil eines der beiden Völker weiß ich jedoch, dass dieses Band viel älter ist, genauer gesagt seit dem Jahr 1900 besteht, wenn nicht noch früher! In einer anderen Zeit, mit anderen Herausforderungen und Bedrohungen, mit anderer Technologie und andere Realitäten reichten die Südtiroler den Buren die Hand. Im Jahr 2010 wurde dies bestätigt. Die Bozner Buren-Erklärung von 2022 ist keine neue Erklärung, sondern eine Befestigung einer Beziehung, die bestanden hat und weiterhin besteht.

Zwei Völker, zwei Kulturen, die sich einfach beieinander wohlfühlen wie alte Freunde. Es ist ein ungeschriebenes Vertrauensverhältnis.

Kein Wunder, dass auch uns die Geschichten von Tiroler Helden wie Andreas Hofer bekannt vorkommen. Fast so vertraut, dass wir uns in dieser Geschichte zu Hause fühlen.

Mit Taten und Worten, aber auch mit großzügigen Spenden haben die Südtiroler einen großen Beitrag zu Orania, seiner Lebensfähigkeit und seinem Wachstum geleistet. Ihre Unterstützung ist nicht nur hilfreich, Beziehungen wie diese sind eine Voraussetzung für das langfristige Überleben der Afrikaaner. Sebastiaan Biehl widmete sein Leben, seine Leidenschaften und seine verfügbare Zeit der Sache des Volkes der Afrikaaner. Er hat Einblick in die deutsche Kultur und ist auch als Afrikaaner unter Afrikaanern zu Hause. Sein Fachwissen durch Weltreisen, das Studium der Politikwissenschaft und sein Bekennt-

nis zum Ideal, für das Orania steht, machen ihn zu einem wichtigen Zeitzeugen und wichtigen Autor.

Ebenso wie die Beziehungen zwischen Afrikaanern und Tirolern ist dieses Buch keine „Ankündigung“ der Realitäten, die kommen müssen, sondern vielmehr eine Bestandsaufnahme dessen, was bereits erreicht wurde..

Ich wünsche Ihnen, dem Leser, ein angenehmes Leseerlebnis.

Mögen der Autor, alle Tiroler und Afrikaaner ein erfülltes und langes Leben haben, das sie unserer Sache widmen können!

Joost Strydom,

Direktor der Orania Bewegung

Engagement als Ausdruck der Solidarität zwischen ethnischen Minderheiten

15 Jahre ist es her, dass eine kleine Gruppe von Südtirolern im historischen Bozner Gasthaus Batzenhäusl einen Verein ins Leben riefen, der es sich zur Aufgabe gemacht hat, die afrikaanssprachige Minderheit in Südafrika zu unterstützen. Der Südtiroler Freundeskreis der Afrikaaner ist in diesen Jahren gewachsen, hat intensive Kontakte zu südafrikanischen und europäischen Partnerorganisationen aufgebaut und bemüht sich nach Kräften, über das Schicksal dieser autochthonen Volksgruppe im Süden Afrikas zu berichten und diese auf vielfache Weise zu unterstützen.

Unser Engagement ist Ausdruck der Solidarität zwischen ethnischen Minderheiten, deswegen war es seit der Gründung dem Verein ein Anliegen, jede Form der rassischen oder ethnischen Diskriminierung aus Überzeugung abzulehnen – ein Anliegen, das wir mit unseren südafrikanischen Partnern teilen.

Ein Schwerpunkt unserer Arbeit besteht darin, über die Verhältnisse in Südafrika in unserer Heimat zu berichten – und dies war uns auch Ansporn, zum 15. Gründungsjubiläum die vorliegende Publikation herauszugeben.

Autor Sebastiaan Biehl beschreibt minutiös die Gründung und das Werden der Siedlung Orania, die als Keimzelle für das Überleben der Afrikaaner in ihrer angestammten afrikanischen Heimat dienen soll. Ihm gebührt unser Dank, da dadurch nun in deutscher Sprache eine fundierte Publikation vorliegt, die einen weiten Bogen von der turbulenten Geschichte der Afrikaaner bis hin zum Entstehen und zu den Hintergründen des Projekts Orania spannt. Kenntnisreich, kritisch und zum großen Teil auch aus eigenem Erleben schildert der Autor die Entwicklung Oranias und legt damit erstmals eine Beschreibung der geistigen Grundlagen und ideellen Überzeugungen vor, die für eine Beschäftigung mit der Minderheitenpolitik im heutigen Südafrika eine unverzichtbare Quelle darstellt.

Ich darf an dieser Stelle dem Effekt!-Verlag für die Bereitschaft danken, dieses Buch in sein Verlagsprogramm aufgenommen zu haben sowie unserem Ehrenobmann Christoph von Ach und unseren Mitgliedern Klaus und Florian von Ach für die unermüdliche Begleitung des vorliegenden Buches.

Gino Bentivoglio,
Obmann des Südtiroler Freundeskreises der Afrikaaner

Eine Minderheit, die um ihr Überleben kämpft

Die vorliegende Publikation, die vom Verein Südtiroler Freundeskreis der Afrikaaner zu seinem 15 jährigem Bestehen veranlasst wurde, widmet sich einer für uns Südtiroler nur zu bekannten Situation: jener einer Minderheit, die um ihr Überleben kämpft.

Nur durch Zusammenhalt und Ausdauer und mit vielen persönlichen Opfern zahlreicher Südtiroler/innen haben wir ein international abgesichertes Autonomiestatut erhalten, das uns als angehörige der österreichischen Minderheit in Italien ein kulturelles und wirtschaftliches Überleben ermöglicht. Eine sprachliche Minderheit muss natürlich immer aktiv sein und ihr eigenen kulturellen, sozialen und wirtschaftlichen Werte leben und verteidigen, widrigenfalls sie von der Mehrheit eines Staates assimiliert oder majorisiert wird.

Nach der friedlichen Abschaffung des Apartheidsystems rief das Schlagwort von der „Regenbogennation Südafrika" große Hoffnungen bei allen Südafrikanern, unabhängig ihrer ethnischen Herkunft, hervor. Es hat sich leider gezeigt, dass der daraufhin etablierte zentralistische Einheitsstaat den Bedürfnissen einer vielgestaltigen ethnischen und sprachlichen Situation, wie sie für Südafrika charakteristisch ist, nicht entsprechen konnte.

Die Buren oder Afrikaaner sind heute ebenso wie die Angehörigen anderer südafrikanischer Minderheiten umso entschlossener, ihre Identität im „Neuen Südafrika" zu verteidigen und einzubringen – vor allem auch vor dem Hintergrund der politischen Umwälzungen, die dieses wunderbaren Land in den vergangenen Jahrzehnten erlebte.

Die Siedlung Orania in der südafrikanischen Provinz Nordkap ist ein Beispiel für diese zukunftsfähige Entschlossenheit, die uns Autor Sebastiaan Biehl kenntnisreich nahebringt.

Die kritische und offene Sichtweise des Autors lässt uns die Beweggründe verstehen, die zum Entstehen, aber auch zum Funktionieren des Experiments Orania geführt haben – in einer Zeit oft einseitiger Berichterstattungen eine wichtige Ergänzung für jeden, der sich ernsthaft mit der Minderheitensituation in Südafrika beschäftigen möchte.

Sein Beitrag bildet den Hauptteil des Buches, das durch einen historischen Überblick über die kaum bekannten Berührungspunkte zwischen Tirolern und Afrikaaner sowie eine kurze Vereinschronik abgerundet wird.

Die Afrikaaner haben aus den Fehlern der Vergangenheit, die auch im vorliegenden Buch kritisch und schonungslos angesprochen werden, gelernt. Aus diesem Lernprozess entwickelte sich der Gedanke, dass eine Eigenständigkeit – die Voraussetzung für die Existenz einer Volksgruppe – nur dann glaubhaft sein kann, wenn diese auch gelebt und umgesetzt wird, ohne Ausbeutung anderer.

Insofern wünsche ich dem Buch weite Verbreitung und freue mich mit dem Südtiroler Freundeskreis der Afrikaaner über die ersten 15 Jahres seines Bestehens!

Dr. Luis Durnwalder

Landeshauptmann a. D.

DIE GESCHICHTE
VON ORANIA
UND DEM
FREIHEITSSTREBEN
DER AFRIKAANER

DAS IDEAL EINES EIGENEN AFRIKAANER-STAATES

TEIL 1

DIE UN

TREKBUREN IM BINNENLAND, ANFANG DES 19. JAHRHUNDERTS

AFRIKAANER D SÜDAFRIKA

Die Buren oder Afrikaaner – wie sie sich selbst nennen - behaupten zu Recht, dass sie etwas anderes seien als „weiße Kolonisten", die in den ehemaligen afrikanischen Kolonien der europäischen Großmächte lebten. Obwohl ihre Vorfahren aus Europa stammen, handelt es sich um ein eigenständiges Volk, das in Afrika aus verschiedenen Nationen entstanden ist und das seine europäischen Bindungen seit Jahrhunderten abgeschüttelt hat, auch wenn seine Kultur und sein Lebensstil sich nicht grundlegend von den anderen europäischen Völkern unterscheiden[1]. Diese Ethnogenese hat dazu geführt, dass das Schicksal dieses Volkes seit beinahe 400 Jahren untrennbar mit Afrika verbunden ist. Selbst der südafrikanische Staatspräsident Jacob Zuma, ein Vertreter des zentralistisch-sozialistischen *African National Congress* (ANC) erkannte dies an und bezeichnete die Buren als „den einzigen einheimischen weißen Stamm Afrikas"[2].

Südafrika ist bis heute ein Staat, in dem mehrere Volksgruppen leben. Neben schwarzafrikanischen Völkern sind es Inder, Malaien, gemischtrassige Volksgruppen und Südafrikaner europäischer Abstammung, die seit Mitte des 17. Jahrhunderts an der Südspitze Afrikas siedeln. Im Jahr 1652 landete ein holländisches Expeditionsschiff der Vereinigten Ostindischen Kompanie (VOC) am Kap der Guten

1 Böttger, Christian: „Autonomie für die Afrikaanse Nation!" 2020. S. 107-110.

2 Anläßlich eines Treffens von Zuma mit verschiedenen Afrikaanerorganisationen im April 2009 sagte dieser: "Of all the white groups that are in South Africa, it is only the Afrikaners that are truly South Africans in the true sense of the word." https://www.politicsweb.co.za/opinion/afrikaners-only-true-white-africans--jacob-zuma.

Hoffnung, um dort eine Versorgungsstation an dieser für die Schifffahrt strategisch wichtigen Stelle zu errichten. Diese Versorgungsstation zog europäische Siedler an, die mit der einheimischen Khoisan-Bevölkerung in einem Wechselspiel aus friedlichem Handel und kriegerischen Auseinandersetzungen lebten. Die Europäer stammten zwar in der Mehrzahl aus den Niederlanden, es gab aber auch eine starke Minderheit an französischen und deutschen Einwanderern, die sich als „Vrijburger" (freie Bürger) am Kap niederließen.

Die "Vrijburger" waren freie Bauern und Bürger, ein Umstand der die Europäer verschiedener Abstammung schon bald ein eigenes Nationalbewustsein ausbilden ließ: im Jahr 1707 gab Henrik Biebouw, der erst 17-jähriger Sohn eines Vrijburgers, in einem Gerichtsverfahren dem niederländischen, von der VOC eingesetzten Landrichter folgendes zur Antwort:

„Ich lasse mich nicht verjagen, ich bin ein Afrikaaner, selbst wenn der Herr Richter mich totschlägt oder ins Gefängnis steckt werde ich nicht schweigen." [3]

Nur 55 Jahre nach der Landung der VOC fühlten sich die europäischstämmigen Siedler nicht mehr ihren Herkunftsländern verbunden, sondern dem Kontinent, in dem sie lebten. Im Laufe des 18. Jahrhunderts bildete sich in Anlehnung an das Niederländische und mit Einflüssen aus der deutschen, französischen und malaiischen Sprache die eigenständige Sprache „Afrikaans" und „Afrikaaner" wurde zur Selbstbezeichnung der Einwohner europäischer Abstammung. Im deutschen Sprachraum werden sie bis heute im Allgemeinen „Buren" genannt[4].

Die Buren von heute haben nur mehr in geringem Ausmaß einen landwirtschaftlichen Hintergrund und haben sich in den vergangenen etwa 100 Jahren zu einer städtischen Mittelschicht entwickelt. Trotzdem gibt es immer noch erkennbare Charakterzüge und Unterscheidungsmerkmale. Auch heute noch gelten die Buren als vergleichsweise konservativ und der christliche Glaube spielt nach wie vor eine wichtige Rolle, wenn auch viele inzwischen eher den englischsprachigen charismatischen Kirchen als den streng reformiert-niederländischen Kirchen anhängen. Die Sprache Afrikaans wird als identitätsstiftend betrachtet, aber es wird akzeptiert, dass

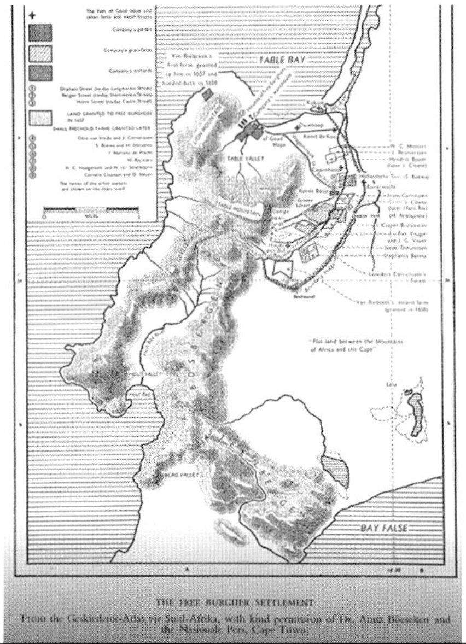

THE FREE BURGHER SETTLEMENT
From the Geskiedenis-Atlas vir Suid-Afrika, with kind permission of Dr. Anna Böeseken and the Nasionale Pers, Cape Town.

KARTE VON KAPSTADT KURZ NACH DER GRÜNDUNG DES VOC POSTENS 1653. DER GEMÜSEGARTEN DER KOMPANIE SIND IN DER NÄHE VOM HAFEN, DIE LÄNDEREIN DER VRIJBURGERS AN DER GRENZE ZUM BINNENLAND

3 Giliomee, Hermann: „The Afrikaners – Biography of a people", 2003. S. 22.

4 Böttger, S. 106-107.

Englisch das Fenster zur Welt und zum beruflichen Aufstieg ist.

Besondere Bedeutung für die burische Identität hat das Streben nach Unabhängigkeit – oder „Freiheit", das sich wie ein roter Faden durch die Geschichte dieses Volkes zieht. Tatsächlich wird der Großteil der fast 400-jährigen Geschichte der Buren von diesen selbst als unfrei und sogar unterdrückend empfunden[5].

Bereits die *Vrijburgers* unter ihrem ersten politischen Anführer Adam Tas[6], die sich gegen die Herrschaft der VOC auflehnten, verlangten persönliche und wirtschaftliche Freiheit, also das, was man aus heutiger Sicht als „liberale Freiheitsidee" bezeichnen würde. Ihre Aktionen waren jedoch kollektiv und ein Gruppenbewusstsein hatte bereits Form angenommen – nicht zuletzt benannte der Anführer Tas nach seiner Freilassung sein Haus „Libertas"[7].

Auch die Trekburen, herumziehende Viehhirten, Pioniere und Abenteurer, wurden von wirtschaftlichen Erwägungen sowie dem Streben nach persönlicher Freiheit und der Abwesenheit einer staatlichen Autorität getrieben. Sie repräsentieren noch mehr als die *Vrijburgers*, die noch mit den Vertretern der herrschenden VOC in Kontakt blieben, den Archetypus des Pioniers, der sich in die Weite Afrikas wagt und für sein eigenes Überleben sorgt, unabhängig von jeder staatlichen Unterstützung. Schon am Ende des 18. Jahrhunderts wurden bereits tief im Binnenland die ersten beiden Proto-Burenrepubliken gegründet, nämlich Graaf-Reinet und Swellendam[8].

Eine neue Qualität erhielt das Freiheitsstreben der Buren, als die Kapkolonie nach dem Wiener Kongress 1814 dauerhaft unter die Herrschaft Großbritanniens fiel[9].

Der „Große Trek" von 1836 bis 1838 war dann, im Unterschied zu den individualistischen Trekburen, eine organisierte Anstrengung aus der sich dann dauerhafte Staatsgründungen ergaben. Es waren nicht mehr nur ein paar nomadischen Viehhirten auf der Suche nach besseren Weiden und größerer physischer Distanz zur Regierung, es war eine Reaktion auf den verständnislosen Umgang der britischen Behörden mit den Buren an der Ostkap-Grenze, nicht enden wollende Konflikte mit dem schwarzafrikanischen Volk der Xhosa und ein Gefühl der politischen Ohnmacht. Nicht zuletzt die Verdrängung des Niederländischen als Amts- und Gerichtssprache (1828 bzw. 1832) marginalisierte die Buren in ihrer eigenen Heimat[10]. Der Wille als Volk das eigene Schicksal selbst in die Hand zu nehmen und sich eigenen Anführer zu wählen, anstatt sich Fremden unterzuordnen, die landesfremd waren und die Einheimischen oft als „ungebildet" verachteten, führte

5 Bereits der spätere Premierminister Jan Christiaan Smuts schrieb mit anderen prominenten Autoren im Jahr 1900 das Buch „Een eeuw van onrecht" (Ein Jahrhundert des Unrechts), welches die Britische Unterdrückungs- und Manipulationspolitik des 19. Jahrhunderts den Buren gegenüber anklagt. Das Thema des Unrechts und Betrugs, welches die Buren immer wieder von vor allem Groß-Britannien, aber auch anderen Großmächten erfahren haben, ist nach wie vor ein häufiges Thema in Gesprächen.

6 Adam Tas (1668-1722) war Geistlicher in der Kapkolonie und deckte eine Korruptionsaffäre des Gouverneurs Willem van der Steel auf. Als Wortführer der „Vrijburger" erlangte er historische Bedeutung, auch wenn er sein politisches Ziel, die Absetzung van der Steels, nicht durchsetzen konnte.

7 Es handelt sich dabei um ein Wortspiel: „Liber Tas" auf Latein ist gleichbedeutend mit „Freier Tas", Anm. d. Verf.

8 Giliomee „The Afrikaners – Biography of a people". 2003. S. 30-31, 42.

9 Johannes Paul: Die territoriale Ausbreitung der britischen Herrschaft in Südafrika bis zur Gründung Rhodesiens. Eine politisch-geographische Studie zur neueren Kolonialgeschichte, 1927; Digitalisat unter http://www.gaebler.info/ahnen/paul/johannes-suedafrika.htm.

10 Giliomee, The Afrikaners – Biography of a people. 2003. S. 197.

HISTORISCHE DARSTELLUNG VON KAPSTADT ALS NIEDERLÄNDISCHER VERSORGUNGSPOSTEN IM SPÄTEN 17. JAHRHUNDERT

Am hartnäckigsten hielten sich die beiden Republiken Oranje Vrystaat und Zuid-Afrikaansche Republiek (auch „Transvaal" genannt, aufgrund der geografischen Lage nördlich des Flußes Vaal).

Das Ziel Großbritanniens war die Schaffung eines durchgehenden afrikanischen Kolonialreiches vom Kap der guten Hoffnung an der Südspitze Afrikas bis zum ägyptischen Kairo, dazu kam der Zugriff auf die afrikanischen Bodenschätze, der die britischen Begehrlichkeiten weckte. Es war schon immer der Fluch Südafrikas gewesen, dass es wegen seiner Bodenschätze und seiner strategischen Lage das Interesse der Großmächte weckte, wogegen die Buren

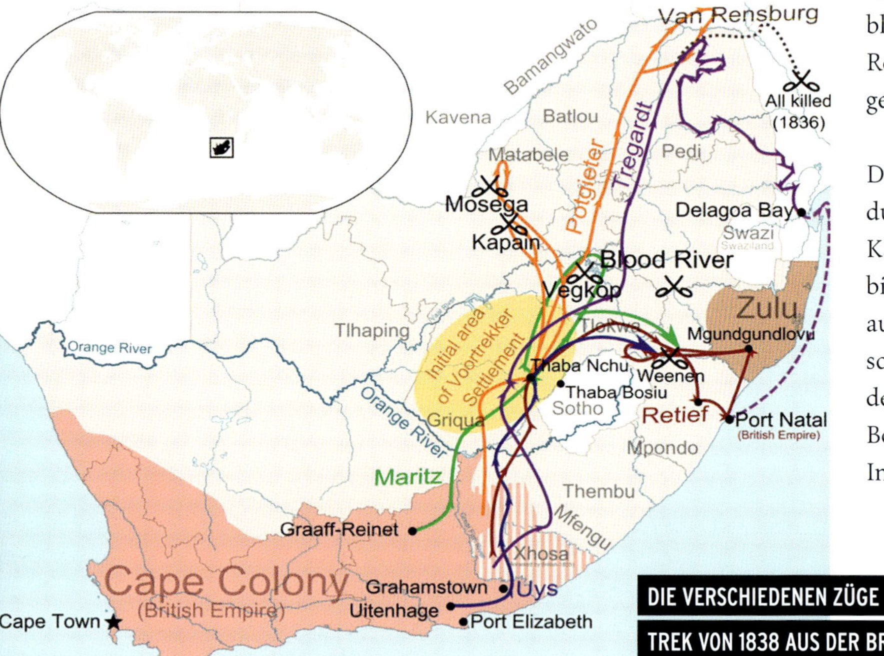

DIE VERSCHIEDENEN ZÜGE DES GROSSEN TREK VON 1838 AUS DER BRITISCHEN KAPKOLONIE INS LANDESINNERE

in der Geschichte zu vielen Freiheitskämpfen. Die *Boston Tea Party* und der amerikanische Unabhängigkeitskrieg gegen Großbritannien, der Freiheitskampf der Creolos in Süd-Amerika gegen Spanien, die zahlreichen anti-kolonialen Kriege im 20. Jahrhundert sind das Ergebnis solcher Entwicklungen.

Wenn die Buren nach vielem Blutvergießen und hartem Kampf, wie etwa gegen die aus dem Kongogebiet zugewanderten Zulus in Natal oder die Ndebele in Transvaal 1838, endlich ihre eigenen kleinen Staaten errichten konnten, so war dieser beschauliche Zustand von kurzen Dauer: schon stand Großbritannien bereit, um die burischen Staatsgründungen – die ausnahmslos Republiken waren – wieder unter die eigene Oberherrschaft zu zwingen.

nichts weiter als ein ländliches, traditionelles und christliches Gemeinwesen anstrebten. Es gab immer wieder Widerstand gegen die britischen Eroberungsgelüste: 1881 konnten die Buren im Ersten Burenkrieg (Schlacht von Majuba) für alle Welt überraschend die Briten besiegen und ihre Unabhängigkeit für beinahe 20 Jahre sichern[11].

Als der Imperialismus im späten 19. Jahrhundert auf seinem Höhepunkt war, gerieten die Burenrepubliken erneut in den Fokus der britischen Großmacht. Die Briten besaßen bereits mit der Kapkolonie und Natal den größten Teil des heutigen Südafrika und beherrschten die gesamte Küstenlinie. Selbst das Diamantengebiet von Kimberley wurde durch diplo-

11 Bothma, LJ: Vat jou goed en trek Ferreira. 2019. S. 69-70.

matische Ränkespiele – unter anderem zu Lasten der einheimischen Griquas - aus dem Oranje-Freistaat herausgeschnitten[12]. Aber als im ländlichen Transvaal Gold in ungeheuren Mengen entdeckt wurde, war sofort die Begierde Großbritanniens geweckt. Ein Staatsstreichversuch, eingefädelt vom Premierminister der Kapkolonie John Cecil Rhodes, konnte vom Präsidenten der Burenrepublik Transvaal, Paul Kruger Anfang 1896 abgewehrt werden[13]. Großbritannien wühlte weiter und provozierte den 2. Burenkrieg, der von 1899 bis 1902 dauerte.

In diesem Krieg wurden viele Grausamkeiten, welche die kriegerische Auseinandersetzungen im 20. Jahrhundert prägen sollten, zum ersten Mal angewandt: aufgrund der beeindruckenden Siege der burischen Freiwilligeneinheiten gegen das britische Berufsheer, reagierten die Briten mit einer bisher nicht gekannten Brutalität. Der britische Oberbefehlshaber Kitchener befahl eine Politik der „verbrannten Erde“ gegen die burische Zivilbevölkerung, deren Farmen und Felder niedergebrannt wurden, um den zum Guerillakrieg übergegangenen Burenkämpfern die Lebensgrundlage zu entziehen. Frauen, Kinder und alte Menschen wurden schließlich in so genannten „concentration camps“ interniert. Die Todesrate vor allem unter Kindern war erschreckend: insgesamt etwa 28.000 Menschen starben an Hunger und Seuchen in diesen ersten Konzentrationslagern des 20. Jahrhunderts. Zahlenmäßig unterlegen, von Versorgungslinien abgeschnitten und unter immer stärkeren Druck durch die brutale britische Kriegführung, mussten die Buren 1902 kapitulieren[14].

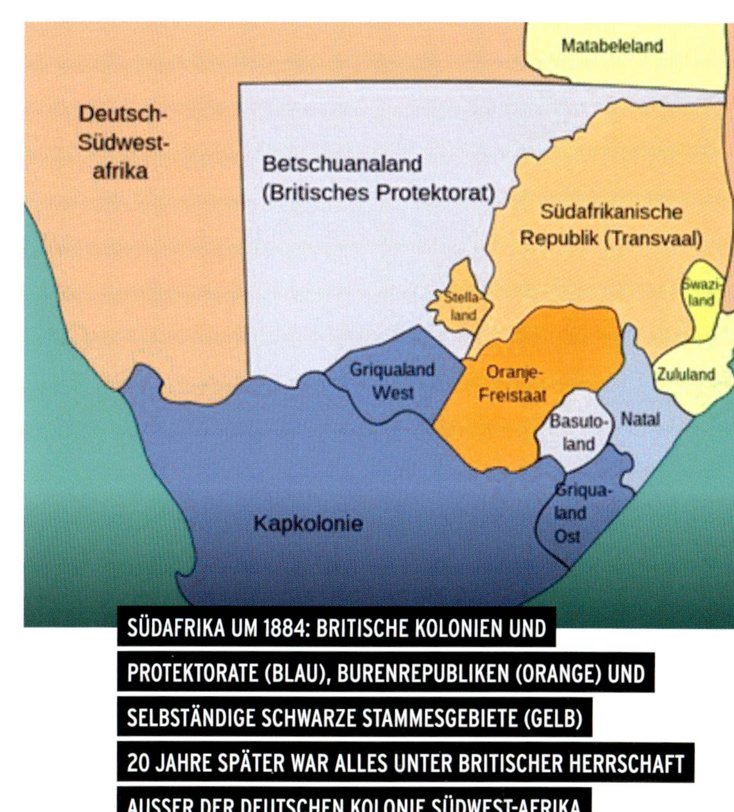

SÜDAFRIKA UM 1884: BRITISCHE KOLONIEN UND PROTEKTORATE (BLAU), BURENREPUBLIKEN (ORANGE) UND SELBSTÄNDIGE SCHWARZE STAMMESGEBIETE (GELB) 20 JAHRE SPÄTER WAR ALLES UNTER BRITISCHER HERRSCHAFT AUSSER DER DEUTSCHEN KOLONIE SÜDWEST-AFRIKA UND DER PORTUGIESISCHEN KOLONIE MOSAMBIK

Die Buren hatten damals, anders als heute, die Sympathie vieler Europäer auf ihrer Seite und es gab neben umfangreicher finanzieller Hilfe auch direkte Unterstützung durch Freikorps aus vielen europäischen Ländern. Es sei zur Ehre Großbritanniens gesagt, daß eine Engländerin, Emily Hobhouse, auf das Elend der Frauen und Kinder aufmerksam machte und eine liberale Regierung, die nach dem Burenkrieg an die Macht kam, einiges tat, um das Unrecht zumindest teilweise zu lindern. Die Buren bekamen materielle Unterstützung um ihre Farmen wieder aufzubauen, und wurden bald wieder an der südafrikanischen Politik beteiligt. Da die politische Beteiligung durch aktives und passives Wahlrecht

12 Bothma, S. 57-58.

13 Clark, Christopher. Die Schlafwandler: wie Europa in den Ersten Weltkrieg zog, 2013, S. 200–202.

14 Bothma, S. 219.

auch unter der britischen Herrschaft auf die europäischstämmige, „weiße" Bevölkerung beschränkt blieb, konnten die Buren, die zahlenmäßig wesentlich stärker waren als die englischsprachigen Südafrikaner, ihren Einfluss auf demokratischem Wege geltend machen.

Im Jahr 1910 wurde aus den annektierten Burenrepubliken und den britischen Kolonien Kapland und Natal die Südafrikanische Union geschaffen[15]. Diese erhielt den privilegierten Status eines britischen „Dominions" mit weitreichenderer Selbstverwaltung, als sie die britischen Kolonien besaßen. Unter anderem waren ein Parlament und eine eigene Regierung vorgesehen, in der auch Buren vertreten waren. Recht bald entstand eine burische Nationalbewegung, die sich von Großbritannien emanzipieren und Afrikaans als eigene Sprache sowie die eigene Kultur hochhalten wollte. In der Politik wurden diese Bemühungen von der 1914 gegründeten Nationalen Partei vertreten, die 1924 erstmals in einer Koalition mit der englischsprachigen Labour Party die Regierung stellte, um dann ab 1948 ununterbrochen bis 1994 zu regieren. Der Freiheitsbegriff wandelte sich: dieser wurde nun aus der Perspektive der dominanten burischen Volksgruppe mit einer größtmöglichen Kontrolle über die Regierung gleichgesetzt.

15 Böttger, S. 59.

PAUL KRÜGER (OHM KRÜGER), PRÄSIDENT VON TRANSVAAL

Südafrika als Staat innerhalb seiner heutigen Grenzen ist nicht viel älter als hundert Jahre. Es ist jung im Vergleich zu den europäischen Staaten, aber im innerafrikanischen Vergleich einer der traditionsreichsten Staaten. Die anderen afrikanischen Staaten entstanden erst in den 1960er Jahren im Zuge der Dekolonisierung und des Rückzuges der europäischen Staaten aus ihren afrikanischen Besitzungen. Im Kontext Afrikas ist Südafrika eines der ganz wenigen Länder, das schon vor dem Ersten und Zweiten Weltkrieg durch den Dominionstatus eine Staatlichkeit im engeren Sinne vorweisen konnte. Die konstitutionelle Entwicklung Südafrikas nach 1910 kann mit anderen britischen Siedlerkolonien verglichen werden, die nach und nach ebenso den Dominionstatus erhielten, wie Kanada, Australien oder Neuseeland[16]. Anders als in den genannten Gebieten wurde jedoch die nichtweiße Bevölkerung nicht einer physischen Vernichtung ausgesetzt.

Die Idee der Südafrikanischen Union bestand darin, die Verwaltung durch die Zusammenlegung von vier Kolonien – Kapprovinz, Natal, Oranje Freistaat und Transvaal - unter Beibehaltung der föderalen

16 Jansen/Osterhammel, Dekolonisation. Das Ende der Imperien, 2013, S. 31.

Strukturen, zu einer Einheit zusammenzufügen und der einheimischen weißen Bevölkerung politische Teilhabe zu gewähren, wobei die britische Autorität immer noch letztentscheidend sein sollte. Diese politische Entwicklung wurde durch einen Regierungswechsel in Großbritannien von der imperialistischen Tory-Regierung unter Lord Salisbury und seinem Nachfolger Lord Balfour zu einer liberalen Regierung unter Sir Campbell-Bannerman und seinem Nachfolger Lord Asquith ermöglicht. Die neue Regierung konzentrierte sich auf die Aussöhnung mit dem burischen Teil der Bevölkerung und erkannte, dass die Buren loyale Untertanen sein würden, wenn man sie am politischen Geschehen teilhaben ließ. Der Plan ging auf: Die Burenanführer, insbesondere die ehemaligen Generäle des Burenkrieges Louis Botha und Jan Smuts, ergriffen die Hand der Versöhnung und beschlossen, den Kampf für die Erhaltung der Buren auf politischen Wegen fortzusetzen. Eine Minderheit der Buren verharrte in Opposition gegen diese Kooperationsbereitschaft mit dem ehemaligen britischen Feind und fand in James Barry Munnik Hertzog ihren Anführer[17].

Die Südafrikanische Union gab also den besiegten Buren die Möglichkeit, sich wieder aus der Asche zu erheben und ihre Rechte, insbesondere jene auf eigene Sprache und Kultur, nach und nach neben den Englischsprachigen geltend zu machen. Die vier Provinzen entwickelten dabei ein föderales Eigenleben, sodass man sich in Natal wie in England fühlen konnte, im benachbarten Oranje-Freistaat hingegen fast wie in einer Burenrepublik[18].

17 Giliomee, The Afrikaners – Biography of a people, 2003. S. 358.
18 Giliomee, The Afrikaners – Biography of a people, 2003. S. 360-361.

Für die burischen Patrioten blieb allerdings der Traum einer eigenständigen, von Großbritannien völlig unabhängigen Republik ein Fernziel, das schließlich 1961 verwirklicht wurde[19]. Während also der britische Einfluss in Südafrika zurückging und die Buren, die den Krieg verloren hatten, den Frieden gewannen, trat allerdings ein lange vernachlässigtes Thema in den Vordergrund: das Verhältnis zur schwarzen Bevölkerungsmehrheit und die Befriedigung ihrer Ambitionen, ohne gleichzeitig jene der weißen Minderheit einzuschränken. Es sollte sich als Quadratur des Kreises erweisen.

19 Giliomee, The last Afrikaner leaders, 2012. S. 73.

DER FRIEDE VON VEREENIGING, WO DIE BUREN KAPITULIEREN MUSSTEN UM NICHT ALS VOLK VERNICHTET ZU WERDEN. SITZEND, V.L.N.R: GENERAL CHRISTIAN DE WET, GENERAL LOUIS BOTHA, GENERAL HORATIO HERBERT KITCHENER, OBERST IAN HAMILTON

DAS DER

LANDSCHAFT DES LÄNDLICHEN ZULULANDES IN SÜDAFRIKA.

Konzept „Homelands"

Hendrik Verwoerd, Premierminister von 1958 bis 1966, war der erste südafrikanische Politiker, der ein System entwickelte, das - zumindest theoretisch - unter den Umständen seiner Zeit, Raum für die politischen Bestrebungen der schwarzafrikanischen Bevölkerungsmehrheit gab und das konsequent auf eine territoriale Aufteilung Südafrikas abzielte[20].

Verwoerds Vorgänger waren noch damit beschäftigt, die Buren gegenüber den Engländern zu fördern und wenn man Reden, Bücher und Briefe aus dieser Zeit liest, scheint es, als ob für die Buren das Verhältnis zu den englischsprachigen Südafrikanern das beherrschende Thema war und die schwarzafrikanischen Völker hingegen eine politisch zu vernachlässigende Gruppe seien, obwohl diese damals schon einen enormen demografischen Machtfaktor darstellten[21]. Es herrschte die Überzeugung vor, dass die große Mehrheit der Schwarzafrikaner auch in Zukunft in ihren Stammesgebieten leben würden, hingegen zogen die boomenden südafrikanischen Städte bereits seit den 1930er Jahren hunderttausende schwarzafrikanischer Arbeitskräfte an[22]. Die Tatsache der schwarzen Urbanisierung wurde von den politischen Eliten Südafrikas damals nicht zur Kenntnis genommen. Die Politiker der damaligen Zeit betrachteten Südafrika als „weißes Land", vergleichbar mit anderen Staaten mit einer Bevölkerungsmehrheit

20 Böttger. S. 65-66.

21 Giliomee, The last Afrikaner Leaders, 2012, S. 56.

22 Giliomee, The last Afrikaner Leaders; 2012. S. 59.

europäischer Abstammung wie die USA, Kanada, Australien und Neuseeland. In diesen Ländern aber stellte die nichtweiße Bevölkerung eine klare Minderheit dar und man konnte sich bequem als „multiethnisch" oder „multikulturell" bezeichnen, weil europäischstämmige Bevölkerungsmehrheiten für die fortgesetzte politische Dominanz sorgten. Die Vorstellung, dass Südafrikas Multikulturalismus anderer Natur sei und dass ohne drastische Schritte in absehbarer Zeit die Macht der europäischstämmigen Minderheit entgleiten würde, war für die Buren fast undenkbar. Dabei hätten sich die Buren nur ihrer eigenen Geschichte vergegenwärtigen müssen: Die Dominanz der englischsprachigen Südafrikaner verschwand, als die Buren ihre demografische Überlegenheit mobilisierten, um sich in der Politik durchzusetzen. Weder die wirtschaftliche Macht der englischsprachigen Südafrikaner noch ihre, in ihren eigenen Augen, überlegene Kultur oder ihre vorherrschende Weltsprache und ihre Verbindungen zum britischen Weltreich konnten den Aufstieg des burischen Selbstbewusstseins und dessen Willen zur politischen Macht aufhalten[23].

PREMIERMINISTER HENDRIK VERWOERD MIT SEINER FRAU BETSIE

Während Hendrik Verwoerd keine wirklich zufriedenstellende Lösung für jene schwarzafrikanischen Bürger anbot, die Teil der modernen, europäisch geprägten südafrikanischen Gesellschaft werden wollten, trug er viel dazu bei, den traditionellen und ländlich verwurzelten Schwarzafrikanern und ihren Bedürfnissen und Ansprüchen gerecht zu werden. Im Kontext der 1950er Jahre war die Vorstellung, dass auch schwarzafrikanische Völker ein Recht auf Selbstbestimmung hätten, immer noch ein revolutionäres Konzept, auch wenn es in einigen afrikanischen Staaten bereits Realität geworden war. Nur wenige Staats- und Regierungschefs erwarteten damals, dass die europäischstämmigen Südafrikaner die Kontrolle mittels Einführung eines allgemeinen und gleichen Wahlrechts an die schwarzafrikanische Bevölkerungsmehrheit übergeben würden[24].

Bereits 1950 erklärte einer der bekanntesten Demographieforscher Südafrikas, Jan Sadie vom Südafrikanischen Büro für Rassenangelegenheiten (SABRA), dass die Bevölkerungszahl von größter Bedeutung und letztendlich auch für die politische Zukunft Südafrikas entscheidend sei[25]. Wenn die europäischstämmigen Südafrikaner nicht völlig von der schwarzafrikanischen Mehrheit überwältigt werden wollten, gäbe es nur den Ausweg einer territorialen und räumlichen Trennung der ethnischen Gruppen. Trotz der Erkenntnis und Voraussicht, auf eine territoriale Trennung hinzuarbeiten, unter-

23 Giliomee, The Afrikaners – Biography of a people, 2003. S. 356-359.
24 Böttger, S. 65.
25 Sadie, J in "Journal of Racial Affairs", vol. 1, 1950; S. 3-8.

schätzten die Voraussagungen von SABRA auch das Wachstum der schwarzen Bevölkerung und deren Urbanisierung. Ihre Prognose für das Jahr 2000 betrug 19 Millionen Schwarze und 6 Millionen Weiße. Die Entwicklung war anders: tatsächlich gab es im Jahr 2000 36 Millionen Schwarze und 4,5 Millionen Weiße, was allerdings auch auf eine zunehmende Auswanderung der weißen Minderheit zurückzuführen ist[26].

Verwoerd entwickelte bereits als Minister für Bantuangelegenheiten (1950-1958) das Konzept der Homelands oder Heimatländer, die zentrale Stütze des Apartheidsystems: die Stammesgebiete der schwarzen Völker sollten durch geografische Konsolidierung, wirtschaftliche Entwicklung, Umsiedlung und politische Selbstbestimmung erst zu autonomen Gebieten und später zu unabhängigen Staaten für jedes schwarze Volk werden. Er erkannte das langfristige Problem, unterschätzte aber die Urbanisierung und die damit einhergehende rasante demographische Entwicklung der schwarzafrikanischen Bevölkerung, die auch dem enormen Wirtschaftswachstum in den späten 1960er und 1970er Jahren geschuldet war. Noch in den 1960er Jahren glaubte man, daß Schwarze in ihre Heimatländer zurückkehren würden – einerseits aufgrund der wirtschaftlichen Entwicklung, andererseits, weil sie dort ihre Selbstbestimmung in einem eigenen Territorium verwirklichen könnten. Die sozio-ökonomische Entwicklung der Heimatländer blieb jedoch weit hinter den Erwartungen zurück und konnte den dortigen Menschen kaum eine Beschäftigung bieten, geschweige denn für jene, die bereits in die Städte abgewandert waren, eine Alternative bieten[27].

26 Giliomee, The last Afrikaner leaders, S. 58-59.

27 Giliomee, The last Afrikaner leaders, 2012. S. 63, 81.

Diese Anziehungskraft der Städte hält bis heute an, während die ländlichen Gebiete weiterhin entvölkert werden[28]. In den 1950er Jahren nahm die Landflucht derart gravierende Ausmaße an, das ein Mangel an Landarbeitern zu verzeichnen war und die Regierung Verwoerd wurde von den Farmern, ihren stärksten Unterstützern, unter Druck gesetzt, die Heimatländer nicht zu schnell zu erweitern. Die Farmer wollten keine unabhängigen Heimatländer, sondern forderte abhängige, billige Arbeiter, die auf den Farmen lebten. Ebenso suchten die Unternehmer billige schwarze Arbeitskräfte in den Städten. Damit wurde die politische Absicht Verwoerds, über die Heimatland-Politik einen Ausgleich zwischen den verschiedenen ethnischen Gruppen Südafrikas zu schaffen, massiv torpediert und in ihrem Kern verwässert[29].

Aus heutiger Sicht muss man feststellen, dass die Regierung Verwoerd, um ein Überleben der europäischstämmigen Bevölkerung zu sichern, in klar abgegrenzten ländlichen Gegenden besser mehr Buren und Englischsprachige hätte ansiedeln sollen, anstatt die schwarzafrikanische Mehrheitsbevölkerung von den Städten fernzuhalten.

Auch der schwarze Nationalismus entwickelte sich ganz anders, als Verwoerd und die regierende, mehrheitlich von den Buren getragene Nationale Partei voraussahen: wesentlich weniger Schwarzafrikaner als angenommen identifizierten sich mit ihrer ethnischen Gruppe und ihrem Heimatland, vielmehr entwickelten sie eher ein schwarzes, rassisch geprägtes Klassenbewusstsein, das auch für kommunistische Propaganda empfänglich war[30].

28 https://www.worldometers.info/demographics/south-africa-demographics/.

29 Giliomee, The last Afrikaner leaders, 2012. S. 59-60.

30 van Jaarsveld, FA. Von der Apartheid zu den Anfängen eines demokratischen Pluralismus, in: Zeitschrift für Politik, Vol. 29, No. 1 (Febr. 1982), S. 91 ff zu finden unter: https://www.jstor.org/stable/24225486.

Nur das Volk der Zulus hielt an einem traditionsgebundenen Selbstbewusstsein fest, das politisch durch die Partei Inkatha Freedom Party (IFP) vertreten wurde. Allerdings forderte auch die IFP die politische Gleichberechtigung der Schwarzafrikaner für ganz Südafrika ein und nicht nur für das den Zulus zugedachte Heimatland Kwazulu[31].

Im Jahr 1950 beauftragte die südafrikanische Regierung eine Kommission hochrangiger Wissenschaftler unter der Leitung des Wirtschaftswissenschaftlers Frederik Rothmann Tomlinson mit einer eingehenden Untersuchung der Entwicklung der Heimatländer[32]. Die nach ihrem Leiter im Allgemeinen als „Tomlinson-Kommission" bezeichnete Studiengruppe[33] legte nach jahrelangen Studien 1954 ihre Empfehlungen vor[34]. Die Vorschläge der Kommission waren im damaligen Kontext weitreichend und gelten bis heute als sehr progressiv. Die schwarzafrikanischen Gebiete, die aus mehr als 200 verstreuten Flecken bestanden, sollten in 7 große, lebensfähige Gebietskörperschaften mit Selbstregierung zusammengefasst werden, die auch große Städte, Industriegebiete und Bergwerke umfassen sollten. Durch die Schaffung einer lebensfähigen Wirtschaft durch hohe Staatsausgaben und südafrikanische Kapitalinvestitionen könnte die Mehrheit der schwarzafrikanischen Bevölkerung in diesen Gebietskörperschaften ein Auskommen finden. Im Gegensatz zu Verwoerd, der die traditionelle Lebensweise der Schwarzafrikaner bewahren wollte, empfahl die Tomlinson-Kommission eine Urbanisierung und Industrialisierung in diesen, den schwarzafrikanischen Völkern zugedachten Gebieten[35].

Verwoerd, damals noch Minister für Bantu-Angelegenheiten, entschied sich für einen anderen Ansatz und setzte die Empfehlungen der Kommission nicht um[36]. Ein, wie auch heutige Historiker vertreten[37], folgenschwerer Irrtum: Die weitreichenden Vorschläge der Kommission hätten möglicherweise dazu führen können, dass sich starke und lebensfähige Heimatländer zu eigenen Staaten entwickeln hätten können.

Ende der 1960er Jahre gab es zudem ein günstiges Zeitfenster für eine weitreichende Politik, die den Bedürfnissen der schwarzafrikanischen Bevölkerungsmehrheit ebenso wie denjenigen der europäischstämmigen Minderheiten Rechnung tragen hätte können: Die demografische Überlegenheit der Schwarzafrikaner war noch nicht so überwältigend, die linksgerichteten Widerstandsbewegungen waren unter Kontrolle und der Druck der internationalen Gemeinschaft, die seit Anfang der 1960er Jahre die südafrikanische Politik ablehnend beurteilte, noch moderat[38]. Die weitreichenden innenpolitischen Reformen, die Pieter Willem Botha in den 1980er Jahren begann und die Frederik de Klerk in den 1990er Jahren fortsetzte, hätten Anfang der 1970er Jahre wesentlich leichter und mit weitaus größerem Erfolg umgesetzt werden können, vermutlich hätte sogar die reelle Chance auf ein partnerschaftliches

31 Giliomee, The last Afrikaner leaders, 2012. S. 106-107.

32 Giliomee, The last Afrikaner leaders, 2012. S. 64.

33 Der offizielle Name lautete "Commission for the socio-economic development of Bantu areas within the Union of South Africa" ("Kommission für die sozio-ökonomische Entwicklung der Bantugebiete in der Südafrikanischen Union"), Anm. d. Verf.

34 Abschlussbericht der Tomlinson-Kommission ist unter diesem Link einsehbar: https://opac.k10plus.de/DB=2.299/DB=2.299//PPNSET?PPN=1138274852&PRS=HOL&HILN=888&INDEXSET=21&COOKIE=Us998,Pbszgast,I2017,B20728+,SY,NRecherche-DB,D2.299,Ea18a73e5-e1d,A,H,R46.18.27.62,FY.

35 Giliomee, The last Afrikaner Leaders, 2012, S. 64.

36 Giliomee, The last Afrikaner leaders, 2012, S. 65.

37 Giliomee, The last Afrikaner leaders, 2012., S. 66.

38 Giliomee, The last Afrikaner leaders, 2012, S. 91.

Miteinander der südafrikanischen Völker bestanden, anstatt der 1994 schließlich erfolgten Machtübernahme der schwarzafrikanischen Bevölkerungsmehrheit zu Lasten der Minderheiten[39].

Balthasar Johannes Vorster, Verwoerds Nachfolger nach dessen dramatischer Ermordung im Parlament 1966[40], setzte Verwoerds Heimatlandpolitik entsprechend der Lesart der 1950er und 1960er Jahre weiter um. Nachdem das für das schwarzafrikanische Volk der Xhosas vorgesehene Heimatland Transkei im Jahr 1963 die Selbstverwaltung erlangt hatte, wurde die Unabhängigkeit des Landes vorbereitet, die 1976 ausgerufen wurde, allerdings ohne internationale Anerkennung. Auch andere Heimatländer erhielten Selbstverwaltung, ihr Territorium wurde vergrößert und drei weitere (Bophutatswana, Ciskei und Venda) erlangten schließlich ihre Unabhängigkeit[41].

Tatsächlich war die Heimatlandpolitik, die in den 1950 und 1960er Jahren durchaus einen idealistischen und zukunftsfähigen Hintergrund hatte, unter Premierminister Vorster und dessen Nachfolger Botha zu einem kalten "Social Engineering" verkommen, das die Menschen als bloße „Nummern" behandelte[42]. Die Konsolidierung der Heimatländer, um lebensfähige, große und zusammenhängende Gebietskörperschaften zu schaffen, wurde durch die Farmerlobby behindert. Die Landwirtschaft in den Heimatländern selbst brach zusammen und die Einwohner der Heimatländer waren umso mehr von weißen Farmern als Arbeitgebern abhängig[43].

39 Böttger, 2020, S.85-86.
40 Die dramatischen Ereignisse zusammengefasst hier: https://www.spiegel.de/politik/tod-im-laager-a-08f65b7a-0002-0001-0000-000046414319.
41 Muriel Horrell: The African Homelands of South Africa. SAIRR, Johannesburg 1973, S. 51.
42 Giliomee, The last Afrikaner Leaders, 2012, S. 250.
43 Giliomee, The last Afrikaner leaders, 2012., S. 106.

Die Unterstützung der Weißen für die Heimatlandpolitik und konsequente territoriale Trennung nahm ab, als das menschliche Elend sichtbar wurde. Manche Intellektuelle unter den Buren erkannten, das eine konsequente territoriale Trennung, die alle südafrikanischen Völker betreffen sollte, die einzige Garantie für das langfristige Überleben ihres Volkes war, drangen aber mit dieser Ansicht nicht durch[44].

Dabei hatte SABRA (Südafrikanisches Büro für Rassen-Angelegenheiten) als Denkfabrik der Nationalen Partei ein burisches Heimatland bereits in den 1950er Jahren als eine Möglichkeit vorgeschlagen und der innere Führungszirkel der Partei war sich dieser Vorschläge bewusst[45]. Die territoriale Vision der regierenden Nationalen Partei bestand hingegen eher

44 Böttger, 76-78.
45 Giliomee, The last Afrikaner Leaders, 2012, S. 58-59.

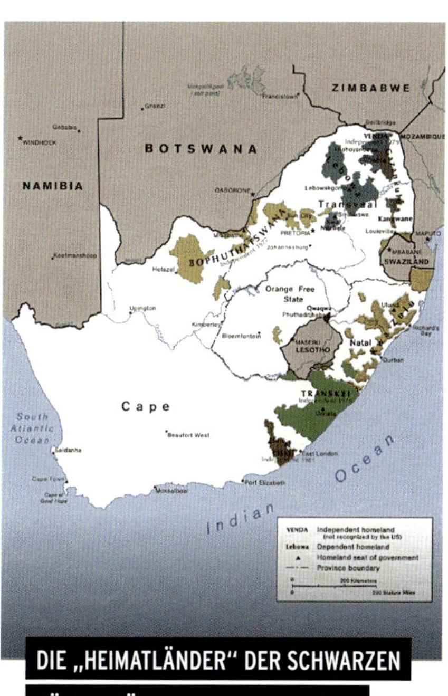

DIE „HEIMATLÄNDER" DER SCHWARZEN VÖLKER SÜDAFRIKAS (STAND 1986)

darin, Heimatländer für Schwarzafrikaner aus Südafrika herauszuschneiden bis ein Rest-Südafrika übrigblieb, in welchem Weiße die Mehrheit bilden und Buren wieder die Mehrheit unter den Weißen bilden würden. Also keine ethnisch homogene „Heimat", sondern ein ethnisch gemischter Staat mit den Buren als "Staatsvolk". Ob John Vorster es ernst meinte, als er kurz nach dem Aufstand von Soweto 1976 dem US-Außenminister Henry Kissinger mitteilte, die Politik der Nationalen Partei ziele darauf ab, eine Reihe von schwarzen und einigen weißen Heimatländer zu schaffen, bleibt Spekulation. Kissingers Antwort war jedoch ablehnend und Vorsters Plan, welcher Art auch immer, hätte niemals die Unterstützung der USA bzw. der westlichen Länder erhalten[46]. Es war zu erwarten, dass die USA als Misch- und Schmelztiegelland, das sich damit rühmt, viele verschiedene Völker und Rassen in eine neue amerikanische Nation verwandelt zu haben, ethnische Trennungen nicht verstehen und fördern würde. Auf der anderen Seite ist es so, dass das Beispiel des erfolgreichen Schmelztiegels USA weltweit einzigartig ist und die meisten Länder als ethnisch relativ homogene Staaten gut funktionieren, hingegen Staaten mit sprachlich und kulturell verschiedenen Einwohnern in vielen Fällen mit ständigen Konflikten zu kämpfen haben. In anderen Ländern als den USA hätte Vorster möglicherweise mehr Unterstützung erhalten.

Auch Vorster hatte keine langfristige Vision und handelte eher taktisch als strategisch[47]. Das gilt auch für die letzten beiden, der burischen Minderheit angehörenden Präsidenten Südafrikas, Pieter Willem Botha und Frederik Willem de Klerk, die beide keine langfristige Strategie für ihr Volk hatten. Auch in den Reihen der Anhänger des Burenstaates fehlte oft strategisches Denken, wie die hitzigen Territorialdebatten über die geografische Lokalisierung eines zukünftigen eigenen Gebietes der Buren in den 1980er und 1990er Jahren zeigten. Nur Verwoerd und sein Schwiegersohn Prof. Carel Boshoff hatten langfristige und strategische Visionen zu bieten – Verwoerd, dem Südafrika als eine Art „Commonwealth" mit eigenen Gebieten für jedes einzelne der südafrikanischen Völker vorschwebte, Boshoff, als er mit dem Konzept eines eigenen Gebietes für die burische Minderheit in der Halbwüste Karoo einen völlig neuen Weg einschlug[48].

Das Problem der Politik der „Getrennten Entwicklung" – wie die Apartheid offiziell genannt wurde - war, dass sie den Zielgruppen genau das Falsche gab: Die Nationale Partei gab den Schwarzafrikanern das, was sie für die Buren als langfristiges Ziel sah: ethnisch homogene, konsolidierte, stark ländlich geprägte Heimatländer, in denen sich die Menschen mit ihren eigenen Institutionen selbst regieren, ihre Kultur pflegen und ihre eigene Wirtschaft aufbauen und wirtschaftlich wohlhabend und zunehmend unabhängig werden könnten. Allerdings wollten die meisten Schwarzafrikaner Teil eines gemischten, heterogenen, urbanisierten Ganzen sein, legten wenig Wert auf eine eigenständige „Nationalkultur" und waren nicht an wirtschaftlicher Unabhängigkeit in einem eigenen Heimatland interessiert. Volkskultur, die eigene Bantu-Sprache und traditionelle Gebräuche wurden von vielen Schwarzen als Hemmnisse zum Aufstieg gesehen und man betrachtete Anglisierung und Verwestlichung als attraktiv und als Voraussetzung zur Modernisierung. Buren hingegen, die auf ihre Sprache und kulturelle Eigenständigkeit

46 Giliomee, The last Afrikaner leaders, 2012, S. 111.
47 Giliomee, The last Afrikaner Leaders, 2012, S. 94.
48 Zu näheren Ausführungen sei auf Kapitel 3 verwiesen.

traditionell Wert legten, bekamen keine Heimat, sondern lebten weiterhin in einem zunehmend verstädterten, demografisch für sie sich ungünstig entwickelnden Gebiet[49].

Während Vorster einerseits konsequent die Apartheid ausbaute, insbesondere die sogenannte „große Apartheid" mit territorialer Aufteilung des Staatsgebietes, war er ansonsten pragmatisch und traf sich mit oppositionellen Bewegungen, um die immer stärker werdenden innenpolitischen Spannungen zu entschärfen. Die als „kleine Apartheid" bezeichnete Rassentrennung im Alltag, die mit schikanöser Abgrenzung von schwarzen, asiatischen, gemischtrassigen und weißen Südafrikanern im täglichen Leben einherging, wurde in vielerlei Hinsicht gelockert bzw. in weiten Teilen abgeschafft[50].

Auch pflegte Premierminister Vorster gute persönliche Beziehungen zu schwarzafrikanischen Politikern, sowohl der Heimatländer als auch anderer Staaten des südlichen Afrikas wie z. B. Malawi und Botswana, allerdings nicht zu jenen der südafrikanischen Opposition, die mittlerweile größtenteils im Untergrund agierte. Er bemühte sich auch, der schwarzafrikanischen Bildungselite in den Städten besondere Privilegien einzuräumen, in der vergeblichen Hoffnung, sie als Verbündete zu gewinnen[51]. Denn mit jedem Zugeständnis wurde den schwarzen Südafrikanern ihre eigene Macht bewusst: Die Wirtschaft war in den späten 1960er Jahren bereits so verflochten, dass eine konsequente Trennung der Völker Südafrikas nur mehr zu einem sehr hohen Preis möglich war - und immer weniger europäischstämmige Südafrikaner waren bereit, diesen Preis zu bezahlen. Die schwarzen Südafrikaner gewannen mit jedem Streik in diesen Jahren mehr Selbstvertrauen und erkannten, dass sie mit ihrer demographischen Übermacht die Wirtschaft Südafrikas zum Erliegen bringen konnten – parallel dazu wurden keine Anstrengungen unternommen, um beispielsweise unter der bedürftigen und teilweise nicht ausgebildeten europäischstämmigen Bevölkerung einen Ausgleich zu schaffen, indem man diese bspw. zu Bergleuten ausbildete um die Abhängigkeit von schwarzafrikanischen Arbeitnehmern zu verringern[52].

Tatsächlich entwickelte sich das Wirtschaftswachstum Südafrikas zu schnell, um sich ausschließlich auf die europäischstämmige Bevölkerung zu stützen - und das Problem der „armen Weißen" wurde weitgehend durch finanzielle Staatszuwendungen gelöst. Obwohl Südafrika sich bemühte, die Zuwanderung von Europäern zu erhöhen, war die Anziehungskraft des Landes nicht vergleichbar mit den USA oder Australien. Die wirtschaftlichen Bedingungen in Europa waren in den 1970er Jahren selbst gut und die Arbeitslosigkeit recht niedrig, zudem schreckte die internationale Ablehnung der Apartheid-Politik viele Europäer von einer Auswanderung ab. Nur eine zahlenmäßig bedeutende Zahl portugiesischer Siedler aus den ehemaligen portugiesischen Kolonien Angola und Mosambik flohen nach der „Nelkenrevolution" im Mutterland und dem darauffolgenden planlosen Rückzug Portugals zu Gunsten der kommunistisch dominierten Untergrundbewegungen im Jahr 1975 nach Südafrika.

49 Interview mit Dr. Chris Jooste, geführt bei dessen Wohnung in Stellenbosch am 11. und 12. März 2014.

50 Dorothea Razumovsky, Letzte Hoffnung am Kap. Bericht aus dem südlichen Afrika, 1990, S. 127-129.

51 Giliomee, The last Afrikaner Leaders, 2012, S. 112.

52 Giliomee, The last Afrikaner Leaders, 2012, S. 99-100.

Eine der großen Schwierigkeiten Südafrikas war schon immer, das Rassen- und Klasseneinteilung oft identisch war. Eine stabile Gesellschaft ist ethnisch relativ homogen, umfasst aber alle Bevölkerungsschichten, wie es die Wirtschaft erfordert. Wichtig ist die gesunde Balance zwischen Intellektuellen, Managern, mittleren Berufsgruppen und Arbeitern. Wenn nun die Arbeiter überwiegend einer anderen Ethnie angehören als die Personen der anderen Berufsgruppen, führt dies zwangsläufig zu Unzufriedenheit, Neid und Eifersucht – und entlädt sich in ethnischen Konflikten.

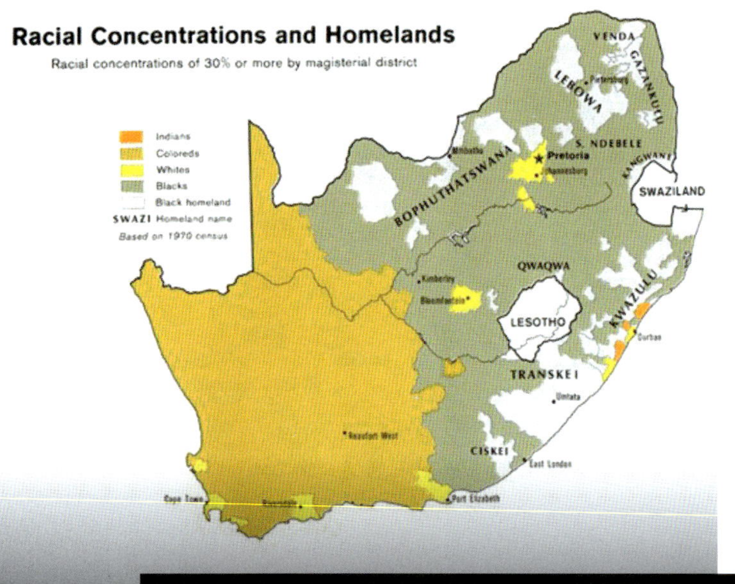

KARTE DER DEMOGRAPHISCHEN VERTEILUNG IN DEN 1970'ER JAHREN: SCHON DAMALS HATTEN DIE WEISSEN NUR IN BESTIMMTEN STÄDTEN WIE PRETORIA, JOHANNESBURG, KAPSTADT UND BLOEMFONTEIN EINE RELATIVE MEHRHEIT. MITTLERWEILE IST AUCH DIES GESCHICHTE. DIE DEMOGRAPHISCHE GRENZE ZWISCHEN SCHWARZEN UND SOGENANNTEN COLOUREDS VERLÄUFT AUCH HEUTE NOCH WIE DAMALS. ES IST AUCH EINE SPRACHGRENZE ZWISCHEN AFRIKAANS UND SCHWARZAFRIKANISCHEN SPRACHEN ODER ENGLISCH

Die konsequente Anwendung der sogenannten „großen Apartheid“, also den Aufbau einer schwarzen Gesellschaft mit allen Berufsgruppen in den Heimatländern, hätte dazu geführt, dass dort nicht nur eine dünne, schwarze Regierungselite entstanden wäre, sondern auch eine Mittelschicht mit Geschäftsinteressen, die den Arbeitern Arbeitsplätze bieten und diese hätte integrieren können. Gleichzeitig hätten sich die Weißen von der billigen schwarzen Arbeitskraft trennen und Weiße zu Arbeitern ausbilden müssen. Stattdessen wurde Weißen der Unterschicht mehr bezahlt, als ihre Arbeit wert war und ihnen damit eine „Überlegenheit“ suggeriert. Weiße Arbeitgeber untergruben tatsächlich das Apartheid-System selbst, indem sie illegale schwarze Arbeiter beschäftigten und ihnen erlaubten, illegal in weißen Gebieten zu leben. Es wurden also auf kurzsichtige Weise die wirtschaftlichen Anforderungen über jene der Politik gestellt[53].

Die „goldene Ära der Buren“, die 1961 begann, mit einem hohen Goldpreis, starkem Wirtschaftswachstum und relativem Frieden nach innen und außen, ging Mitte der 1970er Jahre zu Ende. Die Gründe dafür waren, daß die Isolation Südafrikas durch diplomatische, wirtschaftliche und sportliche Sanktionen zu greifen begann und der schwarze Nationalismus dank neuer Bewegungen wie dem Black Consciousness Movement von Steve Biko wieder an Boden gewann. Ebenso verschärfte sich die außenpolitische Lage durch die Unabhängigkeit der portugiesischen Kolonien Angola und Mosambik, die eine Art äußeren Verteidigungsring um Südafrika gebildet hatten. Auch das massive Eingreifen der Sowjetunion an der Seite terroristischer Bewegungen, die Südafrika und Rhodesien, das zweite südafrikanische Land, in dem

53 Giliomee, the last Afrikaner leaders, S. 110-113.

eine weiße, in diesem Fall englischsprachige Minderheit regierte, angriffen und die Haltung westlicher Verbündeter, insbesondere der USA, die sich unter der Präsidentschaft Jimmy Carters ab 1976 ganz massiv gegen Südafrika wandten, verschlechterte die Situation[54].

Auch innenpolitisch spitzte sich die Lage ab Ende der 1970er Jahre zu. Der sogenannte Informationsskandal erschütterte Südafrika und die Regierung von Balthasar Johannes Vorster verlor zunehmend die Kontrolle über die schwarze Arbeiterschaft, obwohl sich gerade deren sozioökonomischen Bedingungen in diesen Jahren wesentlich verbesserten[55]. Allerdings verstärkte Vorster die politische Repression gegen die immer radikaler auftretenden schwarzafrikanischen Massenbewegungen. Als der Premierminister in den sogenannten Informationsskandal hineingezogen wurde, musste er 1978 zurücktreten[56].

PIETER WILLEM BOTHA, PREMIERMINISTER VON 1978 BIS 1984 UND STAATSPRÄSIDENT VON 1984 BIS 1989

54 Giliomee, The last Afrikaner leaders, 2012, S. 119.
55 Giliomee, The last Afrikaner leaders, 2012, S. 112.
56 Giliomee, The last Afrikaner leaders, 2012, S. 137. Bei dem Informationsskandal, auch „Muldergate" nach dem zuständigen Minister Connie Mulder genannt, handelte es sich um einen verdeckten Fonds zur Finanzierung regierungsfreundlicher Propaganda.

TERRORISMUS ALS TEIL DER „BEFREIUNGSSTRATEGIE": AM 23. DEZEMBER 1985 DETONIERTE EINE VON ANC-ANHÄNGERN GELEGTE BOMBE IN EINEM EINKAUFSZENTRUM BEI DURBAN/NATAL. ZWEI KINDER IM ALTER VON 2 UND 4 JAHREN UND ZWEI ERWACHSENE ZIVILPERSONEN STARBEN.

TEIL 1

DER STA

CAREL BOSHOFF SNR. MIT BETSIE VERWOERD (BILDMITTE) UND ANNA BOSHOFF (DAHINTER) IN TRADITIONELLER TRACHT ANLÄSSLICH DES 150-JÄHRIGEN GEDENKEN AN DEN GROSSEN TREK 1988 IN KAPSTADT AM DENKMAL JAN VAN RIEBEECKS

AFRIKAANER-[...]T ALS IDEE

Nach dem Ende des Burenkrieges und der Einbeziehung der unabhängigen Burenrepubliken in die Südafrikanische Union, stand der Gedanke an einen eigenen Staat für die burische Minderheit in der ersten Hälfte des 20. Jahrhunderts nicht mehr auf der politischen Tagesordnung. Dies änderte sich ab den 1950er Jahren – erstaunlicherweise als direkte Folge der Apartheidpolitik und im Zusammenhang mit dem Ausbau der schwarzafrikanischen Heimatländer. Treibende Kraft hinter dem Gedanken an einen modernen Burenstaat war das *South African Bureau of Racial Affairs* (SABRA), eine staatliche wissenschaftliche Institution, die 1948 in Stellenbosch zur Erforschung ethnischer Beziehungen gegründet wurde[57]. Dieses war viele Jahre die Denkfabrik der Nationalen Partei und wurde von idealistischen Professoren, insbesondere aus Stellenbosch, geleitet. Diese gingen der Frage nach, wie man ein friedliches Zusammenleben der Völker Südafrikas gewährleisten könne. Die Idee von Heimatländern für schwarzafrikanische Völker, die sich schließlich zu vollwertigen unabhängigen Staaten unter schwarzer Herrschaft entwickeln würden, stand dabei im Mittelpunkt, insbesondere in der Zeit, in der die Heimatlandpolitik ein Eckpfeiler der Regierung unter den Premierministern Verwoerd und Vorster war. Durch wissenschaftliche Tagungen und Publikationen, aber auch durch regelmäßige Jugendkongresse versuchte SABRA, international Verständnis für die Heimatlandpolitik und die „große Apartheid" zu wecken und zugleich einen bestimmenden Einfluss auf die südafrikanische Innenpolitik zu nehmen.

57 Jooste- Interview.

Während SABRA anfangs der Entwicklung der schwarzafrikanischen Heimatländer besondere Aufmerksamkeit schenkte, verlagerte sich der Fokus später immer mehr in Richtung eines „weißen Heimatlandes". Chris Jooste, SABRA-Direktor von 1967 bis 1982, begann bereits in den 1960er Jahren in Richtung einer burischen Heimat zu denken, diskutierte dies aber nur mit wenigen Vertrauten. Premierminister Verwoerd war dafür nicht sehr empfänglich – er meinte zu Jooste, das „der Bogen bis zum Äußersten gespannt" sei und die Heimatland-Politik nicht weiter angepasst oder ausgeweitet werden könne. Ein eigener Burenstaat würde international weder verstanden noch akzeptiert werden[58].

Bereits 1966 wurde innerhalb von SABRA erstmals diskutiert, dass sich Weiße in bestimmten demografisch vorteilhaften Regionen geschlossen ansiedeln und unabhängig von schwarzafrikanischer Billiglohnarbeitskraft leben sollten. Die Idee wurde 14 Jahre später, im Jahr 1980, mit der Gründung der *Oranjewerkers* erstmals ansatzweise ausprobiert.

Unter dem SABRA-Vorsitzenden Prof. Carel Boshoff ging das Institut ab 1972 zunehmend auf Distanz zur südafrikanischen Regierung. Die regierende Nationale Partei hatte sich immer mehr vom Ideal der Heimatländer für jede ethnische Gruppe in Südafrika entfernt und die Vorschläge von SABRA, die Heimatländer deutlich auszudehnen, damit diese sich zu lebensfähigen Staaten mit eigener Wirtschaftskraft entwickeln könnten mit dem Endziel eines viel kleineren, aber ethnisch homogenen Südafrika, in dem die weiße Minderheit die Mehrheit stellen würde, stießen bei der Nationalen Partei auf immer weniger Begeisterung[59].

58 Jooste-Interview.

59 Boshoff, Carel snr: dis nou ek, Carel Boshoff (Autobiographie), 2012, S. 254.

Nichtsdestotrotz wurden in den 1970er Jahren die Heimatländer Transkei (1976), Bophuthatswana (1977), Venda (1979) und als letztes Ciskei (1981) in die vollständige Unabhängigkeit und Souveränität entlassen – die allerdings von keinem einzigen Staat der Welt anerkannt wurde. Das Projekt einer „inneren Entkolonialisierung" mit dem Ziel, ein multiethnisches Südafrika gemäß dem Grundsatz der getrennten ethnischen Entwicklung zu schaffen, hatte international kaum Zuspruch erfahren.

1978, die Regierung Vorster war bereits am vorhin angesprochenen Informationsskandal gescheitert, lancierte SABRA-Direktor Jooste die Idee eines burischen Heimatlandes. Obwohl nicht alle Mitarbeiter von SABRA seine Position unterstützten, wurde diese Idee nun die offizielle SABRA-Position, die unter südafrikanischen Meinungsführern und Politikern populär gemacht wurde[60].

Die südafrikanische Regierung unter Pieter Willem Botha lehnte diesen Ansatz einer neuen Staatlichkeit der burischen Minderheit ab, allerdings gab es einflussreiche Personen innerhalb der regierenden Nationalen Partei, die dieser Idee aufgeschlossen gegenüberstanden. SABRA-Direktor Jooste hatte auch eine geografische Lokalisierung dieses Burenstaates vorgeschlagen: das „burische Heimatland" sollte die dünn besiedelten westlichen Teile der Karoo entlang des Oranje-Flusses sowie die Westküste Südafrikas umfassen. Unterstützung fand er für diese Vorstellung bei prominenten SABRA-Mitgliedern wie Carel Boshoff und Dirk Viljoen. Dieses unfruchtbare und rohstoffarme Gebiet sollte durch eigene Arbeitskraft, Hochtechnologie und intensive Bewässerungslandwirtschaft in einen wohlhabenden Staat umgewandelt werden – Jooste hatte 1979 Israel besucht und die

60 Jooste-Interview.

Aufbauleistung des jüdischen Staates stand Pate für die Idee des eigenen Burenstaates[61].

Die südafrikanische Regierungspolitik entfernte sich indes immer mehr von diesen Zielen: 1983 wurde durch eine Verfassungsänderung, die von der Regierung Botha angeregt worden war, eine „kleine Revolution“ ausgelöst. Erstmals wurden auch nicht-weiße Bevölkerungsgruppen an der politischen Macht im Lande beteiligt: am 2. November 1983 billigte die weiße Minderheit Südafrikas, die als einzige stimmberechtigt war, mit 65% die Einführung eines Dreikammerparlaments, in dem auch die gemischtrassigen (Coloureds) und indischstämmigen Südafrikaner vertreten sein sollten[62].

Die schwarzafrikanische Mehrheitsbevölkerung blieb unter dem Hinweis, dass dieser die Heimatländer als eigenständige Staaten zur Verfügung stünden, von der Teilhabe an der Macht weiterhin ausgeschlossen.

SABRA, mittlerweile aufgrund dieser neuen Entwicklung auf Konfrontationskurs mit der südafrikanischen Regierung unter Botha, orientierte sich nun politisch an der 1982 als Abspaltung der Nationalen Partei gegründeten Konservativen Partei von Andries Treurnicht. Die Partei verfolgte jedoch keine explizite Politik zur Gründung eines eigenen Burenstaates. Nur eine Minderheit unter ihren Mitgliedern waren für die Vorstellung von SABRA zu begeistern, zudem sollte ein Burenstaat nach Meinung der Konservativen Partei die wirtschaftlich am besten entwickelten Gebiete Südafrikas umfassen wie die Provinzen Transvaal und Oranje-Freistaat, im Gegensatz zum abgelegenen und unterentwickelten Nordwest-Kapland.

61 Jooste-Interview.

62 Zusammenfassend zu den Inhalten der Südafrikanischen Verfassung von 1983 siehe https://de.wikipedia.org/wiki/S%C3%BCdafrikanische_Verfassung_von_1983.

Diese Überlegungen spielten aber eine untergeordnete Rolle, die Konservative Partei sah ihr Hauptziel darin, die regierende Nationale Partei daran zu hindern, die Reformen zur Abschaffung der Apartheid fortzusetzen. Eine zukunftsfähige Alternative wurde nicht entwickelt, insbesondere wollte die Konservative Partei weiterhin von den schwarzafrikanischen Niedriglohnarbeitern profitieren, die durch ihre Arbeit den Wohlstand der weißen Minderheit erhalten sollten. SABRA verfolgte hingegen genau das entgegengesetzte Ziel – die Entkoppelung der Rassen- und Klasseneinteilung konnte nur erfolgreich sein, wenn die weiße Minderheit auf die Ausbeutung schwarzafrikanischer Arbeitskräfte verzichten würde[63].

Trotz der schwachen politischen Unterstützung gewann die Idee eines eigenen „Burenstaates“ in den 1980er Jahren an Gewicht, auch unter dem Aspekt, daß es nun nicht mehr über ein „weißes Heimatland“ diskutiert wurde, wie noch zu Verwoerds Zeiten, sondern explizit über ein Buren-Heimatland bzw. einen Afrikaanerstaat[64]. Die englischsprachigen Südafrikaner hatten und haben im Vergleich zu den Buren kein starkes ethnisches Bewusstsein und unterstützten die Überlegungen hinsichtlich einer eigenen Staatlichkeit für die weiße Minderheit nur marginal[65]. Ein Burenstaat sollte demnach also ein „Volksstaat“, kein Rassen-, Sprachen- oder Minderheitenstaat sein – und dementsprechend setzte sich die Bezeichnung „Volksstaat“ für dieses politische Projekt durch[66].

Bei SABRA erkannte man, dass die Zeit drängte und man nun selbst etwas unternehmen musste. Bereits

63 Boshoff, CWH prof: Die grondvraag: langtermynkeuse vir die Afrikaner. Beraadverslag. EPOG, Orania, 2008.

64 Giliomee, The Afrikaners – Biography of a people, S.562.

65 Giliomee, The Afrikaners – Biography of a people, S.662.

66 Giliomee, The Afrikaners – Biography of a people, S.562.

1980 war klar, dass es so wie bisher nicht mehr weitergehen konnte. Vor allem das demographische Wachstum der schwarzafrikanischen Bevölkerung sowie die steigende Urbanisierung ließen die „weiße Vorherrschaft" auf Dauer nicht mehr realistisch erscheinen. Auch die regierende Nationale Partei erkannte, dass sie einen neuen Kurs einschlagen musste – wählte aber einen gänzlich anderen Weg: Statt eines Burenstaates oder gar eines Staates der weißen Minderheit versuchte die Nationale Partei, andere Minderheiten wie Gemischtrassige und Inder für die eigene Sache zu gewinnen, wie in der neuen Verfassung von 1983 und dem neuen Dreikammerparlament vorgesehen. Anstelle eines Umbaus Südafrikas in eine Föderation oder Konföderation auf ethnischer Grundlage bewegte sich die damalige südafrikanische Regierung nun auf ein gemeinsames Südafrika zu, in dem die Bevölkerungsgruppen gemeinsam über Angelegenheiten von gemeinsamem Interesse und getrennt über Angelegenheiten, die nur sie selbst betraf, zu entscheiden hatten. Dabei sollte die europäischstämmige Minderheit weiterhin die endgültige Kontrolle behalten, da sie die größte Minderheitengruppe darstellten und die anderen Gruppen, Gemischtrassige und Inder, dominieren konnte.

SABRA stand den Verfassungsvorschlägen der Nationalen Partei und dem Dreikammerparlament sehr kritisch gegenüber. Es wurde daher von der Regierung isoliert und war nun keine Institution mehr, die die Regierungspolitik mitformulierte, sondern stand in direkter Opposition dazu[67].

Zur konkreten Umsetzung der Idee eines eigenen „Volksstaates" gründete das SABRA im Jahr 1980 die Vereinigung der Oranjearbeiter (Vereniging van Oranjewerkers). Geografisch sollte der Volkstaat das Highveld des östlichen Transvaal, Teile des Lowvelds, den Nordosten des Oranje-Freistaates, Pretoria und die Magaliesberge bis Rustenburg, sowie einen Streifen im Norden von Natal, der den Zugang zum Meer bei Richard's Bay und Sodwana Bay beinhaltete, umfassen. Damals lebten in diesem Gebiet eine große Zahl von Buren, von denen viele die Konservative Partei wählten und daher im Prinzip einen Burenstaat unterstützten. Zudem handelte es sich um fruchtbares Ackerland und ein an Bodenschätzen und Industrie reiches Gebiet, das von Anfang an wirtschaftlich lebensfähig sein würde[68]. Als Hauptstadt wurde die Kleinstadt Morgenzon außersehen. Diese lag mitten in dem geplanten Gebiet, weit entfernt von den schwarzafrikanischen Heimatländern. Morgenzon sollte eine Musterstadt werden und so viele Buren wie möglich sollten sich dort ansiedeln[69].

Allerdings zeigte sich, daß die Grundüberlegung weiterhin von einer „weißen Vormachtstellung" geprägt war: man wollte den Großteil Südafrikas der schwarzafrikanischen Mehrheitsbevölkerung überlassen, sich aber den wirtschaftlich am besten entwickelten Landesteil selbst vorbehalten.

Dennoch hatte die Idee von SABRA und den Oranjewerkers zumindest bei einigen Buren einen Wandel bewirkt, nämlich die Erkenntnis, dass man auf Dauer die Kontrolle über das ganze Land verlieren würde und dem demografischen Druck nicht widerstehen könne. Um überleben zu können, mussten die eigenen Kräfte in einem deutlich kleineren Gebiet konzentriert werden.

67 Boshoff, Dis nou ek, S. 254.

68 Bruwer, PF: Republiek Afrikana. 'n Tuiste vir die Afrikaner. Pretoria, Oranjewerkers Promosies, 1983. Van Heerden, WM: Hartland van die Afrikaner. Oranjewerkers Promosies, Morgenzon, 1990.

69 Van Heerden, 1990, S.200.

Die Ideen von SABRA konnten allerdings aufgrund der elitären Ausrichtung der Institution nie eine große Zahl von Buren erreichen. Aus diesem Grund gründete SABRA "Massenorganisationen", die das akademisch angehauchte „Volksstaatideal" popularisieren sollten. Neben den Oranjewerkers gründeten Repräsentanten von SABRA 1984 eine weitere Organisation, die Afrikaaner Volkswag (Burische Volkswacht). Auch hier waren Prof. Carel Boshoff und seine Frau Anna die Schlüsselfiguren.

Die Volkswacht war eine Kulturorganisation, die als eine Art „Frontorganisation" die Menschen für das Ideal eines Volksstaates mobilisieren sollte. Das Hauptaugenmerk der Volkswacht lag kurz nach der Gründung auf der Organisation des 150-jährigen Jubiläums des „Großen Trek". Unter der Schirmherrschaft der Volkswacht erschienen Publikationen zum Großen Trek, und zwischen 1986 und 1988 fanden zahlreiche Gedenkveranstaltungen statt, verbunden mit der Hoffnung, daß der 150. Jahrestag des Großen Treks eine mobilisierende Wirkung auf die Buren haben würde, ähnlich wie das hundertjährige Jubiläum im Jahr 1938, der der damals noch kleinen Nationalen Partei indirekt zur Machtübernahme 10 Jahre später verhalf.

Das Grosse Trek-Gedenken von 1988 war für viele freiheitsliebende Buren ein Schlüsselereignis – bei der Hauptfeier am 16. Dezember in Donkerhoek östlich von Pretoria fanden sich Tausende Menschen ein[70]. Das Motto lautete „Op trek na ons eie" (frei übersetzt „Auf dem Weg zu uns selbst"), das eine Linie zwischen Vergangenheit und Gegenwart zog. Die Voortrekker von damals zogen in die Freiheit ins Landesinnere und die heutigen Buren würden ihre Freiheit durch eine erneute Wanderung wiedererlangen. Leider gelang es jedoch nicht, "das Volk als Ganzes" zusammenzuführen und rund um ein Ideal zu vereinen, wie es 1938, beim hundertjährigen Trekjubiläum, weitgehend gelungen war. Der Einfluss der Nationalen Partei auf den durchschnittlichen Buren war immer noch zu stark, und in den späten 1980er Jahren war die Begeisterungsfähigkeit für dieses Ideal bereits erschöpft. Die Buren fühlten sich hinsichtlich ihrer Zukunft unsicher und ihre Hoffnung ruhte auf den regierenden Politikern der Nationalen Partei, die eine Einigung ermöglichen und das Überleben der Buren in Südafrika sichern sollten.

Dennoch führte die Mobilisierung einer großen Zahl von Buren rund um das 150 jährige Grosse

70 Interview des Autors mit Kobie Gouws und Rina Coetzee am 29. Oktober 2014 in Philippolis. Beide waren bei der Organisation der Großen Tek 150 Gedenkfeier der Volkswacht engagiert.

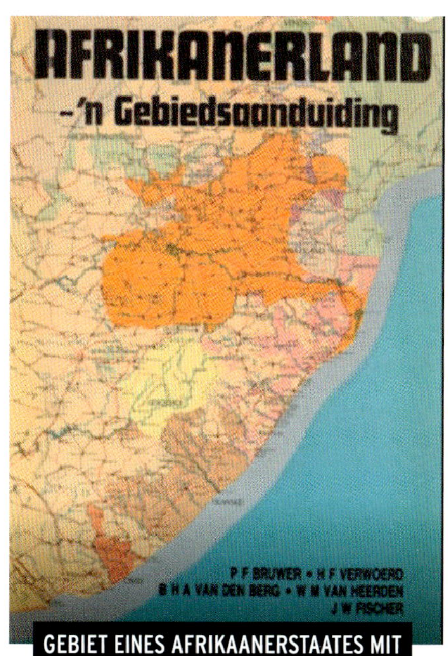

GEBIET EINES AFRIKAANERSTAATES MIT DEM TRANSVAAL HIGHVELD ALS KERNGEBIET, VORSCHLAG DER VEREINIGUNG DER ORANJE-ARBEITER AUS DEN FRÜHEN 1980'ER JAHREN

Trek Jubiläum direkt zur Gründung der Afrikaner Vryheidstigting (AVSTIG) im Jahr 1988. Während SABRA besonders theoretisch-akademischer Natur und Volkswacht kulturpolitisch ausgerichtet war, verfolgte AVSTIG das klare Ziel, den Volksstaat durch die Entwicklung eines dünn besiedelten Gebietes im Nord-Kapland zu gründen[71].

Im Juni 1988 kündigte AVSTIG seinen Plan für einen Volksstaat an. Dieser löste damals in den Medien wenig Begeisterung aus, wurde aber dennoch als möglicher Ausweg aus der Sackgasse von Gewalt und Konflikten gesehen. Es wurde auch anerkannt, das die Vorschläge von AVSTIG realistischer waren als die undurchdachten Forderungen der Konservativen Partei und anderer oppositioneller Organisationen[72].

Die Idee eines Volksstaates fand erst wachsende Unterstützung, als klar wurde, dass Südafrika unweigerlich auf eine Machtübernahme durch den sozialistischen Afrikanischen Nationalkongress (ANC) zusteuerte.

Die Entwicklung dorthin vollzog sich in mehreren Schritten:

Bei den Parlamentswahlen 1989 trat der bisherige Staatspräsident Botha nicht mehr an. Die regierende Nationale Partei wurde von seinem Nachfolger als Parteichef Frederik Willem de Klerk in die Wahl geführt. Trotz eines markanten Anstiegs der Stimmen für die oppositionelle Konservative Partei und die linksliberale Demokratische Partei, die auf 31% bzw. 20% der Stimmen zulegen konnten, behielt die Nationale Partei mit 48% die absolute Mehrheit an Sitzen[73]. De Klerk wurde als Staatspräsident vereidigt und initiierte seinen Reformkurs, den er im Februar 1990 in einer aufsehenerregenden Parlamentsrede skizzierte und der schrittweise zur Aufhebung der Apartheid führen sollte[74].

Auf de Klerks Einführung als Staatspräsident folgten Jahre der intensiven und oft dramatischen Verhandlungen mit den Organisationen der schwarzafrikanischen Bevölkerungsmehrheit und starke innenpolitische Spannungen, die sich in bürgerkriegsähnlichen Unruhen entluden. Insbesondere zwischen dem vom Volk der Xhosa dominierten ANC und der vom zahlenmäßig stärksten schwarzafrikanischen Volk der Zulu getragenen Inkatha Freiheitspartei (IFP) gab es blutige Auseinandersetzungen.

Bereits 1990 hatte sich Südafrika aus Südwestafrika/Namibia zurückgezogen und damit einen bislang als unverzichtbar geltenden Kompromiss eingegangen, da Südwestafrika seit 1961 als integraler Bestandteil Südafrikas behandelt worden war. Nun hatte sich die südafrikanische Regierung dem internationalen Druck gebeugt und allgemeinen Wahlen unter Einbeziehung der marxistische Untergrundorganisation SWAPO, die seit 1966 einen Guerillakrieg gegen die südafrikanischen Sicherheitskräfte geführt hatte, zugestimmt[75].

Den Höhepunkt dieser Jahre bildete das Referendum vom März 1992, das als letzte Volksabstimmung, bei der ausschließlich die europäischstämmige Bevölkerung Südafrikas wahlberechtigt war, in die

71 Interview des Autors mit Carel Boshoff jnr. am 8. Oktober 2014 in Orania.

72 Beeld, 15.06.1986. S.1.

73 https://en.wikipedia.org/wiki/1989_South_African_general_election, abgefragt am 03.08.2023.

74 https://omalley.nelsonmandela.org/index.php/site/q/03lv02039/04lv02103/05lv02104/06lv02105.htm, abgerufen am 03.08.2023.

75 https://af.wikipedia.org/wiki/Suid-Afrikaanse_Grensoorlog abgerufen am 13.08.2023.

PRÄSIDENT FW DE KLERK UND ANC-VIZEPRÄSIDENT VIZEPRÄSIDENT NELSON MANDELA WÄHREND DER ERSTEN RUNDE DER VERHANDLUNGEN ZUR MACHTTEILUNG IM JANUAR 1992

Geschichte einging. Der Reformkurs de Klerks wurde 1991-1992 von Teilen der weißen Wählerschaft immer kritischer gesehen, was sich in mehreren Niederlagen der Nationalen Partei bei Nachwahlen zum Parlament widerspiegelte[76].

De Klerk beschloss daraufhin, seinen Reformkurs durch eine Volksabstimmung bestätigen zu lassen[77]. Zur Abstimmung stand die Frage „Unterstützen Sie die Fortsetzung des Reformprozesses, den der Staatspräsident am 2. Februar 1990 eingeleitet hat und der auf eine neue Verfassung durch Verhandlungen abzielt?“, die mit Ja oder Nein beantwortet werden konnte. De Klerk warb für die Zustimmung unter anderem mit dem Versprechen, daß Kultur und Sprache der minoritären Volksgruppen auch bei einer neuen Verfassung geschützt würden[78].

Die Abstimmung am 17. März 1992 ist bis heute eines der zentralen Ereignisse der südafrikanischen Zeitgeschichte: die Wählerschaft stimmte mit 68% dem Reformprozess zu – und gab damit freiwillig die Macht zu Gunsten einer Beteiligung der schwarzafrikanischen Mehrheitsbevölkerung auf. Diese freiwillige Machtaufgabe, die einen friedlichen Wandel in Südafrika erst ermöglichte, dürfte in der Geschichte nur wenige Beispiele kennen.

Die Gegner des Reformprozesses, in erster Linie die Konservative Partei und mit ihr sympathisierende Bevölkerungsteile, mussten sich nun neu formieren. Konservative Elemente des alten Establishments, insbesondere aus Armee und Polizei, schlossen sich der Konservativen Partei und sogar der wesentlich radikaleren Afrikaaner Widerstandsbewegung (AWB) von Eugene Terre'Blanche an. Als weitere Sammlungsbewegung wurde von prominenten Führungsfiguren wie den ehemaligen Generälen Constand Viljoen und Tienie Groenewald die Afrikaner-Volksfront (AVF) gegründet, die über eine relativ breite Unterstützung in der oppositionellen burischen Bevölkerung verfügte[79].

Selbst schwarzafrikanische Gruppen, die dem ANC skeptisch gegenüberstanden, wie die von Zulus dominierte IFP sowie die Präsidenten der Heimatländer Lucas Mangope für Bophutatswana und Oupa Qozo für Ciskei, verbündeten sich mit der AVF gegen die Regierung de Klerks und den ANC. Anders als die Konservative Partei, die den Status quo aufrecht-

76 Giliomee, The last Afrikaner leaders, S. 342.

77 Vgl. Kommentar von FW de Klerk aus dem Jahr 2016 zum Ausgangspunkt des Referendums: http://www.politicsweb.co.za/party/the-1992-referendum-twenty-years-on--fw-de-klerk, abgerufen am 03.08.2023.

78 Giliomee, The last Afrikaner leaders, S. 344.

79 https://www.news24.com/News24/constand-viljoen-played-critical-role-in-peaceful-transition-to-democracy-20200403, abgerufen am 03.08.2023.

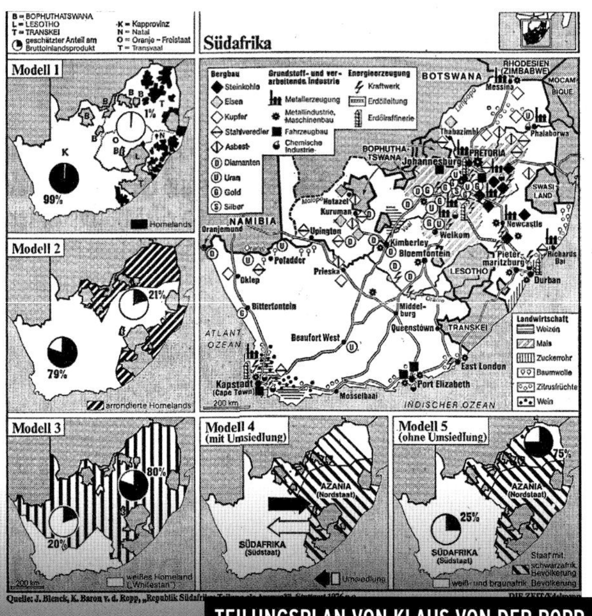

TEILUNGSPLAN VON KLAUS VON DER ROPP UND JÜRGEN BLENK VON 1976

erhalten wollte und keine eigenen Ideen für Reformen hatte, stand in der Afrikaner Volksfront (AVF) die Idee eines eigenen weißen, implizit burischen, Volksstaats im Vordergrund. Es bestand jedoch kein Konsens darüber, wo ein solcher Burenstaat sein und wie er funktionieren solle. Für die meisten Leute in den Reihen der AVF war es ein Slogan, der eigentlich auf die Fortsetzung der Apartheid in einem kleineren Gebiet hinauslief. Die meisten ausgearbeiteten Karten des „Volksstaates" enthielten daher Kernstücke von Transvaal und dem Oranje-Freistaat - also Gebiete, in denen die meisten konservativen Buren lebten, oft mit einem Meerzugang im Norden der Provinz Natal. Die Grenzen wurden meistens so gezogen, dass Städte in zwei Teile geteilt wurden, so dass die schwarzen Vorstädte ausgeschlossen waren und nur die von Weißen bewohnten Innenstädte innerhalb des Gebiets lagen. Die Schwarzafrikaner sollten, ähnlich den Heimatländern, zwar in einem anderen Staat leben, aber als Wanderarbeiter leicht einpendeln können. Es wurde auch ignoriert, dass in dem abgegrenzten Gebiet trotzdem noch viele Schwarzafrikaner auf Farmen und in Städten lebten und sich nicht einfach in einen burischen Volksstaat eingliedern oder gar aussiedeln lassen würden [80].

Ein alternativer Vorschlag zu dem burischen Herzland rund um Pretoria war der eines Minderheitenstaates, in dem praktisch alle gemischtrassigen und die meisten weißen Südafrikaner siedeln sollten – ein Vorschlag, der bereits im Jahr 1979 vom bundesdeutschen Politikwissenschaftler Klaus Baron von der Ropp entwickelt worden war und der mehrere Szenarien zur Bildung eines „weiß-braunen Staates" in Südafrika vorschlug [81]. Von der Ropp favorisierte dabei einen so genannten „Südstaat", der die Kapprovinz und Teile des Oranje-Freistaates umfassen sollte und damit eine grundsätzlich sehr einfache und klare Grenzziehung.

Ein anderer Vorschlag sah vor, dass das Kerngebiet eines zukünftigen „Minderheitenstaates" die historische Kapprovinz bis Port Elizabeth im Süden und Kathu im Norden und mit einer Art Korridor entlang des Vaal-Flusses und mitten durch den Oranje-Freistaat, mit den hauptsächlich burisch besiedelten Städten wie Bloemfontein und Pretoria umfassen sollte. Die Grenzen wurden dabei so gezogen, um eine knappe Mehrheit der Weißen (vor allem Buren) sicherzustellen [82].

80 Vryheidstrek, S. 18.

81 Klaus von der Ropp, Teilt Südafrika! Nationale Selbstbestimmung und Minderheitenschutz in Südafrika: Modelle einer geographischen Aufteilung, in: Die Zeit, 30/1979, S. 14. Artikel kann abgerufen werden unter https://www.africanquestions.org/articles/teilt-suedafrika-nationale-selbstbestimmung-und-minderheitenschutz-in-suedafrika-modelle-einer-geographischen-aufteilung-20-july-1979-47 -.

82 David Guise, Freedom for all. The Orange River Proposals, 1993.

KARTE EINES AFRIKAANSEN MINDERHEITENSTAATES „ORANGE RIVER" WELCHES IM BUCH FREEDOM FOR ALL. THE ORANGE RIVER PROPOSALS VON 1993 BEHANDELT WIRD

Zu solch radikalen Schritten war die regierende Nationale Partei damals allerdings nicht bereit, sie verfolgte stattdessen eine Politik, die sich als "Reform ohne Kontrollverlust" (über Südafrika insgesamt) präsentierte[83]. Diese Vorschläge kamen deshalb – wie auch von der Ropp bereits 1979 feststellte[84] - für die Nationale Partei unter Ministerpräsident Botha zu früh, für das ganze Land aber zu spät, denn der ANC war bereits auf dem Weg, die gesamte Macht zu übernehmen.

Leon Roussouw, der Direktor des bekanntesten südafrikanischen Verlagshauses Human&Roussouw und liberaler Apartheidgegner, schlug in seinem 1993 erschienen, vielbeachteten Buch "'n Toevlug in die Weste" (frei übersetzt „Eine Zuflucht im Westen") im äußersten Westen Südafrikas einen afrikaanssprachigen Staat vor, der aus einem von Gemischtrassigen dominierten und urbanen südlichen Teil (die heutige Provinz Westkap) und einem mehr von Buren dominierten ländlichen Teil (die heutige Provinz Nordkap) bestehen sollte[85]. Sein Vorschlag fiel genau in die Zeit, als die Kämpfe zwischen denen, die ein von Schwarzen kontrolliertes Südafrika unbedingt erzwingen, und denen, die es mit allen Mitteln verhindern wollten, am heftigsten waren. Im Laufe des Jahres 1993 bekam Roussouw einen Vorgeschmack davon, wie ein ANC-kontrolliertes Südafrika aussehen würde und er wollte daher ein Territorium schaffen, in dem westliche Werte überleben könnten - ursprünglich gehörte er der „Bewegung für ein freies Westkap" an, die einen eigenständigen, liberalen, westlich geprägten Staat an der Südspitze Afrikas gründen wollte. Auch sein Vorschlag kam zu spät und war – trotz aller liberalen Grundsätze – ein Versuch, das bisherige System aufrecht zu erhalten: auch in einem „Minderheitenstaat" sollten die schwarzafrikanischen Wanderarbeiten die ökonomische Grundlage aufrechterhalten.

83 Giliomee, The last Afrikaner leaders, S. 253-254.

84 Von der Ropp, Teilt Südafrika!, S. 15.

85 Leon Rousseau, 'n Toevlug in die Weste, Kapstadt 1993, – zur Person Rousseau/Roussouw siehe den afrikaanssprachigen Wikipedia-Artikel https://af.wikipedia.org/wiki/Leon_Rousseau, abgerufen am 08.08.2023.

Einen gänzlich anderen Ansatz verfolgten hingegen die Leiter von SABRA und dessen nahestehender Organisationen AVSTIG, Oranjewerkers und Volkswag, prof. Carel Boshoff, Chris Jooste und Dirk Viljoen, die vom israelischen Modell der Staatsgründung beeindruckt waren. Für sie konnte der Burenstaat nicht dort entstehen, wo die meisten Buren, aber noch viel mehr andere Völker lebten, also in den großen Städten Transvaals, sondern in einem dünn besiedelten und wenig entwickeltem Gebiet im Nordwesten der damaligen Kapprovinz. Carel Boshoffs ursprünglicher Vorschlag sah ein Gebiet vor, das etwa ein Drittel der Fläche Südafrikas, und zeitweise sogar die ebenso dünn besiedelte südliche Hälfte Namibias, umfasste, aber nur von etwa 600.000 Menschen bewohnt wurde, meist Afrikaans sprechenden Gemischtrassigen[86] . Das Gebiet würde den größten Teil der Karoo, einen Teil der Kalahari und des südlichen Oranje-Freistaates umfassen und ausdrücklich alles ausschließen, was für das neue Südafrika von großer Bedeutung war, wie Großstädte, Bodenschätze, Energieversorgung und Industriegebiete. Der Plan wurde später weiter auf einen Streifen zwischen dem Oranje-Fluss und der Westküste von 144 000 km^2 und mit etwa 150 000 Einwohnern verkleinert[87]. Dieser Volksstaat im Nordwestkap wurde zur offi-

86 Vryheidstrek, S. 26-29.

87 https://en.wikipedia.org/wiki/Volkstaat, abgerufen am 14.08.2023.

ziellen Zielsetzung von SABRA und AVSTIG und ab 1996 auch der kurz vor der Wahl 1994 von Constand Viljoen gegründeten, von Buren dominierten Partei Freiheitsfront[88]. Obwohl der Vorschlag in der Bevölkerung anfangs geringe Unterstützung fand, war er der einzige Plan, der von umfangreichen Forschungen und nicht nur von Wunschdenken gestützt wurde. Und es war schließlich die einzige Alternativlösung für eine Zukunft der Buren in Südafrika, die umgesetzt wurde, wie wir noch sehen werden.

88 Rapport, 24. August 1996, S.1.

TEIL 1

DER AFRI
IM PARLA

ROELF MEYER (NP) UND CYRIL RAMAPHOSA (ANC),
DIE BEIDEN CHEFUNTERHÄNDLER
DES NEUEN SÜDAFRIKA, 1994

KAANERSTAAT MENT:

DIE WAHLEN VON 1994, DIE FREIHEITSFRONT UND DER VOLKSSTAATRAAD

Kurz vor den ersten allgemeinen und für Südafrikaner aller Hautfarben offenen Wahlen Ende April 1994, die zu diesem Zeitpunkt auch von konservativen Buren als unvermeidlich angesehen wurden, gab es innerhalb der AVF Meinungsverschiedenheiten über die Frage, wie man zur Teilnahme stehen sollte. Die Gemäßigten um Constand Viljoen und eine Minderheitsgruppe innerhalb der Konservativen Partei, mit Pieter und Corne Mulder als prominenten Persönlichkeiten, argumentierten, daß die Wahl unvermeidlich sei und die Teilnahme der europäischstämmigen Minderheit keinen Einfluss auf die Glaubwürdigkeit der Wahl habe, hingegen würde einer Wahlenthaltung aus Protest kaum Beachtung geschenkt[89]. Die Mehrheit der AVF-Mitglieder war jedoch gegen eine Teilnahme - Viljoen und seine Mitstreiter wurden teilweise als Verräter angesehen[90]. Viljoen und seine Anhänger lösten sich von der AVF, gründeten kurz vor der Wahl die Freiheitsfront (Vryheidsfront/Freedom Front), und nahmen an den Wahlen von 1994 teil, um eine Stimme für die Buren und ihre Interessen im Parlament zu sein und einen burischen Volksstaat auf friedliche Weise durch Verhandlungen zu erreichen. Auch Carel Boshoff und andere Volkstaatsanhänger schlossen sich der neuen Partei an. Kurz vor der Wahl, am 23. April 1994, wurde mit internationalen Beobachtern als Zeugen eine Vereinbarung zwischen Freiheitsfront, Nationaler Partei und ANC geschlossen, in der grundsätzlich das Streben nach einem Burenstaat

89 https://www.news24.com/news24/constand-viljoen-played-critical-role-in-peaceful-transition-to-democracy-20200403, abgerufen am 21.08.2023.

90 https://de.wikipedia.org/wiki/Constand_Viljoen, abgerufen am 21.08.2023.

anerkannt wurde, allerdings ohne die Nennung jeglicher Details zur Umsetzung[91]. Für die immer noch regierende Nationale Partei und den ANC war es von größter Bedeutung, dass das „neue Südafrika" ohne Makel geboren wurde, und dafür war die Beteiligung aller namhaften Fraktionen äußerst wichtig. Auch der erste schwarzafrikanische Staatspräsident Südafrikas, Nelson Mandela, wollte um jeden Preis den innenpolitischen Frieden aufrecht erhalten – deshalb unterstützte er vordergründig die Bestrebungen nach Selbstbestimmung der Buren.

Der ANC, der sich nie viel um die Afrikaaner geschert und die Nationale Partei, die nie großes Interesse an einen Burenstaat gezeigt hatte, waren nun bereit, der Freiheitsfront in Bezug auf die Selbstbestimmung der Afrikaaner entgegenzukommen. Tatsächlich sollte dies bis heute das einzige, zumindest sehr vage, Entgegenkommen bleiben.

Die Freiheitsfront nahm an der Wahl teil und schnitt mit 2,2% der Stimmen bei der Wahl zum südafrikanischen Parlament und sogar 640.000 Stimmen bei der Wahl zu den Provinzparlamenten relativ gut ab und konnte 9 Abgeordnete in das südafrikanische Parlament entsenden[92].

Im Vorfeld der Wahl hatte der ANC angedeutet, daß die Wahlunterstützung für die Freiheitsfront als Test für eine signifikante Unterstützung des Volksstaates angesehen würde[93]. Da fast ein Drittel der Buren nach dieser Logik für einen Volksstaat gestimmt hatten, wurde dieser durch die Wahlentscheidung zumindest nach Ansicht der Freiheitsfront nun auch demokratisch legitimiert. Der ANC, der in der Wahl 62% der Stimmen erhalten hatte und die neue Regierung stellte, hatte allerdings nie eine Stimmenanzahl festgelegt, die für die Gründung eines Volksstaates als ausreichend angesehen wurde. Immerhin kam die neue ANC-Regierung der Freiheitsfront nach den Wahlen 1994 in einigen Punkten entgegen: es wurde ein eigenes parlamentarisches Gremium geschaffen, das sich mit der möglichen Gründung eines burischen Volksstaates befassen sollte[94]. Dieser „Volkstaatraad" wurde mit prominenten Vertretern der burischen Selbstbestimmung besetzt[95].

Auch in der neuen Verfassung konnte sich die Freiheitsfront trotz ihrer geringen Anzahl an Abgeordneten gegenüber ANC, Nationaler Partei und Inkatha Freiheitspartei durchsetzen und konnte die Aufnahme einiger Artikel in die neue südafrikanische Verfassung erreichen, die den kulturellen und sprachlichen Erhalt der Buren garantieren sollten.[96]

Von besonderer Bedeutung war dabei Artikel 235 der südafrikanischen Verfassung, der, in eine schwer-

91 Das Abkommen im Wortlaut vgl. https://www.justice.gov.za/legislation/constitution/history/INTERIM/TCR/ACCORD.PDF, abgerufen am 10.08.2023.

92 Zu den Wahlergebnissen siehe https://www.elections.org.za/content/uploadedfiles/NPE%201994.pdf, abgerufen am 10.08.2023.

93 Klaus von der Ropp, Das Nach-Apartheid-Land ist vorerst ein sehr fragiles Gebilde, in: Das Parlament 1997, S. 2, siehe https://www.africanquestions.org/articles/das-nach-apartheid-land-ist-vorerst-ein-sehr-fragiles-gebilde-die-verfassung-der-neuen-republik-suedafrika-21-february-1997-54, abgerufen am 10.08.2023.

94 Der entsprechende Rechtsakt „Volksstaat Council Act" im englischen Wortlaut: https://www.gov.za/sites/default/files/gcis_document/201409/a30-94.pdf, abgerufen am 10.08.2023.

95 Die Mitglieder waren Johann Wingard als Vorsitzender des Rates, Dirk Viljoen, als Stellvertretender Vorsitzender, Anna Boshoff, die Tochter von Hendrik Verwoerd, ihr Sohn Carel, der Atomwissenschaftler Wally Grant, die Juristen Chris de Jager, Mars de Klerk und Hercules Booysen, Ernest Pienaar, ehemaliger General der südafrikanischen Streitkräfte, „Natie" Luyt, Dozent an der Universität des Freeistaates, Piet Liebenberg, Dozent an der Rand Afrikaans Universität, Chris Jooste und Pikkie Robbertze, Koos Reyneke, Douw Steyn, Herman Vercueil, Kobus Visser, ein ehemaliger Leiter der Kriminalpolizei, Flip Buys, Vorstandsmitglied der Gewerkschaft Solidariteit, Duncan du Bois und Riaan Visagie, vgl. Volkstaat Council, Second Report, S. 1, https://constitutionnet.org/sites/default/files/1890.PDF, abgerufen am 10.08.2023.

96 https://www.vfplus.org.za/policy/, abgerufen am 21.08.2023.

fällige und doppelt negative Formulierung verpackt, eine Hintertür für einen burischen Volksstaat offen hielt[97].

In der ersten Legislaturperiode des neuen Südafrika und während der Präsidentschaft von Nelson Mandela führte der Volkstaatraad umfangreiche Recherchen zu allen Formen der territorialen und kulturellen Selbstbestimmung durch. Der Rat setzte sich aus mehreren prominenten Befürwortern der Selbstbestimmung der Buren zusammen, trotzdem konnten diese sich nicht darüber einigen, wie ein zukünftiger Volksstaat funktionieren und insbesondere wo er angesiedelt sein sollte. Es gab prominente Unterstützer des von AVSTIG propagierten Nordwestkap-Korridors wie Anna Boshoff und ihr Sohn Carel, Chris Jooste, Dirk Viljoen, Flip Buys und Riaan Visagie. Die Mehrheit der 20 Mitglieder, darunter auch der Vorsitzende Johan Wingaard, waren jedoch Befürworter eines Burenstaats im Norden des Landes mit Pretoria als Zentrum. Anstatt die Bestrebungen auf die einzig praktikable Option, das Nordwest-Kapgebiet, zu fokussieren wurden alle Optionen, auch weit hergeholte, untersucht und in den ersten Zwischenbericht von 1995 aufgenommen[98]. Das von der Mehrheit empfohlene Gebiet eines zukünftigen Volksstaates sollte Teile von Pretoria sowie Teile von Ost- und Westtransvaal umfassen. Große Städte lagen an der Grenze des geplanten Volksstaates, wobei die mehrheitlich schwarzafrikanischen Vorstädte ausgeklammert waren. Nicht nur das wirtschaftliche Kernland Südafrikas mit Minen und Industrien lag im Volksstaat, sondern auch ein Großteil der Hauptstadt Pretoria. Die Grenzen des Gebietes wurden so gezogen, dass sich eine burische Mehrheit von etwas mehr als 50% ergab[99]. Das enorme Bevölkerungswachstum und die Urbanisierung der Schwarzafrikaner wurden dabei ignoriert – vielmehr wurde angenommen, dass die Ausrufung eines Volksstaates Angehörige anderer Bevölkerungsgruppen dazu

97 Art. 235 der Verfassung der Republik Südafrika im Wortlaut (Übers. d. Verf.): *235. Selbstbestimmungsrecht*
Das Recht des südafrikanischen Volkes in seiner Gesamtheit auf Selbstbestimmung, wie es in dieser Verfassung zum Ausdruck kommt, schließt nicht aus, daß im Rahmen dieses Rechts der Begriff des Selbstbestimmungsrechts einer Gemeinschaft, die ein gemeinsames kulturelles und sprachliches Erbe teilt, innerhalb einer territorialen Einheit der Republik oder auf andere Weise, die durch die nationale Gesetzgebung bestimmt wird, anerkannt wird.

98 Volkstaat Council, Broadening Democracy for Stability: First Interim Report of the Volkstaat Council, Pretoria 1995, Vgl. https://www.justice.gov.za/constitution/history/REPORTS/TC229085.PDF abgerufen am 10.08.2023.

99 Richard A. Griggs, The boundaries of Afrikaner Self-Determination, in: IBRU Boundary and Security Bulletin 1995, S. 63-67, vgl. https://www.durham.ac.uk/media/durham-university/research-/research-centres/ibru-centre-for-borders-research/maps-and-databases/publications-database/boundary-amp-security-bulletins/bsb3-2_griggs.pdf, abgerufen am 10.08.2023.

ROELF MEYER, HAUPTUNTERHÄNDLER DER NATIONALPARTEI, MIT DEN DREI FÜHRUNGSFIGUREN DER FREIHEITSFRONT, PIETER MULDER, CORNE MULDER UND CONSTAND VILJOEN ZUR ZEIT DER VERHANDLUNGEN ZU EINER NEUEN VERFASSUNG. UNDATIERTES FOTO, ETWA 1996

bewegen würde, aus dem betreffenden Gebiet wegzuziehen[100]. Die Mehrheit der Ratsmitglieder war immer noch den Überzeugungen aus der Zeit vor 1994 an, nämlich dass ein Volksstaat nichts anderes als ein kleineres Südafrika wäre, mit minimalen Opfern oder Unannehmlichkeiten für die Buren, die diesen bewohnen würden. Berücksichtigt wurde dabei auch die relativ starke Unterstützung für die Freiheitsfront in Pretoria und in Ost- und Westtransvaal. Den Verfassern des Berichts war offenbar nicht bewusst, dass eine Regierung niemals ihre Hauptstadt, auch nicht Teile davon, an einen anderen Staat abtreten würde, selbst wenn es sich dabei "nur" um ein autonomes Gebiet handeln sollte. Die Ratsmitglieder, die die Empfehlung ausgesprochen hatten, hätten nur die ständigen Kämpfe zwischen dem Staat Israel und den Palästinensern im Hinterkopf behalten sollen: Israel hätte wahrscheinlich längst einen palästinensischen Staat anerkannt, wenn die Palästinenser auf ihren Anspruch auf die Altstadt von Jerusalem verzichten würden. In der Überzeugung der Mehrheit der Volksstaatsratsmitglieder war Pretoria jedoch immer noch das „Jerusalem der Buren", ohne das ein eigener Staat unvorstellbar wäre.

Der Vorschlag, einen Volksstaat in Teilen der Provinzen Nord-Kap und West-Kap (Nordwestkap-Korridor) zu etablieren, wurde als mögliche Alternative in den Bericht aufgenommen, aber eher im Sinne einer zweiten Option, falls die erste Wahl von Pretoria und Teilen Transvaals nicht umsetzbar sein sollte. Man erwartete damals, daß die Regierung einen vom Volksstaatrat vorgeschlagenen und von der Freiheitsfront akzeptierten Volksstaat ausrufen und dort eine burische Regierung einsetzen würde. Ausschlaggebend war daher eine demografische Mehrheit, auch wenn es sich um künstliche und lange Grenzen handelte, die selbst Städte in zwei Hälften teilen würden. Der Vorschlag eines Nordwestkap-Korridors wurde nur als etwas angesehen, das auf lange Sicht funktionieren könnte, wenn genügend Buren die Zentren und das wirtschaftliche Kernland verließen und sich dort niederließen.

100 Boshoff -Interview.

In einem traf der Bericht des Volkstaatrates von 1995 allerdings zu: die Annahme, dass nur wenige Buren bereit waren, sofort dorthin in einen Volksstaat umzuziehen, erwies sich als richtig. Aber die Schlußfolgerung, daß ein Volksstaat auf eine andere Weise errichtet werden könnte, als dass die europäischstämmige Minderheit die gewohnte Bequemlichkeit der zunehmend multikulturellen Städte mit großen Häusern, Gärten und Bediensteten aufzugeben und in einem abgelegenen und dünn besiedelten Gebiet neu anzufangen hätten, erwies sich als Trugschluss.

Als der erste Zwischenbericht im Vorfeld der neuen Verfassung 1995 dem ANC vorgelegt wurde, insbesondere dem Hauptunterhändler Cyril Ramaphosa, wurde dieser von der ANC-Delegation mit Verachtung weggewischt[101]. Wie sich in informellen Gesprächen gezeigt hatte, wäre die ANC-Regierung bereit gewesen, die Nordwestkap-Option viel eher zu befürworten, als einen Volksstaat im Kernland Südafrikas, der noch dazu Teile der Hauptstadt Pretoria umfasst hätte.

In einem anschließenden Bericht des Volksstaatrats von 1996 „Selbstbestimmung im internationalen Kontext" wurden zahlreiche Beispiele interner und externer Selbstbestimmung genannt, wie beispielsweise Quebec, Südtirol, Flandern und die Kantone der Schweiz[102].

101 Boshoff-Interview.

102 Volkstaatraad: „Selfbeskikking in internasionale verband". Pretoria, 1996.

Figure 1: The Volkstaat, six autonomous areas and possible zone of expansion

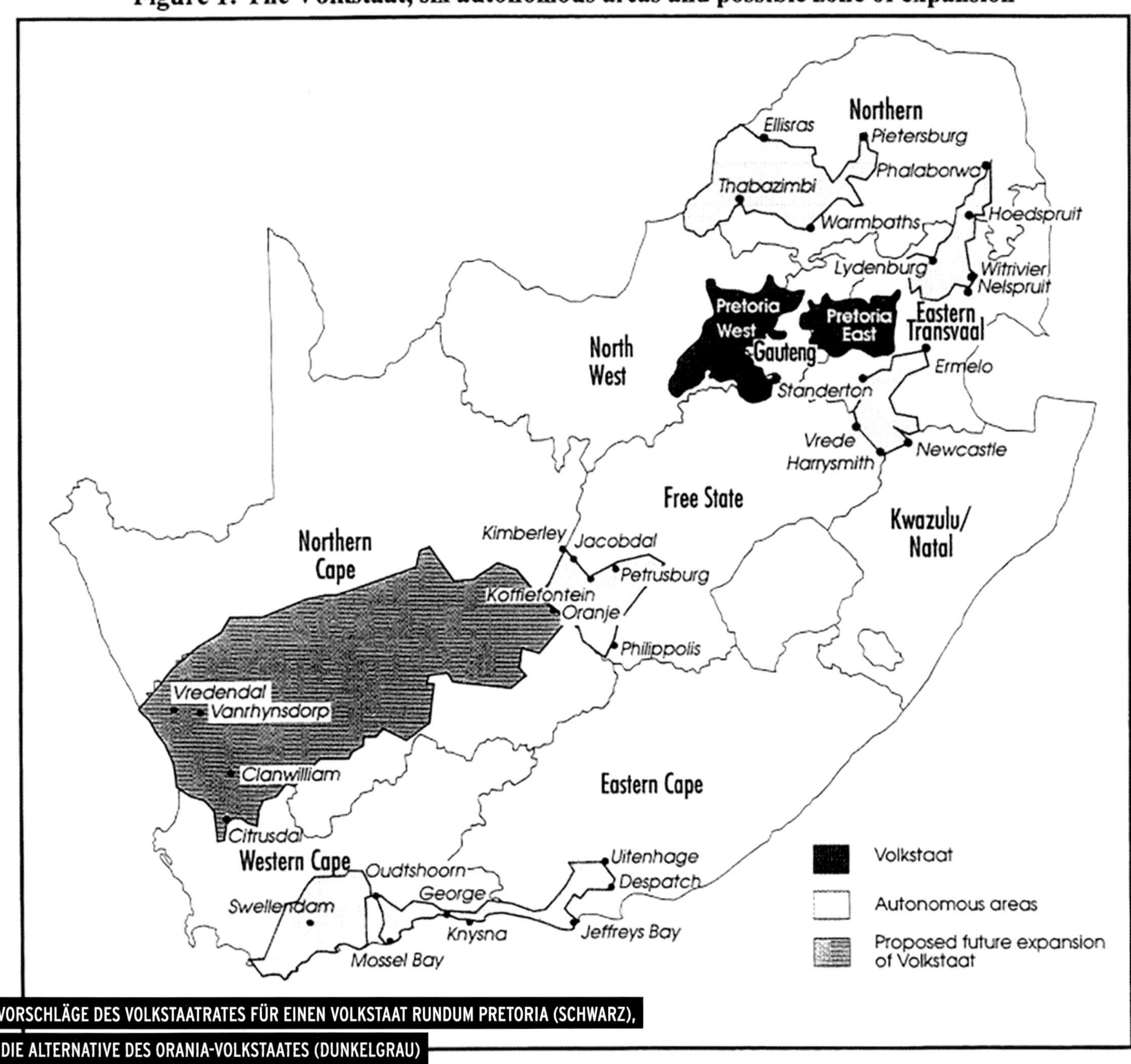

VORSCHLÄGE DES VOLKSTAATRATES FÜR EINEN VOLKSTAAT RUNDUM PRETORIA (SCHWARZ), DIE ALTERNATIVE DES ORANIA-VOLKSTAATES (DUNKELGRAU) UND AUTONOMER GEBIETE MIT RELATIVER AFRIKANERKONZENTRATION IM NORDEN UND SÜDEN DES LANDES (HELLGRAU), 1999

Inzwischen hatte auch die Mehrheit im Volkstaatrat offenbar erkannt, dass ein Volksstaat unter Einschluss der Hauptstadt Pretoria nicht umsetzbar war. Im Mai 1997 wurde der Variante eines Volkstaates im Nordwestkap in einem Bericht größere Aufmerksamkeit geschenkt und die Demografie, die politischen Machtverhältnisse, die Infrastruktur und die wirtschaftlichen Möglichkeiten in diesem Gebiet näher untersucht[103].

Im Februar 1999 fand in Pretoria eine Konferenz des Volkstaatrats unter dem Titel „Anerkennung des Strebens der Buren nach Freiheit kann zu Stabilität und Entwicklung führen" statt[104].

Im März 1999 veröffentlichte der Volksstaatrat seinen Abschlussbericht und seine Empfehlungen und übergab sie Staatspräsident Nelson Mandela[105]. Damit war die Aufgabe des *Volksstaatrats* erledigt und der Rat wurde, wie von Anfang an geplant, kurz vor den nächsten Wahlen und dem Rücktritt des charismatischen ersten schwarzafrikanischen Staatspräsidenten Mandela aufgelöst[106].

Die Spaltung innerhalb des Volksstaatraad über die Gebietswahl fand auch in der Partei Freiheitsfront (FF) ihren Niederschlag. Auch hier gab es Befürworter eines Burenstaats in Teilen Transvaals und andere, die das Nordwestkap befürworteten, sowie Personen, die einem Burenstaat gegenüber grundsätzlich skeptisch waren und sich eher auf kulturelle Selbstbestimmung der Buren überall im Land konzentrierten.

Am 8. Mai 1996 wurde die neue Verfassung präsentiert[107]. Es war eine Verfassung, die sich stark an den Rechten des Individuums orientiert und wesentlich vom bundesdeutschen Grundgesetz beeinflußt war[108]. Sie berücksichtigte aber nicht die besonderen Umstände in Südafrika als Vielvölkerstaat und erwähnte außerdem auch nicht in einem Land mit überwiegend christlicher Bevölkerung, Gott als höchste Autorität. Die Nationale Partei, einst Fahnenträger der Buren-Interessen, war umgeschwenkt auf eine liberal-individualistische Einstellung und verzichtete vollständig auf ihr früheres Streben nach Gruppenrechten und fest verankerten Formen der kulturellen Selbstbestimmung der Minderheiten. Die Nationale Partei hatte sich damit fast komplett die Ideologie der früheren oppositionellen Demokratischen Partei zu eigen gemacht. Die beiden Parteien, jahrzehntelang erbitterte Gegner während der gesamten Apartheid-Ära, unterschieden sich nur noch in der Zusammenstellung ihrer Wählerschaft und der Führungsriege: die Nationale Partei blieb vorerst die politische Heimat der Mehrheit der Buren und zunehmend der gemischtrassigen Südafrikaner, die ebenso Afrikaans als Muttersprache haben[109]. Die Demokratische Partei wurde hingegen von den englischsprachigen, weißen Südafrikanern domi-

103 Volkstaatraad: „Ondersoek na moontlikhede vir Afrikaners-vestiging en ontwikkeling in die bestemde gebied in die Noord- en Wes-Kaap provinsies". Mai 1997.

104 Volkstaatraad: „Erkenning van die Afrikaner se vryheidstrewe kan lei tot stabiliteit en ontwikkeling". Bericht zur Konferenz in Pretoria, 16.-17. 02. 1999.

105 Volkstaatraad: Finale verslag: bevindinge en aanbevelings. Pretoria, März 1999.

106 https://en.wikipedia.org/wiki/Volkstaat_Council.

107 Die Verfassung im Volltext hier: https://www.justice.gov.za/legislation/constitution/SAConstitution-web-eng-o.pdf, abgerufen am 10.08.2023.

108 von der Ropp, Das Nach-Apartheid-Land, S. 2.

109 Inus Aucamp/Johan Swanepoel, Einde van ,n Groot Party. ,n Vrystaatse perspektief op die (N) NP, Bloemfontein 2007, S.65.

niert. Beide Parteien wurden später zu einer einzigen Partei vereinigt. Auch die Inkatha Freiheitspartei (IFP) der Zulus schloss sich dieser liberalen Orientierung an. Die Freiheitsfront stand als einzige Partei noch für die Selbstbestimmung der Völker ein und war diesbezüglich isoliert. Da die Regierung jedoch die größtmögliche Unterstützung für die Verfassung erlangen wollte, und auch aufgrund der vor der Wahl getroffenen Einigung zwischen ANC, Nationaler Partei und Freiheitsfront, wurden einige Verfassungsartikel vorgesehen, die zumindest Lippenbekenntnisse zur Selbstbestimmung waren, und zwar kultureller (Art. 185) und territorialer (Art. 235) Natur. Wie sich später herausstellte, hatten die Artikel jedoch in erster Linie symbolischen Charakter und wurden praktisch nicht (Art. 235) oder nur ungenügend (Art. 185) in der Gesetzgebung berücksichtigt. Artikel 235, der eine Fortsetzung des Grundsatzes 34 der Interimsverfassung darstellte, war ein Artikel, der bis zu dem Tag, an dem er gebraucht würde, „tiefgefroren" wurde. Während große Teile der Burenstaat-Anhänger, insbesondere innerhalb der Freiheitsfront, davon ausgingen, dass ihnen im Rahmen der Verfassungsverhandlungen ein Burenstaat zugestanden würde um die Buren dadurch loyal an das neue Südafrika zu binden, war die Haltung des ANC, dass nicht über etwas verhandelt werden könnte, was nicht existierte. Laut Vizepräsident Thabo Mbeki (ANC) müssten die Buren, die dieses wollten, zuerst eine Realität schaffen und die Regierung sollte auf die damit geschaffene Situation reagieren. Implizit gab damit der regierende ANC zu verstehen, dass ein möglicher Volksstaat nur im Nordwestkap entstehen könnte und sozusagen aus dem Nichts geschaffen werden müsste. Das Projekt eines Volksstaates, der sich an den bestehenden Siedlungsgebieten der Buren orientiert und Teile von Südafrikas wirtschaftlichem Kernland umfasst, war damit gestorben[110].

Nachdem der Verfassungsprozess abgeschlossen war, musste die Freiheitsfront nun Farbe bekennen und ihren Wählern erklären, was die Gründung eines Volksstaates in der Praxis bedeuten und vor allem, wo dieser entstehen solle. Der innere Kreis der Freiheitsfront war über die verschiedenen möglichen Optionen, einschließlich kultureller statt territorialer Selbstbestimmung, geteilter Meinung. Vor allem Carel Boshoff snr. kämpfte eifrig für die Anerkennung des Nordwestkaps als burenstaatlichem Gebiet. Seine Ansicht setzte sich damals, unterstützt von prominenten Führern wie Corne und Pieter Mulder und Abri Oosthuizen, gegen das andere Lager mit Constand Viljoen und den Provinzvorsitzenden der Freiheitsfront aus den nördlichen Landesteilen durch[111].

Auf einer Pressekonferenz am 23. August 1996, die von Constand Viljoen geleitet und von Corne und Pieter Mulder unterstützt wurde, wurden schließlich die Vorstellung der Freiheitsfront von den Grenzen des zukünftigen Volksstaates vorgestellt: ein dünn besiedelter Streifen zwischen dem Oranjefluss und der südafrikanischen Westküste, ein 144 000 km^2 großes Gebiet, das von nur etwa 150 000 Menschen bewohnt wurde, davon 17% Buren. Bei einem Zuzug von mindestens 100.000 Buren bei gleichzeitiger Stagnation oder gar Rückgang der anderen Bevölkerungsgruppen (hauptsächlich afrikaanssprachige Gemischtrassige) könnte das Gebiet zu einem

110 Boshoff-Interview.
111 Boshoff-Interview.

FW DE KLERK VERSPRICHT SEINEN WÄHLERN MACHTTEILUNG UND BEKOMMT STATTDESSEN DURCH ROELF MEYER MEHRHEITSHERRSCHAFT, KARIKATUR DER ZEITSCHRIFT FRONTNUUS, 1996

CONSTAND VILJOEN, ROELF MEYER UND THABO MBEKI WÄHREND DER UNTERZEICHNUNG DER „ÜBEREINKUNFT SELBSTBESTIMMUNG DER AFRIKAANER" IM APRIL 1994

Volksstaat ausgebaut werden[112]. Ein vollständiger Bericht über das vorgeschlagene Gebiet, seine Städte, Infrastruktur, Eigentumssituation, Demografie und politischen Umstände, erstellt von Carel Boshoff, Anna Boshoff und Dirk Viljoen, erschien ebenfalls im August 1996 und bildete die Grundlage für die Entscheidung der Freiheitsfront, das Nordwestkap zu wählen[113].

Die Bekanntmachung des Volksstaatplans war einer der Höhepunkte der Freiheitsfront. Die Partei stellte sich unmissverständlich als Kämpfer für das Ideal der Selbstbestimmung dar und traf die richtige Wahl, in dem ein realpolitisch umsetzbarer Vorschlag präsentiert worden war. Diejenigen, die sich nicht für einen Volksstaat und das spezifische Gebiet begeistern konnten, konnten dennoch durch regionale Autonomie oder zumindest kulturelle Selbstbestimmung zufriedengestellt werden[114].

Damals erwartete man, dass die Buren von dem jetzt klar formulierten Volksstaatplan begeistert wären und sich zumindest zum Teil in dem vorgestellten Gebiet ansiedeln würden. Gleichzeitig sollten Verhandlungen mit der Regierung zu einer offiziellen Anerkennung des Gebietes als künftigem Volksstaat führen, und die Entwicklung und Umsiedlung der Buren könnte möglicherweise sogar mit staatlichen Mitteln erfolgen. Viel war in diesen Tagen die Rede von einer Art "Balfour-Erklärung" von Präsident Nelson Mandela, in der er sagen würde, dass die Regierung die Entwicklung des ausgewiesenen Gebietes als burisches Siedlungsgebiet unterstütze und in Zukunft je nach Fortschritt in der Besiedlung, einem solchen Gebiet gemäß Art. 235 Autonomie oder sogar Unabhängigkeit gewähren würde[115].

Aus heutiger Sicht mag der damalige Enthusiasmus und das Vertrauen auf ein Übereinkommen mit der ANC-Regierung naiv erscheinen, aber der ANC von 1996 war ein anderer oder schien zumindest ein anderer als heute zu sein und hatte ein wesentlich freundlicheres Gesicht. Die Buren waren auch noch in einer ganz anderen Machtposition als heute und der ANC wiederum hatte seine Macht noch nicht derart gefestigt, wie es heute der Fall ist. Zur Zeit der

112 Der Autor war bei der Ankündigung des Volkstaatplanes der Freiheitsfront in Bloemfontein anwesend.

113 Boshoff, Anna, Boshoff, Carel und Viljoen, Dirk: Ondersoek na 'n volkstaat in die Noordwes-Kaap. August 1996.

114 Boshoff-Interview

115 Lord Balfour, britische Außenminister von 1916-1919, ist vor allem bekannt für seine diplomatische Erklärung von 1917, dass die Britische Regierung, damals Mandatsmacht über Palästina, eine jüdische Besiedelung hin zu einem Heimatland für die Juden prinzipiell unterstütze.

VOLKSTAATPLAN VON DER WESTKÜSTE BIS ZUM ORANJE, VORGESTELLT VON DER AFRIKANER-VRYHEIDSTIGTING (HEUTE ORANIA BEWEGUNG) UND DER VRYHEIDSFRONT/ FREEDOM FRONT. 1996

Regierung Mandela waren die Beziehungen zwischen dem ANC und den Buren noch recht gut und auch viele europäischstämmige Südafrikaner dachten positiv über das neue Südafrika, obwohl es Probleme wie Kriminalität, Rassismus, Diskriminierung von Afrikaans in Schule und Verwaltung bereits gab. Obwohl die konservativen Buren vom neuen Südafrika nicht begeistert waren, glaubten sie, durch Formen territorialer und kultureller Selbstbestimmung irgendwie darin überleben zu können.

Thabo Mbeki, der 1997 neuer Vorsitzender des ANC und ab 1999 südafrikanischer Staatspräsident und damit Nachfolger Nelson Mandelas wurde, verärgerte die Freiheitsfront und die Volksstaat-Anhänger im Dezember 1997 mit der Aussage, daß ein Nationalstaat für Buren inakzeptabel und eine Gefahr für die Schwarzafrikaner und für den Transformationsprozess des Landes sei. Auch der ANC spielte mit der Freiheitsfront Katz und Maus und vermied regelmäßig Gespräche über die „Volksstaat-Erklärung“[116].

Im folgenden Jahr ging es jedoch in eine vielversprechendere Richtung, als der Minister für politische Entwicklung und Provinzangelegenheiten, Valli Moosa, auf eine Anfrage im Parlament mit Unterstützung der ANC-Regierung verkündete: „Das Streben der Freiheitsfront und anderer Buren nach der Entwicklung eines bestimmten Landesteils als Heimat der afrikaansen Sprache und Kultur im Rahmen der Verfassung und der Grundrechte ist in der Tat, nach Ansicht der Regierung, ein legitimes Streben”. Obwohl die Schaffung eines solchen Gebiets laut Regierung möglicherweise nicht wünschenswert oder wirtschaftlich nicht rentabel und sicherlich nicht im Einklang mit dem Streben des ANC nach einem schwarzafrikanischen Südafrika stehe, hatte Moosa ihre Legitimität, wie sie in Artikel 235 der Verfassung steht, bestätigt[117].

Diese so genannte „Moosa-Erklärung“ kam von allen Verlautbarungen der ANC-Regierung zum Thema Selbstbestimmung einer "Balfour-Erklärung" noch am nächsten. Doch danach ging es bald bergab mit Selbstbestimmung und Volksstaat.

Während die politische Anerkennung des Volkstaates im Sande verlief, ging die Verwirklichung des Volksstaates „im Kleinen“ in diesen Jahren voran: bereits 1991 wurde die verlassene Bauarbeitersiedlung Orania im Nord-Kap von Volksstaats-Anhängern angekauft und es entwickelte sich eine kleine Siedlung, die als Keimzelle eines Volksstaates entwickelt werden sollte.

Die Freiheitsfront und AVSTIG waren in vielerlei Hinsicht deckungsgleich oder wurden so wahrgenommen. Der Freiheitsfront-Vorsitzende in der Provinz Nordkap, Carel Boshoff snr., war auch Vorsitzender von AVSTIG und weiterer burischer Organisationen wie SABRA und Volkswacht. Die Freiheitsfront-Jugendorganisation hielt regelmäßig ihre Jugendtreffen in Orania ab und es gab eine enge Verbindung und Unterstützung, trotz der weiterhin bestehenden Spannungen zwischen Anhängern einer kulturellen Selbstbestimmung der Buren im Norden Südafrikas und jenen, die einen Volksstaat im Nordwestkap etablieren wollten. Andere Freiheitsfront-Pläne, wie autonome Gebiete in Teilen mit einer erheblichen Buren-Konzentration in Ost-Transvaal, starben einen stillen Tod, weil es vor Ort wenig Begeisterung und Unterstützung gab, und das Thema

116 Rapport, 28. 12. 1997, S.18.

117 Beeld, 5. 5. 1998, S.2.

burische Selbstbestimmung verschwand zunehmend zu Gunsten der Tagespolitik und lokaler Fragen von der Agenda.

Der Wahlkampf zu den Parlamentswahlen im Jahr 1999 wurde mit Begeisterung geführt und das Thema Selbstbestimmung und Volksstaat stand im Vordergrund. Für die Freiheitsfront war die Wahl jedoch eine Katastrophe: auch die burische Wählerschaft stimmte in großer Zahl für die englischsprachig-liberale Demokratische Partei, die von 1,7 % auf 11 % anstieg, und kehrte der Nationalen Partei und der Freiheitsfront den Rücken. Letztere erhielt nur 120 000 Stimmen d.h. 0,8 %[118]. Für die meisten europäischstämmigen Südafrikaner war die hoffnungsvolle Aufbruchstimmung der ersten Hälfte der Mandela-Ära und die Versöhnungspolitik vorbei und sie hatten bereits die Realität eines unnahbaren ANC-Regimes erlebt: zunehmende Kriminalität, gesetzlich verankerte Bevorzugung der schwarzafrikanischen Bevölkerung und Forderungen nach Landenteignung und Verstaatlichung. Die Demokratische Partei, frei von jeglicher Assoziation mit der Apartheid oder der alten Machtelite, drückte die Frustration über den ANC mit den Schlagsprüchen "gatvol" (hab die Nase voll) und "fight back" (zurückschlagen) aus. Die Botschaft war leicht verständlich und bot den Wählern einfache Lösungen. Der Burenstaat hingegen, bei den Wahlen von 1994 für die meisten eher ein Schlagwort und noch ohne einen konkreten Plan, war 1999 ein gut ausgearbeitetes Konzept mit internationalen Beispielen und politischer Theorie als Unterbau. Dieses war aber für die meisten burischen Wähler zu schwer zu fassen und bot nicht die kurzfristige Lösung der täglichen Probleme, vor allem nicht, ohne Opfer bringen zu müssen. Abgesehen von der großen Wählerverschiebung hin zur Demokratischen Partei, bekam die Freiheitsfront auch durch eine neu gegründete Partei, die Afrikaaner Einheitsbewegung (AEB), Konkurrenz in ihrer ohnehin kleinen Nische.

118 Böttger, S.305.

CONSTAND VILJOEN AUF EINEM WAHLPLAKAT DER FREIHEITSFRONT ZUR PARLAMENTSWAHL 1999

Die Wahl von 1999 war für die Freiheitsfront eine große Ernüchterung. Die Politik des Volksstaates blieb unverändert, aber die Partei war zunächst einer inneren Zerreißprobe ausgesetzt. Die Schuld für das schlechte Abschneiden wurde auch Parteichef Constand Viljoen zugeschrieben, welcher 2001 nicht mehr als Parteivorsitzender zur Wahl stand und von seinem innerparteilichen Konkurrenten Pieter Mulder abgelöst wurde[119]. Pieter Mulder war, im Gegensatz zu Viljoen, ein regelmäßiger Besucher von Orania und hatte dort auch ein Stück Land erworben, auf dem er Pekannüsse anbauen ließ. Er war der Kandidat der Volksstaat-Anhänger in der

119 Der Autor war damals Mitglied der Freiheitsfront und erlebte die beschriebenen Ereignisse mit.

Freiheitsfront und es bestand die Hoffnung, daß er die Turbulenzen zwischen den verschiedenen Lagern beruhigen und den Volksstaat im Nordwestkap mit neuem Elan voranbringen könnte.

Um das Jahr 2000 entfernte sich die Freiheitsfront jedoch allmählich von der Volksstaatidee, vermied das Thema in der Öffentlichkeit und konzentrierte sich mehr auf die tagtäglichen Interessen der Buren im „neuen Südafrika", in der Hoffnung, mehr Wähler anzuziehen, die mit einem Volksstaat nichts anfangen konnten[120]. Vor allem die Nationale Partei und die Demokratische Partei verbreiteten zudem falsche Vorstellungen über den als „Wüstenstaat" bezeichneten Volksstaat und benutzten diesen als Totschlagargument gegen die Freiheitsfront selbst bei Kommunalwahlen[121].

Auch die ANC-Regierung unter Präsident Mbeki nahm eine zunehmend feindlichere Haltung gegenüber den Buren ein. Die politische Botschaft war dabei klar: die Zeit der Versöhnung und des Respekts für die Sprache, Tradition und Kultur der Minderheiten wich nun den Forderungen der schwarzafrikanischen Mehrheit, die in erster Linie materieller Natur waren. Zudem führte die sozialistisch geprägte Klientelpolitik der Regierung zu immer größeren innenpolitischen Problemen, die sich unter anderem in einer ersten Auswanderungswelle vor allem europäisch- und indischstämmiger Südafrikaner, hauptsächlich Fachkräfte und Akademiker, äußerte[122]. Von Mbeki war kein wohlwollendes Urteil über den Volksstaat zu erwarten, und das Klima zwischen Buren und der ANC-geführten Regierung verschlechterte sich[123].

Im Jahr 2002 gelang es der Freiheitsfront überraschend, die mittlerweile sprichwörtlich zerstrittenen politischen Organisationen der Buren zu konsolidieren, indem sie die Konservative Partei und die Afrikaaner Einheitsbewegung in eine Sammelpartei unter dem Namen Freiheitsfront Plus (FF+), eingliederte[124]. Die politischen Erfolge der neuen Partei blieben jedoch bescheiden. Es gab nur wenige substanzielle Initiativen in Bezug auf die Selbstbestimmung. Der einzige Erfolg in dieser Hinsicht war die Mit-

120 Boshoff-Interview.

121 Mads Vestergaard, Who's Got the Map? The Negotiation of Afrikaner Identities in Post-Apartheid South Africa, in: Daedalus, Vol. 130, No. 1/ 2001), S. 38, vgl. https://www.jstor.org/stable/20027678?seq=21, abgerufen am 18.08.2023.

122 Von der Ropp, Der Niedergang des demokratischen Südafrika, in: Deutsche Gesellschaft für die Vereinten Nationen e.V. (Hg), Blickpunkt Südafrika - Südafrika 25 Jahre nach dem Ende der Apartheid - Wohin steuert die Republik am Kap der Guten Hoffnung?, München 2019, S. 64-66.

123 Interview mit Constant Viljoen, „Wir werden zur Minderheit", in: Spiegel 14/1999, https://www.spiegel.de/politik/wir-werden-zur-minderheit-a-fbf9d4f3-0002-0001-0000-000010932960, abgerufen am 10.08.2023.

124 Böttger, 305.

PIETER MULDER, PARTEICHEF DER FREIHEITSFRONT VON 2001-2016

gliedschaft der FF+ in UNPO, der Unrepresented Nations and Peoples Organization, wo die FF+ die Sache der Buren vor ein internationales Forum bringen und Allianzen mit anderen kleinen Völkern schmieden konnte, die ebenfalls nach Anerkennung und Selbstbestimmung streben[125]. Die Beziehungen zwischen der Führung der FF+ und der Orania-Bewegung kühlten sich ab. Das hatte auch damit zu tun, das die FF+ sich nicht mehr auf die Umsetzung des Volksstaatskonzepts konzentrierte. Während die Freiheitsfront im Jahr 1994 mit dem Hauptziel gegründet wurde, den Buren-Volksstaat durch Verhandlungen zu erreichen, hatte die Partei um 2014 nur noch die Haltung, das in ihren Reihen auch Platz wäre für diejenigen, die den Volksstaat anstrebten, während die Partei sich mit allen möglichen Angelegenheiten, die wenig oder nichts mit Selbstbestimmung zu tun haben, beschäftigte[126]. Im Vorfeld der Parlamentswahlen von 2014 ging der Vorsitzende der Freiheitsfront+, Pieter Mulder, noch weiter und erklärte, daß die FF+ nun eine neue Richtung einschlagen würde und fortan alle Minderheiten und deren Interessen fördern würde und ihre Idee eines Burenstaates aufgegeben habe[127] . Bei den Parlaments- und Provinzwahlen im Mai 2019 zahlte sich die Öffnung der Freiheitsfront für allgemeine Minderheitenpolitik aus: sie erreichte ihr bestes jemals erzieltes Ergebnis mit 2,38% und 10 Abgeordneten im Nationalen Parlament[128]. Sogar ein Einwohner und ein weiterer „Auswohner" Oranias, Wynand Boshoff und Jaco Mulder, waren Teil der neuen Fraktion. Für die Befürwortet eines Volkstaates war allerdings schon seit längerem klar, daß ein Burenstaat nicht durch Verhandlungen im Parlament verwirklicht werden könne, vielmehr musste ein solcher durch Tatsachen geschaffen werden.

125 https://unpo.org/members/8148, abgerufen am 21.08.2023.
126 Boshoff – Interview.
127 Volksblad, 25. 03. 2014, S.2.
128 Böttger, 305.

GESPRÄCHE ZWISCHEN ANC UND FREIHEITSFRONT, 2002

DR. PIETER MULDER UND NELSON MANDELA, 2002

DIE GESCHICHTE VON ORANIA UND DEM FREIHEITSSTREBEN DER AFRIKAANER

ORANIA – VERKÖRPERUNG DES FREIHEITSIDEALS

TEIL 2

DIE V
ORAN

AFSAAL KOMPLEX IM GEISTERDORF ORANIA, 1990

ORGESCHICHTE
IAS

FARM UND BAUARBEITERSIEDLUNG

Lange bevor die Siedlung Orania in der heutigen Provinz Nordkap zur Keimzelle eines Burenstaates wurde, gab es eine Besiedlung der Gegend durch burische Farmer, die bis ins späte 18. Jahrhundert zurückreicht. Die Gegend wo heute Orania liegt, die Obere Karoo, wird östlich vom Oranjefluß begrenzt und geht südlich und westlich in die Zentrale Karoo über, die noch trockener ist. In der Oberen Karoo war damals, bevor es Bewässerung gab, wegen des geringen Regenfalls von weniger als 400 Millimeter pro Jahr und eine Vegetation von Dornensträuchern nur Schafzucht möglich und die Gegend war dementsprechend sehr dünn bevölkert. Anders als der östliche und nördliche Teil Südafrikas ist die Karoo arm an Bodenschätzen. Einzelne Siedlungen entstanden an den Hauptverbindungsstrassen zwischen Kapstadt und dem Binnenland als Handelsposten und rund um eine Kirchengemeinde.

Ursprünglich zogen in der Gegend Stämme des Urvolks der San als Jäger und Sammler umher, was zahlreiche Felszeichnungen auf Hügeln in und um Orania belegen[129]. Später bevölkerten die Khoi, die nomadische Hirten waren und sich schließlich mit den San vermischten, dieses trockene Gebiet im Nordwesten der heutigen Republik Südafrika, ohne jedoch permanente Siedlungen zu gründen.

Aus dem Jahr 1762 datieren die ersten Hinweise durch Felsgravierungen auf eine Präsenz von Buren in der Gegend. Dies steht auch im Einklang mit einer Expedition aus Kapstadt, die 1761 das Gebiet des Oranje erkundete. Nicht lange danach zogen so genannte Trekburen, burische Viehhirten, in das Ge-

129 Manie Oppermann, Klippe vertel...Orania se rotsgravures, Epog, 2014, S. 8-9.

biet und ließen sich dort nieder[130]. Dies ist historisch sehr wichtig, denn es zeigt, dass die Buren nach den wandernden San und Khoi die ersten dauerhaften Bewohner waren, und schon seit Hunderten von Jahren in diesem Teil Südafrikas präsent waren, im Gegensatz zu den Schwarzafrikanern, die erst im 20. Jahrhundert als Wanderarbeiter in den Norden der damaligen Kapprovinz kamen. In der Oberen Karoo gibt es keine traditionellen schwarzafrikanischen Stammesgebiete, die sich auf den Norden und Osten Südafrikas konzentrieren.

Eine Farm namens „Vluytjeskraal" (zu Deutsch „Pfeifenkrahl"), auf deren Grund die spätere Siedlung Orania entstand, wurde bereits 1842 auf einer Karte erwähnt[131] . Vluytjeskraal wurde 1882 von Stefanus Ockert Vermeulen gekauft, der auf dem Gelände der Farm ein festes und schönes Steinhaus baute, das älteste noch bestehende Haus der heutigen Siedlung. Jedes Jahr hielt Vermeulen seine Anwesenheit auf einem Stein fest, auf dem auch der Kaufvertrag eingraviert war[132]. Während des Zweiten Burenkrieges 1899-1902 waren sowohl britische Truppen als auch Burenkommandos in der Gegend aktiv und nutzten die Steinhügel als Schanzen und Beobachtungsposten. Das Gebiet war von strategischer Bedeutung aufgrund der Brücke über den Oranjefluss und der nahegelegenen Eisenbahnlinie von Kapstadt nach Johannesburg sowie des Konzentrationslagers und des Blockhauses Orange River[133]. Nach dem Tod von Vermeulen 1925 wurde die Farm unter seinen Söhnen aufgeteilt, die sie weiterhin bewirtschafteten[134].

Im Jahr 1964 wurde ein neues Kapitel aufgeschlagen, denn das Ministerium für Wasserangelegenheiten enteignete gegen Entschädigung einen Teil der Nutzfläche der Farm. Dies hing mit dem Ausbau der Infrastruktur während der 1960er Jahre zusammen: die Republik Südafrika galt damals als eines der modernsten Länder der Welt und trotz der internationalen Ablehnung der Apartheid-Politik gingen die 1960er Jahre als das „Goldene Jahrzehnt" in die südafrikanischen Geschichte ein: die Wirtschaft florierte und der Staat konnte enorme Finanzmittel in den Ausbau zukunftsfähiger Infrastruktur investieren[135].

Diese Bemühungen müssen auch im historischen Kontext gesehen werden. Südafrika war nach dem Austritt aus dem Commonwealth of Nations und der Verhängung von Sanktionen international isoliert. Ministerpräsident Verwoerd verfolgte eine Politik der Selbstversorgung und Autarkie. Wasser für die landwirtschaftliche Produktion und in geringerem Maße für die Energiegewinnung galt dabei als eine der Säulen wirtschaftlicher Unabhängigkeit, wobei der Oranje-Fluss als größter Wasserlauf Südafrikas eine besondere Stellung einnahm.

Bereits in der 1. Hälfte des 20. Jahrhunderts wurde immer wieder die Möglichkeit diskutiert, die enormen Wasserressourcen des Oranje-Flusses zu nutzen, um die Halbwüste Karoo zu entwickeln – die Pläne scheiterten schlussendlich am fehlenden politischen Willen und mangelnden finanziellen Ressourcen[136].

Ab 1960 ließ der Minister für Wasserangelegenheiten in der Regierung Verwoerd, Pieter Mattheus Kruger Le Roux, die Möglichkeit eines Oranje-Infrastrukturprogramms prüfen und führte eine umfangreiche Untersuchung durch, die 2 Jahre dauerte. Im März

130 Oppermann, Klippe vertel, S. 44-46.
131 Oppermann, Klippe vertel, S. 46.
132 Oppermann, Klippe vertel, S. 50.
133 Oppermann, Klippe vertel, S. 60.
134 Voorgrond, Zeitschrift der Orania Bewegung, Februar 2009, S. 5.

135 Klaus von der Ropp, Die Wirtschaftsgemeinschaft im Süden Afrikas, in: Aussenpolitik - Zeitschrift für internationale Fragen, Nr. 10/1971, S. 629-632.
136 Desiderius Kruger, Dr. HF Verwoerd en die Oranjerivierprojek. Verwoerd Memorial Lecture 2012, S. 6-8.

1962 kündigte Minister Le Roux das Oranje-Projekt an. Es war ein riesiges Projekt und sollte mehr als 20 Jahre bis zur Fertigstellung dauern.

Die wichtigsten Arbeiten im Rahmen des Oranje-Projekts waren der HF Verwoerd Staudamm (der heute den Namen Gariep Staudamm trägt), der PK Le Roux Dam (heute Vanderkloof Staudamm) mit dem Kanalsystem am Nord- und Südufer, von dem jedoch nur der nördliche Teil in der Provinz Oranje-Freistaat fertiggestellt wurde, und der Wassertunnel, der den Oranje-Fluss mit dem Fish River im Ostkap verbindet. Drei weitere Teilprojekte, der Torque-Staudamm zwischen Hopetown und Douglas sowie Kanäle, die Wasser über den Brak-Fluss nach Prieska und über den Sak-Fluss nach Kakamas führen sollten, wurden wegen zu hoher Kosten nie fertiggestellt. Für die enorme Anzahl an Bauarbeitern dieses Projektes wurde auf dem Farmland von Vluytjeskraal nun die Siedlung Orania als provisorische Bauarbeiterstadt angelegt[137].

Obwohl Premierminister Verwoerd nie ausdrücklich gesagt hatte, dass das Oranje-Wasserprojekt in einem dünn besiedelten und trockenen Gebiet die Grundlage für eine zukünftige Heimat der Buren sein würde, ist zu vermuten, dass er als weitsichtiger Politiker, der mehrere Male die Möglichkeit einer Teilung Südafrikas in ethnisch getrennte Gebiete auch für die europäischstämmige Bevölkerung ansprach, so etwas als langfristiges Ziel vor Augen hatte. Angesichts der großen Geldsummen, die in die Heimatländer flossen, war es nur gerecht, eine ländliche Entwicklung auch für Buren zu etablieren. Auch Nico Jooste erwähnt in seiner Dissertation, dass es Verwoerds Traum war, durch das Oranje Entwicklungsprojekt neue Siedlungen in der zentralen Karoo zu errichten, um hier das Kernland der europäischstämmigen Südafrikaner zu entwickeln[138].

Das Bauvorhaben wurde nach einem langen Ausschreibungsverfahren im November 1966 endlich begonnen, nur wenige Monate nach der Ermordung von Premierminister Verwoerd[139]. Das erste Teilstück war der Bau der damals „Verwoerd-Staudamm" genannten Staumauer des Oranje-Flusses, die schließlich im März 1972 vom Staatspräsidenten Fouche eingeweiht wurde[140]. Als der Verwoerd-Staudamm fast fertiggestellt war, begannen im Juli 1971 die Bauarbeiten für den Vanderkloof-Staudamm. Aufgrund von Überschwemmungen verzögerten sich die Bauarbeiten mehrmals. Erst im November 1977 wurde der Vanderkloof-Damm offiziell von Premierminister Vorster eingeweiht[141].

Die Arbeiten am Oranje - Fish River Tunnel begannen im Januar 1968 und wurden sieben Jahre später abgeschlossen[142]. Das Kanalsystem von Vanderkloof bestand eigentlich aus zwei Projekten, eines für das rechte Ufer des Oranje (im Oranje-Freistaat) und eines für das linke Ufer (im Nordkapland). Vor allem das linke Kanalprojekt begeisterte die Öffentlichkeit, weil es nicht nur die Gebiete entlang des Flusses mit Wasser versorgen sollte, sondern sogar die extrem trockenen Teile der zentralen Karoo. Über eine Strecke von 800 Kilometern würden 120.000 Hektar Land mit Wasser versorgt. Das anfängliche Großprojekt,

137 Nico Jooste, Die eerste fase van die Oranjerivierontwikkelingsprojek, 1962-1976. 'n Historiese analise. Dissertation, Bloemfontein 1999, S. 276.

138 Jooste, Oranjerivierontwikkelingsprojek, S. 276.

139 Verwoerd wurde am 6. September 1966 vom Parlamentsangestellten Demetrios Tsafendas ermordet. Tsafendas wollte damit gegen seine Einstufung als „Mischling" protestieren – obwohl bis heute Zweifel an seiner Zurechnungsfähigkeit bestehen. Verwoerds Nachfolger wurde Balthazar Johannes Vorster. Zu den näheren Umständen des Attentats vgl. „Tod im Laager", Der Spiegel 38/1966, https://www.spiegel.de/politik/tod-im-laager-a-08f65b7a-0002-0001-0000-000046414319, abgerufen am 13.08.2023.

140 Jooste, Oranjerivierontwikkelingsprojek, S. 243-244.

141 Jooste, Oranjerivierontwikkelingsprojek, S. 246.

142 Jooste, Oranjerivierontwikkelingsprojek, S. 252.

POSTAMT (SPÄTER DAS ERSTE DORFBÜRO) IN DEN 1960ER JAHREN

BAU DES ÖFFENTLICHEN SCHWIMMBADES, VERMUTLICH 1967

die Karoo landwirtschaftlich nutzbar zu machen, wurde allerdings wegen zu hoher Kosten drastisch verkleinert und nur 27.000 Hektar für die Bewässerung des Streifens zwischen Vanderkloof und Hopetown geplant. Die Aufmerksamkeit richtet sich nun auf das rechte Ufer und der anfänglich kleine Teil, der dort bewässert werden würde, wurde deutlich vergrößert. Im Oktober 1966 wurde mit dem Bau des rechtsuferigen Kanalsystems begonnen, der im März 1987 fertiggestellt wurde[143].

Die Geschichte der Siedlung Orania beginnt mit dem Kauf eines Teils der Farm Vluytjeskraal im Jahr 1964. Nach einer Bauzeit von 2 Jahren wurde die Siedlung im Oktober 1966 fertiggestellt, zeitgleich mit dem Bau des Vanderkloof-Kanalprojekts. Der Name „Orania" wurde durch einen Wettbewerb ermittelt[144]. Bis Ende 1966 hatten sich bereits 56 Familien in Orania niedergelassen. Orania war Teil einer Reihe von Bauarbeitersiedlungen, die in der Nähe der Baustellen angelegt wurden und beherbergte speziell die Arbeiter für das Kanalsystem auf beiden Seiten des Oranje-Flusses. Der Standort wurde gewählt, weil er mitten im Kanalbaugebiet lag und beide Projekte von dort aus durchgeführt werden konnten, außerdem wegen der guten Verkehrsanbindung und der Bahnstrecke mit dem Bahnhof Kraankuil. Da es sich um einen dünn besiedelten Landesteil handelte, befanden sich keine Siedlungen in der Nähe der Baustellen und es mussten in allen Teilgebieten des Projekts schnell neue Reißbrettsiedlungen geschaffen werden, nicht nur zum Wohnen, sondern auch zur Versorgung und Erholung der Beschäftigten[145].

Orania war das Hauptquartier des Vanderkloof-Kanalsystems und war großzügig angelegt, so wurde beispielsweise die für die damalige Zeit hohe Summe von 200.000 Rand ausschließlich für Freizeiteinrichtungen ausgegeben. Vor allem die große Freizeithalle, heute Gemeinschaftssaal, war eine außerordentliche Einrichtung für eine Bauarbeitersiedlung und wurde, wie im heutigen Orania, für Filmvorführungen, Aufführungen, Feste und Empfänge genutzt. Die Regierung erkannte, dass gute Freizeitmöglichkeiten wichtig seien, um der Langeweile in der abgelegenen und heißen Gegend entgegenzuwirken[146].

Die Siedlung Orania wurde nach den damaligen Bestimmungen der Apartheid angelegt: die Siedlung für die europäischstämmigen Ingenieure und Techniker war großzügig angelegt, mit großen Grundstücken, breiten Gehwegen, relativ geräumigen Häusern mit Garagen und Dienstmädchenzimmern und Einrichtungen wie Schwimmbad, Krankenhaus, Schule, Post, Niederländisch-Reformierter Kirche, Sportanlagen, Geschäften und dem Gemeinschaftssaal. Die 1960er Jahre waren eine Zeit des Wohlstands, und selbst eine provisorische Siedlung wie Orania war solide gebaut, mit starken Fundamenten, breiten Betonstraßen und öffentlichen Backsteingebäuden.

Auf der anderen Seite des Riffs befand sich die Siedlung der gemischtrassigen Arbeiter, das damalige Grootgewaagd (heute Kleingeluk) nahe genug, dass Arbeiter zum Hauptort zu Fuß gehen konnten. Dies war die typische ethnische Teilung, die während der Apartheid vorherrschte und die teilweise noch heute die Stadtplanung von Orania beeinflusst und zur unbeabsichtigten Entstehung von zwei Teilen mit unterschiedlicher sozioökonomischer Zusammensetzung führte, wie später noch ausgeführt.

143 Jooste, Oranjerivierontwikkelingsprojek, S. 271ff.
144 Interview des Autors mit Andreas du Plessis am 24.08. 2016 in Orania.
145 Jooste, Oranjerivierontwikkelingsprojek, S. 272.

146 'n Magtige Rivier getem/A Mighty River tamed. Broschüre des Ministeriums für Information, Pretoria, 1971, S. 52.

Das Leben in der Siedlung war gut organisiert, wie damals auf dem Land üblich: Es gab eine Vielzahl von Einrichtungen für sportliche Aktivitäten wie Schwimmbad, Schießstand, Rugbyfeld, Tennisplatz, Squashplatz und Netball- und Jukskeifelder sowie zwei Rugby-Teams.[147]

Der soziale Bezugspunkt bildete aber die Gemeinde Hopetown, ca. 50 Km nordwärts gelegen, in der sich die meisten Geschäfte und auch die weiterführende Schule befanden.

Orania begann sich Anfang der 1980er Jahre, nach Abschluss der Bauarbeiten, zu entvölkern. Nur eine kleine Gruppe schwarzafrikanischer Arbeiter mit einem europäischstämmigen Vorarbeiter blieb für die Instandhaltungsarbeiten zurück. Einige Farmer, die auf der Seite der Provinz Oranje-Freistaat Landwirtschaft betrieben und noch keine Häuser besaßen, mieteten einige der bestehenden Häuser in Orania vom Ministerium für Wasserangelegenheiten an. Im Juli 1983 begann der nächste Bauabschnitt mit dem Bau des Riet River-Kanals ebenfalls auf der Seite des Oranje-Freistaates. In Orania zogen deshalb wieder Bauarbeiter ein und die Farmer mussten die Häuser in Orania erneut für die zurückkehrenden Arbeiter räumen. Der Riet River-Kanal wurde im März 1987 fertiggestellt und in Betrieb genommen[148]. 1989 waren alle Arbeiten endgültig abgeschlossen und Orania verlor seine Daseinsberechtigung: Die bisherigen Bewohner verließen die Siedlung, weil es hier keine Arbeit mehr gab. Einige Familien blieben noch im Siedlungsteil Grootgewaagd, es handelt sich dabei um arbeitslose Hausbesetzer und in einer immer mehr verfallenden Umgebung. Im Gegensatz zu den Bauarbeitersiedlungen, die an den Staudämmen gebaut wurden, wie Vanderkloof und Oranjekrag, und die als Feriendörfer genutzt wurden, hatte Orania nicht diesen Standortvorteil mit Aussicht auf einen Staudamm und war auch zu klein, um als Siedlung weiter zu bestehen zu können, nachdem der einzige Arbeitgeber, das Ministerium für Wasserangelegenheiten, sich zurückgezogen hatte. Orania verwandelte sich in eine Geisterstadt: Gebäude verfielen, Gärten überwucherten und die Infrastruktur begann zu bröckeln. Wind und Wetter zerstörten die Häuser und Vandalen das übrige, was noch intakt war[149].

Einige der Fertighäuser wurden versteigert und nach und nach abgebaut. Dies geschah vor allem in Orania West, wo nur noch wenige Häuser aus der Gründungszeit der Siedlung übriggeblieben sind und vor allem leere Grundstücke mit Fundamenten zurückgelassen wurden. In Orania Ost geschah dies nicht, was ein Segen war, denn auf diese Weise bot die spätere Burenstaat-Keimzelle seinen ersten Bewohnern einen, wenn auch bescheidenen, Wohnraum[150].

147 Voorgrond, Februar 2009, S. 5.
148 Jooste, Oranjerivierontwikkelingsprojek, S. 281f.

149 Interview mit Leon Strauss am 29.02.2016, Aufzeichnung im Besitz des Epog Archivs in Orania.
150 Strauss-Interview.

DIE VOLKSSCHULE IM BAU. 1960'ER JAHRE

LUFTFOTO ORANIA, 1999

UND LICHE DLAGE

Ein Mitglied der Afrikaner Vryheidstigting (AVSTIG) aus dem Bezirk Waterberg (Nord-Transvaal, heute Provinz Limpopo) stieß im August 1990 auf eine Anzeige im *Landbou Weekblad*, einem afrikaanssprachigen Wochenmagazin für Landwirtschaft, in der angekündigt wurde, dass der Staat eine ganze Siedlung im nordöstlichen Kapland, mit einer Fläche von 483 Hektar zum Verkauf anböte. Sie befand sich auf dem von AVSTIG vorgeschlagenen Territorium eines zukünftigen Burenstaates. Er verständigte Prof. Boshoff und dieser trommelte sofort die anderen AVSTIG-Vorstandsmitglieder zusammen. Gemeinsam machten sie sich schon am nächsten Morgen mit einem Kombi von Pretoria aus auf die lange Reise zu einem Erkundungsbesuch nach Orania. Obwohl der Ort baufällig und viele der Fertighäuser durch Vandalismus, Wind und Wetter übel zugerichtet waren, sahen Prof. Boshoff und seine Unterstützer das Potenzial und erkannten, wie viel Infrastruktur noch vorhanden war, die sonst mit großem Aufwand hätte aufgebaut werden müssen. Auf dem Rückweg nach Pretoria wurde beschlossen, den Kauf zu riskieren und ein Angebot bei der Auktion zu stellen. Nun musste alles sehr schnell gehen. Das Kapital würde durch den Verkauf von Aktien von je 25 000 Rand aufgebracht werden. Prof. Boshoff rief Gerrit Viljoen an, Minister im Kabinett der Nationalen Partei und ein Bekannter aus den Tagen des gemeinsamen Engagements bei SABRA, um zu hören, ob die Regierung grundsätzlich Einwände gegen die Einrichtung einer burenstaatlichen Keimzelle hätte. Laut Prof. Viljoen würde die Regierung nichts unternehmen, um eine solche Initiative zu stoppen[151].

620.000 Rand wurden vor allem durch die unermüdliche Arbeit von Anna Boshoff gesammelt und ein Angebot gemacht[152]. Der Betrag war jedoch zu gering und der Zuschlag ging an einem Farmer aus Johannesburg, Jaques Pretorius, der 1,05 Millionen Rand geboten hatte. Er hatte ein halbes Jahr Zeit, bis zum 31. Januar 1991, um die Summe zu zahlen. Pretorius wollte nichts von Prof. Boshoffs Aufforderung, die Siedlung an AVSTIG zu verkaufen, wissen[153]. Die Unterstützer von AVSTIG waren sehr enttäuscht darüber, einen so geeigneten Platz zu finden und dann bei der Auktion wieder zu verlieren. Das Schicksal entschied jedoch, dass die Burenstaats-Anhänger eine zweite Chance bekommen würden. Prof. Boshoff als ordinierter Pfarrer hielt am 16. Dezember 1990 einen Gelöbnisgottesdienst in Douglas ab, etwa 120 km von Orania entfernt. Thinus Schutte, Anwalt und Notar aus Hopetown mit dem Prof. Boshoff und seine Familie bekannt waren, weilte auch dort und teilte ihm mit, dass Orania noch immer zum Verkauf stünde, da der Kaufinteressent, dessen Geschäft Schutte abwickelte, die Finanzierung nicht bereit stellen könnte[154].

Jetzt musste schnell entschieden werden. Direkt von Douglas aus kehrten Prof. Boshoff und seine Frau Anna nach Orania zurück um sich noch einmal zu vergewissern, dass der Ort geeignet war. Kurz nach diesem Besuch wurde beschlossen, mit Pretorius zu verhandeln, um sein Kaufangebot zu übernehmen und um Investoren zu werben. Etwa 1500 Mitglieder und Unterstützer von AVSTIG und der Burenstaatsidee wurden angesprochen, um das Projekt durch Anteile von jeweils R25 000 zu finanzieren. Es war Stammkapital, das zinslos geliehen und beim Verkauf der Aktienblöcke in Orania zurückgezahlt werden würde. Alle Erstinvestoren beim Kauf von Orania erhielten schließlich ihr Anfangskapital zurück[155]. Aus rein wirtschaftlich-finanzieller Sicht mochte sich die Investition vielleicht nicht rentieren, aber es war eine sehr gute Investition in die Zukunft der Buren. Offenbar gab es auch andere Interessenten, bspw. einen amerikanischen Geschäftsmann, der dort eine

CAREL BOSHOFF (SNR.), GRÜNDER VON ORANIA

151 Boshoff, Dis nou ek, S. 384.
152 Boshoff, Dis nou ek, S. 385-386.
153 Volksblad, 13. 10. 1990, S. 3.
154 Boshoff, Dis nou ek, S. 386; Interview mit Thinus Schutte am 14.10.2014 in Hopetown, Aufzeichnung im Besitz des EPOG Archivs in Orania.
155 Interview mit Annatjie Boshoff am 30.04. 2014, Transkription im Besitz des EPOG-Archivs Orania.

Verarbeitungsanlage für landwirtschaftliche Produkte errichten wollte und es war auch von einer Gruppe aus Taiwan die Rede, die Orania aufkaufen wollte[156]. Auch der Repräsentativrat, die Parlamentskammer der gemischtrassigen Südafrikaner, erwog Orania zu kaufen, entschied sich aber wegen der hohen Kosten für die Instandsetzung der Infrastruktur dagegen[157]. Am Ende war es jedoch die AVSTIG, das den längsten Atem hatte. Das Zeitfenster war nur für sehr kurze Zeit offen und dass alles gut gelaufen ist, war ein kleines Wunder.

Wenige Tage vor Ablauf der Ausschreibungsfrist am 31. Dezember 1990 wurde der Betrag auf ein Treuhandkonto überwiesen und der Vertrag abgeschlossen. Für den Betrag von 1,6 Millionen Rand wurden die Verpflichtungen von Pretorius übernommen und Orania mit allen Verbesserungen und Ausrüstungen vom Ministerium für Wasserangelegenheiten gekauft und auf den Namen Orania Management Services Property Limited bzw. in Afrikaans Orania Bestuursdienste beperk (OBD) registriert[158]. Die Transaktion wurde im Auftrag von AVSTIG von Jozef Henning getätigt. OBD würde am 31. Januar 1991 Orania als Eigentümer übernehmen und das Ministerium für Wasserangelegenheiten all sein bewegliches Eigentum entfernen. Aufgrund verschiedener Schwierigkeiten, wie die Anwesenheit von illegalen Hausbesetzern in einem Teil von Orania, wurde der Termin jedoch auf Empfehlung von Prof. Boshoff auf den 31. März 1991 verschoben. Später wurde auch die umliegende Farm Vluytjeskraal 272 gekauft - dazu später mehr.

Ab März 1991 wurden dann die baufälligen Häuser für 31.000 Rand bis 41.000 Rand im Hauptort und 10.000 Rand im ehemaligen Vorort Grootgewaagd, der später in Kleingeluk umbenannt wurde, zum Verkauf angeboten. 90 Häuser im Hauptort und 60 in Grootgewaagd/Kleingeluk standen zur Verfügung und einige Häuser wurden bereits sofort verkauft. 5 Familien waren im Februar bereits in Orania, darunter Thys Fick, der als Aufseher fungierte und Anfragen bearbeitete[159]. Prof. Boshoff selbst kaufte auch ein Haus. Er zog aber nicht sofort nach Orania und lebte vorerst weiterhin in Pretoria, um weiter für den Volksstaat zu werben. In dieser Phase wurden auch andere Keimzellen in Betracht gezogen, wie die ebenfalls in der Karoo liegenden Gemeinden Philippolis und Olifantshoek[160], diese Pläne wurden allerdings in der Folge nie umgesetzt. Am 13. April 1991 wurde Orania mit einer Feier am Oranje-Flussufer offiziell eröffnet. Die südafrikanischen Medien – sowohl die englischsprachigen, aber auch die afrikaanssprachigen - bezeichneten die Gründung des Burenstaates abfällig als „Luftschloss“. Der „ethnische Charakter“ der Siedlung blieb vielen unverständlich und die Vorstellung von „Eigenarbeit“ unter Verzicht auf schwarzafrikanische Hilfsarbeitskräfte wurde als naiv und unrealistisch angesehen[161].

Kopfzerbrechen bereiteten vor allem jene Schwarzafrikaner und Couloureds, die nach dem Ende der Bauarbeiten für die Staudämme in Grootgewaagd zurückgeblieben waren. Ihre Anzahl ist nicht eindeutig geklärt: Nach Angaben von Einwohnern von Orania waren es etwa 50 bis 70 Menschen, die Zeitungen sprachen stellenweise von 50-70 Familien und fassen sie auf 300 bis 500 Personen zusammen und schlossen auch Schulkinder aus der Umgebung

156 Finansies en Tegnieak, 15.02.1991, S. 16.
157 Die Burger, 20.02.1991, S. 3.
158 Die Burger, 09.02.1991, S. 5.
159 Volksblad, 12.02.1991, S. 1.
160 Die Burger, 09.02.1991, S. 6.
161 Die Burger, 12.02.1991, S. 14; Die Transvaler, 12.02.1991, S. 8; Die Burger, 13.02.1991, S. 8.

ein, die in Grootgewaagd zur Schule gingen, aber nicht dort wohnten[162]. Zum Zeitpunkt des Baus der Staudämme in den 1980er Jahren gab es etwa 500 Arbeiter, von denen 1991 wohl nur mehr ein kleiner Bruchteil in der ehemaligen Bauarbeitersiedlung lebte, als Orania von AVSTIG gekauft wurde. Zurück blieben vor allem ehemalige Mitarbeiter des Ministeriums für Wasserangelegenheiten, aber es gab auch Haubesetzer, die nach der Beendigung der Bauarbeiten eintrafen. Die Kaufbedingungen sahen vor, Orania als leerstehende Siedlung zu kaufen und es war Aufgabe des Staates, den Zurückgebliebenen alternativen Wohnraum zur Verfügung zu stellen[163]. Ihnen wurde bis zum 31. März 1991 Zeit gegeben, Orania zu verlassen[164]. Für etwa sechs Wochen herrschte ein angespanntes Nebeneinander zwischen den neuen Siedlern und den Hausbesetzern. Einer der Neuansiedler wollte Hausbesetzer als Hausangestellte einzusetzen, wurde aber darauf angesprochen und verließ schließlich die Siedlung wieder – dies wäre ein Verstoß gegen das Gebot der „Eigenarbeit" gewesen, wonach Orania von Beginn an auf eigene Arbeitsleistung der Bewohner aufgebaut sein sollte, ohne die bis dahin in Südafrika übliche Ausbeutung billiger Arbeitskräfte aus anderen ethnischen Gruppen[165]. AVSTIG bot an, den Hausbesetzern Arbeitsplätze außerhalb von Orania zu vermitteln, diese nahmen aber das Angebot nicht an[166]. Die meisten zogen vor Ablauf des Stichtags am 31. März um und fanden anderswo Unterkunft, hauptsächlich in Orten der Umgebung wie Hopetown, Luckhoff, Jacobsdal und Warrenton. Der Staat stellte ihnen in Luckhoff und Warrenton Wohnbauten zur Verfügung[167]. Die letzten 14 Familien erhielten eine weitere Woche Aufschub und wurden schließlich durch Vermittlung des Repräsentativrates (die Parlamentskammer der Gemischtrassigen Südafrikaner) in Warrenton angesiedelt[168]. Damit war die Episode, die den Medien viel Munition lieferte, um Orania von Anfang an unter Verdacht zu stellen, abgeschlossen und Orania konnte am 13. April 1991 als erste Keimzelle eines Volksstaates offiziell eröffnet werden.

Die meisten Medien stellten sich auf die Seite der Hausbesetzer und machten sie zu Opfern, die von herzlosen Rassisten aus ihren Häusern vertrieben wurden[169]. Es war jedoch das Versagen des Ministeriums für Wasserangelegenheiten, die Kaufbedingungen einzuhalten, Orania frei von Bewohnern zu übergeben. Die Aktivistenorganisation „Rechtsanwälte für Menschenrechte" versuchte, gegen die „Zwangsumsiedlung" der gemischtrassigen Einwohner und den Kauf von Orania durch AVSTIG zu klagen[170]. Daraus wurde jedoch nichts. Der ANC, der sich zu dieser Zeit noch im Übergangsprozess von einer Widerstandsbewegung zu einer politischen Partei befand, drohte zwar, die Entstehung Oranias und eines burischen Heimatlandes zu bekämpfen[171]. Der Besuch von Präsident Mandela 1995 in Orania und die konstruktive Rolle von Carel Boshoff in der Legislative der Provinz Nordkap entspannte jedoch die Beziehungen zwischen Orania und dem ANC, und Oranias Existenzrecht wurde später indirekt von ANC-Politikern anerkannt. Der Fall um die schwarz-

162 Interview mit Carel Boshoff am 08.10.2014 in Orania, Aufzeichnung im Besitz des Verfassers. Rapport, 17.02. 1991, S 10.
163 Boshoff-interview;
164 Finansies en Tegniek, 15.02.1991, S. 16; Rapport, 17. 02.1991, S. 10.
165 Die Burger, 18.02.1991, S. 1.
166 Die Transvaler, 20.02.1991, S. 8.
167 Beeld, 04.04.1991, S. 14.
168 Patriot, 12.04.1991, S. 2.
169 Rapport, 06.06.1991, S. 8; Beeld, 05.05.1991, S. 4, 8; Beeld, 04.04.1991, S. 14, Rapport, 17.02.1991, S. 10; Diamond Fields Advertiser, 09.04.1991, S. 6.
170 The Star, 09.04.1991, S. 2.
171 The Cape Times, 13.04.1991, S. 2.

afrikanischen und gemischtrassigen Hausbesetzer kam Jahre später erneut zum Tragen, als auf Kleingeluk ein Landanspruch erhoben wurde, wie noch aufgezeigt wird.

Kurz nach dem Kauf von Orania musste entschieden werden, wie Orania auch im Hinblick auf eine zukünftige Machtübernahme des ANC legal als Keimzelle eines Volksstaates existieren könnte. Prof. Boshoff, Renus Steyn und andere statteten dem damaligen Administrator des Kaplands, Kobus Meiring einen Besuch ab. Meiring empfahl, Orania als Aktiengesellschaft zu betreiben. Dies würde bedeuten, dass jeder, der Immobilien in Orania kauft, Aktionär des Unternehmens wird und damit das Recht hat, für den Vorstand des Unternehmens zu stimmen - wobei die Aktiengesellschaft ihre Bedingungen für die Aufnahme von Aktionären festlegen kann[172]. De jure war Orania also keine Gemeinde, sondern eine erweiterte Farm[173].

Orania Bestuursdienste/Orania Management Services (OBD), das Unternehmen, das Pretorius zum Kauf von Orania registriert hatte, wurde von AVSTIG übernommen und war der ursprüngliche Eigentümer von Orania. Als die Aktien an Einwohner verkauft wurden, gründeten sie eine Gesellschaft für die Verwaltung von Orania, die Vluytjeskraal Aandeleblokmaatskappy beperkt/Vluytjeskraal Share Block Company Limited (VAB). OBD existierte weiterhin als Eigentümer des nicht zugeteilten Vermögens, tat aber in der Praxis wenig, während VAB das Gremium wurde, das die Siedlung Orania verwaltet. Es entstand jedoch erst ein Jahr nach der Gründung von Orania und zunächst lag noch die gesamte Verwaltung bei OBD.

172 Boshoff, Dis nou ek, S. 387. Interview des Autors mit Renus Steyn am 05. März 2014 in Orania.

173 The Cape Times, 14.02. 1991, S. 7; Die Burger, 14.02.1991, S. 2.

ZWEI REPRÄSENTANTEN DER INDONESISCHEN BOTSCHAFT IN PRETORIA, DJAKA ISA WIDYATMADJA UND ARDHYA ERLANGGA ARBY (1. V.L. UND 3.V.L.) MIT PIETER KRIGE UND JOOST STRYDOM VON DER ORANIA BEWEGUNG BEIM PICKNICKPLATZ AM ORANJE, MÄRZ 2020

DER FRIEDENSNOBELPREISTRÄGER ERZBISCHOF DESMOND TUTU BESUCHTE ANFANG 2010 ORANIA

TEIL 2

DIE
1991-

AFRIKAANSE PROTESTANTSE KERK 1991

IONIERSPHASE 2000

DIE GRUNDLAGEN WERDEN GELEGT 1991-1994.

Orania, wie es Anfang 1991 aussah, war ein Ort der jeden, der nicht über übermenschlichen Idealismus verfügte, entmutigt hätte[174]. Die Zeitung Volksblad beschrieb im Jahr 1991 ausführlich, wie das ursprüngliche Orania kurz nach dem Kauf durch AVSTIG aussah:

„Manche der Häuser sind schon abgerissen worden. Hier und da liegt ein Autowrack herum. Gärten und Rasenflächen existieren nicht. Im Gegenteil, die Büsche, Dornen und Unkräuter wachsen üppig. ...Auch der Spielplatz für Kinder ist mit Unkraut überwuchert ... Das große Schwimmbad ... ist halb voll mit grünem Wasser. Der Boden des Beckens ist mit Müll übersät. Wo einst Gras um das Schwimmbad herum wuchs, wuchert jetzt nur noch Unkraut. Die Schattenüberdachungen wurden zerstört. Die Toiletten und Umkleidekabinen müssen repariert werden. Die Schule hat keine Bänke für die Kinder. Die Kirche hat weder Bänke noch eine Kanzel. Das Schul- und Kirchengebäude müssen von innen und außen repariert werden. Ebenso der Gemeinschaftssaal, wo es auch eine Bibliothek gibt."

Der Artikel beginnt mit der Warnung: „Menschen, die sich in der Siedlung Orania niederlassen mit dem Gedanken, dass dies der Beginn des Nationalstaats

174 Soweit nicht anders angegeben, basieren die Ausführungen zu Oranias Anfangszeit auf Interviews mit Renus Steyn am 05.03.2014, Pieter Grobbelaar am 14.03.2014, Annatjie Boshoff am 03.04.2014 und Desire Viljoen am 22.05.2014. Audiovisuelle Aufzeichnungen und Transkriptionen der genannten Interviews befinden sich im EPOG-Archiv in Orania.

ORANIA, ETWA 2015

DIE VERLASSENEN ARBEITERQUARTIERE (SPÄTER CVO-SCHULE), 1991

DAS IRISCHE MONUMENT IN JOHANNESBURG WIRD ZUM ABTRANSPORT NACH ORANIA VERLADEN, 2001

für weiße Afrikaaner sei, müssen eines sehr gut bedenken – sie müssen bereit sein, die Ärmel hochzukrempeln und zu arbeiten. Zeit zum gemächlichen Zurücklehnen wird es nicht geben."[175]

Die offizielle Bekanntmachung des Projekts „Orania" vor einem interessierten Publikum am 13. April 1991, einem Tag, der bis heute jedes Jahr als Oranias Gründungstag gefeiert und gemeinsam mit dem traditionellen Stiftungstag, dem der Tag der Landung Jan van Riebeeks als erstem Europäer und Urahne der Buren am Kap am 6. April 1653, begangen wird, zog viele Interessierte, Neugierige und Journalisten an. Etwa 400 Menschen kamen aus allen Teilen des Landes, einige sogar aus dem Ausland[176].Einige Bewohner hatten sich bereits vor der offiziellen Eröffnung in Orania niedergelassen, doch der Verkauf von Immobilien und die neue Besiedlung Oranias begann nun, Fahrt aufzunehmen[177] .

Mit dem Einzug der ersten Einwohner war es nun an der Zeit, eine Gemeinde von Grund auf neu zu bauen. Wer waren nun die ersten Neusiedler in Orania, die es sich zur Aufgabe gemacht hatten, die Keimzelle eines zukünftigen burischen Volksstaates in einer verlassenen Bauarbeitersiedlung mitten in der Halbwüste Karoo mit Leben zu erfüllen?

Eine der ersten Einwohnerinnen war Annatjie Boshoff, Schwester von Prof. Carel Boshoff, der allgemein als der Gründer Oranias angesehen werden kann. Sie zog im Juli 1991, mitten im südafrikanischen Winter, nach Orania. Frau Boshoff kaufte 2 Aktien zu je 25 000 Rand und konnte sich ein Haus in der Siedlung aussuchen. Alle Häuser befanden sich in verschiedenen Stadien des Verfalls. Wo sie wohnte, gab es weit und breit keine anderen Menschen und die allermeisten Häuser waren noch leer. Später kamen Danie und Anna van Rensburg und die Familie Steyn, tragende Säulen der Gemeinschaft und Menschen, die für Orania viel bedeuteten. Frau Boshoff brachte große Mengen an Lebensmittel mit, da Orania anfangs keine Lebensmittelhandlung zur Selbstversorgung hatte. Alleine als Frau musste sie das Haus bewohnbar machen, Wände streichen, Türen austauschen und den Garten ordnen. Immerhin kamen an den Wochenenden einige ihrer Verwandten zu Besuch, wie Adam und Adelaide Boshoff und halfen mit. Da ihr Haus durch ihre harte Arbeit als eines der ersten in einem bewohnbaren Zustand war, entstand die Gewohnheit, dass sie sowohl neue Einwohner als auch Besucher bewirtete und ihnen Unterkunft anbot, weil die Übernachtungsräume des Cafés nicht dem Standard entsprachen. Später

175 Volksblad, 12.04.1991, S. 4.
176 Diamond Fields Advertiser, 15.04.1991, S. 1.
177 Volksblad, 13.04.1991, S. 4.

DAS EHEMALIGE KRANKENHAUS (HEUTE SITZ DER STADTVERWALTUNG), 1991

gründete sie mit drei weiteren Frauen ein Catering-Unternehmen, um auch bei offiziellen Empfängen in Orania die traditionelle burische Gastfreundschaft möglich zu machen.

Zu den anderen früh eingezogenen Familien oder Ehepaaren, die als Gründer angesehen werden können, gehörten Francois und Marianne Botes, die Familie Andre und Elizabeth van der Bergh, die Familie Jan und Elica Joubert, die Familie Hendrik en Ester Le Roux, Dr. Gawie und Dina Nel, Desire Adendorff (später Viljoen), Lukas und Frieda Taljaard, Jerry und Anneke Pelser, Tienie und Stefnie van Wyk und Gys und Hester Olivier.

Durch Vermittlung von Anna Boshoff konnte auch ein ganzes Schulgebäude aus Fertigbauteilen nach Orania transportiert werden. Es wurde aus der Tasche der Boshoffs bezahlt, 10.000 Rand plus Transport, eine ziemlich hohe Summe für die damalige Zeit. Das Gebäude wurde hinter dem Afsaal-Gebäude errichtet und schuf die dringend benötigten Büroflächen. Die Errichtung des Gebäudes war auch der erste Test für das Konzept der „Eigenarbeit", denn die Arbeiten wurden ausschließlich von den Bewohnern Oranias ausgeführt. Dies war alles andere als banal: durch den Verzicht auf die Ausbeutung billiger Lohnarbeiter, wie in Südafrika seit Jahrzehnten Praxis, sollte ein Zeichen gesetzt werden, dass die Buren sich selbst helfen würden und dies durch eigene Arbeit schaffen wollten.

Die Institutionen, die Orania gründeten und am Laufen hielten, wie OBD und AVSTIG, sowie das Büro der Freedom Front wurden dort angesiedelt. Weitere Büros wurden vermietet. Christiaan van der Merwe Lawyers und Avstrooi Architekte (Christiaan van Zyl) gehörten zu den ersten Unternehmen, die sich dort niederließen.

Einige der ersten Siedler hielten durch und leben noch heute in Orania. Es waren die Idealisten, die den Grundstein des Volksstaates legten. Daneben gab es aber auch einige Personen, die aus den falschen Gründen nach Orania kamen und die die Anfangsjahre beschwerlich und teilweise unangenehm machten. Wer „einfach nur keine Schwarzen mehr sehen wollte", seltsame religiöse Ansichten vertrat, nur das eigene wirtschaftliche Überleben im Sinn hatte oder vor persönlichen Problemen flüchtete und diese nach Orania mitbrachte oder wer eine Fortsetzung der Apartheid in Orania erwartete, wurde vom Geist, der in Orania herrschte, enttäuscht. Um Mißverständnisse auszuschließen, machte Avstig immer wieder deutlich, daß Orania eine Burengemeinschaft und keine Apartheid-Siedlung sei. In einer Burengemeinschaft wird die tägliche Arbeit von Buren selbst erledigt, die alle am selben Ort leben, in einer Apartheid-Siedlung arbeiten Schwarzafrikaner für die europäischstämmigen Südafrikaner und leben außer deren Sichtweite. Trotzdem kamen viele Menschen mit der Erwartung, dass hier ein Stück altes Südafrika erhalten bleiben würde. Die Herausforderungen der harten Aufbauarbeit, schwierige wirtschaftliche Bedingungen und die Einschränkungen einer neu entstehenden Gemeinschaft ließen sie bald desillusioniert wieder wegziehen. Die Fluktuation der Bewohner war damals enorm. Dennoch gab es in den ersten fünf Jahren ein stattliches Bevölkerungswachstum, insbesondere wenn man bedenkt, dass 1991 eine leere und verfallene Siedlung übernommen wurde. Die geschätzte Bevölkerungszahl betrug Mitte des Jahres 1992 360 Personen, Ende 1992 etwa 400, Mitte 1995 460 und in der zweiten Jahreshälfte 1999 zwischen 500 und 600 Personen[178]. Danach stagnierte die Bevölkerung eine Zeit lang, teilweise auch wegen des Mangels an Wohnraum. Alle Häuser der ursprünglichen Bauarbeitersiedlung waren mittlerweile verkauft und bewohnt, und der Bau eines Hauses unter Pionierbedingungen dauerte lange - viele Einwohner lebten wegen Geldmangels in halbfertigen Häusern oder Wohnwagen.

Anfangs strömten jedes Wochenende Gruppen neugieriger Besucher nach Orania. Teils Menschen, die überlegten, sich hier niederzulassen, aber vor allem Neugierige, die sich die „Exoten" ansehen wollten und natürlich Journalisten vornehmlich englischsprachiger Medien, die sich über die „rock spiders", ein erniedrigender Spottausdruck für die Buren, mokierten und ihre Anfangsschwierigkeiten genüsslich kommentierten[179]. Es hatte sich ein negatives Bild von Orania etabliert, das bis heute nicht ganz überwunden werden konnte, obwohl die Realität nichts mehr mit dem Vorurteil zu tun hat. Ein Tiefpunkt unausgewogenen und negativen Journalismus war eine 1997 gedrehte „Dokumentation" eines flämischen Fernsehteams, die aber erst im Februar 1999 im südafrikanischen E-TV ausgestrahlt wurde und eine Karikatur von Orania war und den widerlichen Auslassungen eines Rassisten, der zudem nur kurze Zeit in Orania weilte, große Aufmerksamkeit schenkte[180].

In den Anfangsjahren gab es eine teilweise berechtigte Unzufriedenheit mit dem Genehmigungsverfahren für neue Unternehmen. Der erste, nicht gewählte Gemeinderat mit Andre van der Bergh als Vorsitzender beschloss, dass jedes Unternehmen eine Betriebsgenehmigung erhalten müsse um zu verhindern, dass ein gnadenloser Wettbewerb weniger Marktteilnehmer stattfinden würde. Obwohl die Begründung verständlich war, führte sie zu großer Unzufriedenheit und Misstrauen gegenüber dem ersten Gemeinderat. Manche Einwohner, die es gewohnt waren, nach der kapitalistischen Logik des „Jeder für sich und der Stärkste überlebt" zu arbeiten, empfanden dieses System als quasi-sozialistisch. Was die Bewohner zusätzlich verärgerte, war die Wahrnehmung, dass die Führung die lukrativsten Unternehmen für sich selbst reservieren und anderen keine Chance lassen würde. Obwohl Prof. Boshoff daran nicht beteiligt war und selbst kein Unternehmen betrieb, wurde er angegriffen und beschuldigt und es verbreitete sich das Gerücht von „einer Mafia, die alles kontrollieren würde"[181]. Dieses Gerücht trat später, in den Jahren 2005-2006, wieder in den Vordergrund. Als Orania am 25. März 1993 seinen ersten demokratisch legitimierten Gemeinderat unter dem Vorsitz von Jerry Pelser wählte, wurde das unpopuläre Genehmigungsverfahren abgeschafft. Das wirtschaftliche Überleben war jedoch immer noch ein großes Problem und einige der ersten Siedler mussten Orania aus wirtschaftlichen Gründen wieder verlassen.

Orania war in seinen frühen Jahren ein harter Ort. Nur wenige Bäume wurden gepflanzt und die Staubstürme fegten durch die Siedlung. Viele Häuser standen noch leer und in Teilen des Dorfes herrschte eine gespenstische Atmosphäre. Selbst überzeugte Burenstaatsanhänger wie Pieter Grobbelaar began-

178 Pretoria News, 15.08.1995, S. 10.

179 Beispielsweise in The Daily News, 10.04.1991, S. 8; Sunday Times, 25. 08.1991, S. 12; Weekly Mail, 30. 08. - 05.09.1991, S. 11; Personality, 04.10.1991, S 20-24.

180 Beeld, 06.03.1999, S. 10; Volksblad, 26.02.1999, S. 16.

181 Die Behauptung, Orania würde von einer „Mafia" regiert, wurde in bestimmten Kreisen unzufriedener Einwohner erhoben. Einer dieser unzufriedenen Einwohner, Gawie Roets, verteilte Flugblätter mit dieser Behauptung in die Postfächer der Einwohner. Einzelne Exemplare befinden sich im EPOG-Archiv von Orania und der Autor hatte auch mehrere dieser Flugblätter in seinem Postfach erhalten.

nen sich beim ersten Anblick von Orania im Jahr 1991 zu fragen, ob sie hier nicht einen Fehler gemacht hatten. Christiaan van der Merwe, der schon als Student in Pretoria von der Idee eines Volksstaates begeistert war, besuchte Orania zum ersten Mal im Jahr 1992 während einer Revue-Tour mit einer Studentengruppe und hatte gemischte Gefühle. Es war ein ramponierter Ort mit einer gespenstischen Atmosphäre, aber unter den Einwohnern herrschte ein starkes Gemeinschaftsgefühl und eine Aufbruchsstimmung. Jeder kannte jeden und man hatte ein gemeinsames Ziel. Das Interesse an Kultur war groß und fast die ganze Gemeinschaft besuchte seine Revueshow im Gemeinschaftssaal. Ein Jahr später zog Christiaan van der Merwe in ein Haus, das sein Vater gekauft hatte, und restaurierte es gemeinsam mit seinem Onkel, sie zogen als „Männer-WG" dort ein. Kurz vor den südafrikanischen Parlamentswahlen im Jahr 1994 war er als Wahlhelfer der Freedom Front tätig und eröffnete später eine Anwaltskanzlei im Afsaal-Gebäude in Orania. Das Einkommen war verständlicherweise bescheiden und er musste als Anwalt so breit wie möglich aufgestellt sein und jeden Fall, wie klein auch immer, annehmen[182].

Nachdem die ersten Bewohner sich eingerichtet hatten, wurde mit der Instandsetzung der Infrastruktur, wie des Gemeinschafssaales, des Schwimmbads und des Krankenhausgebäudes begonnen. Der erste Ort, der wieder hergerichtet wurde und eine Oase inmitten der Pionierumgebung darstellte, war die „Herberge Oranje", die ursprünglich von Desire Adendorff (später Viljoen) betrieben wurde und wo zunächst die Bürgerversammlungen von AVSTIG und von OBD stattfanden. Später konnte dafür der Gemeinschaftssaal genutzt werden.

182 Interview des Autors mit Christiaan van der Merwe am 18. November 2014 in Orania.

Es gab wenig Freizeitmöglichkeiten, aber die Jugendlichen versuchten ihre Freizeit sinnvoll zu gestalten und richteten in der Nebenhalle des Gemeindesaals einen Freizeitclub ein, mit Billardtisch und Dartscheibe, gelegentlich gab es auch Tanzveranstaltungen. Dort versammelten sich fast alle jungen Leute und auch viele Ältere. Damals gab es noch keine Bar und kein Restaurant, aber Hausbesuche waren durchaus üblich und die Einwohner nahmen sich die Freiheit, einfach spontan beim Nachbarn oder Bekannten auf eine Tasse Kaffee vorbeizuschauen. Eine Institution der Anfangsjahre war die Männerkommune im Haus von Christiaan van der Merwe in der Berilstraße, die von den Einwohnern augenzwinkernd „Huis Kuis" (frei übersetzt „Haus der Keuschheit") getauft wurde und in der sich zahlreiche junge Leute versammelten. Es gab Geselligkeiten, Grillabende und Gesang zur Gitarrenbegleitung und natürlich wurde nächtelang über den zukünftigen Burenstaat und dessen Entwicklungsmöglichkeiten diskutiert[183].

Als erstes musste für Orania eine Verwaltungsstruktur aufgebaut werden. Diese Aufgabe nahm anfangs die *Orania Bestuursdienste* (OBD) wahr, zu deren Geschäftsführer Jozef Henning bestimmt wurde. Im Februar 1992 kam der erste provisorische „Gemeinderat" (formalrechtlich war es der Vorstand der Gesellschaft OBD) zusammen, bestehend aus 9 Mitgliedern. Zum Vorstandsvorsitzenden der OBD und somit Bürgermeister wurde Andre van der Berg, als dessen Stellvertreter Danie van Rensburg bestimmt. Ein Jahr später, im April 1993, wurde eine erste demokratische Vertretung von den Aktionären gewählt, mit 6 Mitgliedern und Jerry Pelser als ersten Vorsitzenden oder „Bürgermeister" und Danie van

183 Van der Merwe - Interview.

Rensburg als dessen Stellvertreter. Ein Mitglied, Ben Raubenheimer, wurde von Nichtaktionären gewählt, denn nach den gesetzlichen Bestimmungen des *share blocks* sind nur Aktionäre, also Immobilienbesitzer stimmberechtigt[184].

Dieses „Demokratiedefizit" war schon immer eine Quelle der Unzufriedenheit und bis heute gibt es Debatten und Vorschläge, wie Orania alle Bürger, auch Mieter, gerecht repräsentieren kann. Damals wurde als Kompromis ein Repräsentant der Nicht-Aktionäre gewählt (welcher allerdings selbst ein Aktionär sein muss), der der Ansprechpartner für die Anliegen der Nicht-Aktionäre ist. Ab 2000 wurde der *Orania Representative Council* eingerichtet, welcher von allen Einwohnern über 18 Jahren gewählt wird, ohne allerdings den Gemeinderat der Aktionäre zu ersetzen, da dies weiterhin die gesetzliche Voraussetzung für die Existenz von Orania als Privatgesellschaft bzw. Privatgemeinde ist.

Dieser erste Gemeinderat Oranias hatte eine Amtszeit von dreieinhalb Jahren. Im Oktober 1996 gab es Neuwahlen, aus denen als Bürgermeister Arthur Naude hervorging, eine Position, die er für drei Amtszeiten, also bis 2002, innehatte. Inzwischen wurden die Amtszeiten auf 2 Jahre verkürzt und die Vorstandsmitglieder rotieren, so dass jedes Jahr während einer Hauptversammlung einige neue Mitglieder an Stelle der alten gewählt werden, wobei jedes Mitglied nur einmal wieder wählbar war.

Für die ersten Siedler war eine Schule für ihre Kinder von größter Bedeutung, da Familien nicht nach Orania ziehen würden, wenn ihre Kinder keine Schulbildung erhielten. Eine funktionsfähige Schule für mehrere Schulklassen zu errichten, war eine personelle und organisatorische Herausforderung: ein Schulgebäude mit einer Vielzahl an Klassenräumen, bedeutete eine entsprechende Anzahl qualifizierter Lehrer für die verschiedene Fächer und Klassenstufen, wozu Orania in der Anfangsphase weder personell noch finanziell in der Lage war. Auch das staatliche Bildungsministerium stellte keine Mittel zur Verfügung. Daher wurde beschlossen, eine erste Schule mit selbstständigem, computerbasiertem Unterricht zu gründen, die Volksschule Orania, die bereits im Juni 1991 gegründet wurde und das ehrgeizige Ziel hatte, nicht nur eine Grundschule, sondern eine Schule von der ersten Klasse bis zum Abitur zu sein. Anna Boshoff, die damals noch in Pretoria lebte, begann mit großem Einsatz und Enthusiasmus, Lehrer für die neue Schule anzuwerben. Anfangs verfügte man über drei Lehrer, von denen allerdings nur einer eine Lehrbefähigung hatte. Die Eröffnung der Schule wurde groß angekündigt und Journalisten strömten nach Orania, um sich die neue, innovative Lehrmethode mittels Computer anzusehen[185]. Obwohl die Idee einer Buren-Heimat ständig von den Medien niedergemacht wurde, wurde die computerbasierte und „progressive" Lehrmethode der Volksschule weitgehend positiv aufgenommen[186]. Eine zweite Schule nach dem Volksschul-Modell wurde bereits im August 1991 in Olifantshoek gegründet, eine Siedlung, die damals von einigen Afrikaanern als nächste Keimzelle für den Volksstaat geplant wurde[187].

Allerdings waren die Klassenzimmer der Volksschule Orania noch nicht ausgestattet und es standen auch

184 Transvaler, 7. 04. 1993, S. 7.

185 Transvaler, 22. 05. 1991, S. 4; Beeld, 23. 05. 1991, S. 29; Sunday Times, 09.06.1991, S. 9.

186 Rapport, 8. 11. 1991, S. 11; Transvaler, 13. 08. 1991, S 7; Patriot, 14. 06. 1991, S. 4.

187 Patriot, 16. 08. 1991, S. 10.

keine geeigneten Rechner und Computerprogramme für den Unterricht zur Verfügung. Anna Boshoff verstand es, Mittel für diese Schule zu werben, unter anderem bei einer Bildungskonferenz in Pretoria, und mit Beharrlichkeit und Geschick gelang es ihr, weitere Lehrer sowie einen Schuldirektor mit den nötigen Qualifikationen zu gewinnen. 1992 begann die Volksschule aufzuleben und hatte 1993 dank der starken Werbung und der Medienpräsenz bereits 100 Schüler, auch von außerhalb Oranias. Bis Ende 1992 stand jedoch noch kein geeignetes computerbasiertes Lernprogramm zur Verfügung und es wurde das Clever-System verwendet. Einige Lehrer gaben daraufhin auf und gründeten Anfang 1993 auf dem Gelände der ehemaligen Schwarzen-Unterkünfte eine CVO-Schule (Christelik-Volkseie Onderwys/ Christlich-Volkseigener Unterricht), die nach dem traditionellen Bildungssystem arbeitete.

Geplant war zunächst, dass die CVO-Schule als Grundschule starten sollte und sich in der Folge zu einer Schule für alle Klassen bis zum Abitur entwickeln sollte. Das Gebäude wurde von der Familie Joubert bereits teilweise repariert und sollte eigentlich als Schülerwohnheim betrieben werden, was jedoch keine Unterstützung erfuhr[188]. Das Gelände mit seinen Gebäuden und Einrichtungen eignete sich aber umso mehr als Schulgelände. Trotz beschränkter Mittel herrschte große Begeisterung über die neue CVO-Schule. Möglich gemacht wurde dies durch das Engagement der Eltern, die jeden Samstag bei der Sanierung der Schule halfen. Es war eine gemeinschaftliche Aktion, die alle begeisterte. Uneinigkeit entstand jedoch über die Religionsausübung. Die CVO-Schule war und ist, wie die Volksschule Orania, eine christlich geprägte Schule, aber der Schulleiter wollte sie zu einer streng reformierten Schule machen und Lehrer und Schüler zu einer Reihe von Prinzipien zwingen, die viele ablehnten. Es gab ohnehin einen Mangel an Lehrern - wenn diese Lehrer nun auch noch den strikten Grundsätzen der christlich-reformierten Lehre genügen müssten, hätte dies das frühzeitige Aus der Schule bedeutet. Bei einer Eltern-Versammlung wurde diese Thematik sehr emotional diskutiert. Es kam zum Bruch und die Eltern sprachen dem gesamten Leitungsgremium der Schule sowie allen Lehrer, die sich weigerten, die christlich-reformierten Prinzipien zu unterstützen, ihr Misstrauen aus. Dies führte zur Spaltung der Schule, die damals von etwa 50 Kindern besucht wurde. Die streng reformierten Eltern und ihre Kinder verließen die Schule und gründeten die „Hugenottenakademie“, die in einem Wohnhaus ihre Tätigkeit aufnehmen konnte. Zeitgleich gab es auch an der Volksschule Orania konfessionelle Konflikte: einige der neu eingestellten Lehrer waren Anhänger der „Israel-Vision“[189]. Nach internen Querelen verließen diese die Volksschule Orania und gründeten auf dem Gelände des alten, verfallenen ehemaligen Schulgebäudes in Kleingeluk, wo sich heute das Einkaufszentrum *Kuierstoep* befindet, eine eigene Schule. Zu dieser Zeit hatte Orania vier Schulen, was in den Medien zu Spott führte und als Beweis für die Zerstrittenheit der Buren und insbesondere Oranias angeführt wurde. Die beiden Schul-Neugründungen hielten jedoch nicht lange durch und die Kinder kehrten nach und nach in die beiden ursprünglichen Schulen (Volksschule Orania und CVO-Schule) zurück[190].

188 Interview des Autors mit Jan und Elica Joubert am 02.06.20214 in Orania.

189 Die Israel-Vision ist eine Sekte, deren Ursprung in Groß-Britannien liegt und deren Anhänger behaupten, dass nicht die Juden Gottes auserwähltes Volk seien, sondern alle Weißen, die ursprünglich in Israel gelebt hätten und durch die Diaspora als die „10 verlorenen Stämme“ nach Europa gelangt seien. Diese Sichtweise wird von allen anderen Kirchen abgelehnt und ist sowohl unhistorisch als auch unbiblisch.

190 Interview des Autors mit Marianne Botes am 13. 05. 2014 in Orania.

Die Volksschule Orania war eines der Symbole von Orania. Zur Volksschule Orania gehörte auch das unabhängige, computerbasierte Lernprogramm Kenweb, das 1992 entwickelt und von der Volksschule Orania getestet wurde. Der Entwickler von Kenweb, Andre van den Berg, entwickelte Computerprogramme in Afrikaans von Klasse 1 bis 12, um den Bedarf an einen afrikaanssprachigen Unterricht in Zeiten zu decken, in denen von der ANC-Regierung immer mehr Afrikaans-Schulen geschlossen wurden. Das Ziel von Kenweb und der Volksschule Orania war es, weiterhin afrikaanssprachigen Unterricht betreiben zu können, ohne Lehrer für jedes Fach haben zu müssen. Die Philosophie des selbstständigen Lernens und der Selbstdisziplin passte auch gut zum Denken von Orania. Kenweb wurde landes- und sogar weltweit beworben und weckte großes Interesse. Es war nach den Worten von Eleanor Lombard, die viele Jahre an der Volksschule Orania lehrte, *„das denkbar fortschrittlichste Bildungssystem für die denkbar konservativste Schulgemeinschaft"*[191]. Aus diesem Grund war Kenweb auch nicht immer unumstritten und es gab die Konkurrenz durch die traditionell unterrichtende CVO-Schule. Nichtsdestotrotz wurde Kenweb ein bekanntes Exportprodukt aus Orania, das zu dessen Streben nach Hochtechnologie und Wissen passte. Seit Mitte der 1990er-Jahre hat sich Kenweb als Alternative zu den bereits rückläufigen öffentlichen Schulen landesweit durchgesetzt. Insbesondere konnte Kenweb den Wegfall der Afrikaans-Schulen auffangen[192]. Nach der meist negativen Medienberichterstattung über Orania war es eine Erfolgsgeschichte, die vielen Menschen bewusst machte, dass Orania keine Fortsetzung des alten Südafrika war[193]. 1998 bezog die Software-Firma, die Kenweb entwickelt hatte, ein eigenes Gebäude gegenüber der Volksschule Orania. Für die Prüfungen brachten die Eltern der Kinder, die dem Kenweb-Programm von auswärts folgten, nach Orania und wurden so mit dem Ort und seiner Idee vertraut gemacht. Allerdings verließen Andre van den Berg und seine Familie 1999 Orania, um nach Neuseeland auszuwandern. Dies war ein herber Rückschlag für die Orania-Gemeinschaft und für das Projekt Kenweb. Kenweb lief dennoch weiter, aber die Entwicklung stagnierte und andere ähnliche Bildungssysteme überholten Kenweb allmählich.

Wie man an der Schulfrage bereits sehen konnte, war die Frage der Konfessionsausübung für die Einwohner Oranias sehr wichtig. Fast alle Einwohner waren

191 Interview des Autors mit Eleanor Lombard am 13. 03. 2014 in ihrem Haus in Tergniet.

192 Rapport, 21. 01. 1996, S. 4.

193 Rapport, 1. 11. 1996, S. 8.

ORANIA VOLKSSCHULE IM JAHR 2010

damals Mitglieder der drei Schwesterkirchen *Dutch Reformed Church*, *Reformed Church* und *Hervormde Church* oder der *Afrikaans Protestant Church*, allesamt reformierte Konfessionen[194]. Unter der Leitung von Danie van Rensburg wurde ein reformierter Kirchenausschuss gebildet, der im Gemeindehaus gemeinsame Gottesdienste abhielt. Später trat die *Afrikaans Protestant Church* jedoch aus dem Kirchenausschuss aus, gründete eine eigene Gemeinde und bezog ein eigenes Gebäude, das Kirchengebäude im Hauptort. Derzeit ist die *Afrikaans Protestant Church* die größte Kirchengemeinde in Orania. Der Kirchenausschuss wurde weiter gespalten, als die Mitglieder der verbliebenen Konfessionen mit dem Wachstum von Orania ihre eigenen Gemeinden gründeten. Die *Dutch Reformed Church* hatte ihren Hauptsitz in der benachbarten größeren Siedlung Hopetown, unterhielt aber ein Kirchengebäude in Kleingeluk mit Prof. Carel Boshoff als Pfarrer. Auch die *Hervormde Church* schloss sich dort an. Es ist bedauerlich, dass die Idee einer gemeinsamen konfessionellen Gemeinschaft von Orania nicht verwirklicht wurde, aber dies war aufgrund der starken Verbindung der Buren mit ihren jeweiligen Konfessionen wohl nicht realistisch. Später entstand auch eine Pfingstgemeinde, die Maranatha Church[195], die zunächst Gottesdienste in einem Gebäude der alten Schule in Kleingeluk hielt, dem heutigen Kuierstoep-Einkaufszentrum. Als die Maranatha Church wuchs, entstand der Bedarf an einem eigenen Kirchengebäude und 2012 wurde in Kleingeluk ein beeindruckendes neues Kirchengebäude errichtet, das nur von der Maranatha-Gemeinde finanziert wurde.

In der Anfangszeit war das Gasthaus „Herberg Oranje" der Mittelpunkt der sozialen Aktivitäten und Begegnungen. Desiré Viljoen, eine pensionierte Werbekauffrau für verschiedene Medienkonzerne, die sich im November 1991 in Orania niederließ, hatte dieses Gasthaus gegründet und sich damit einen Lebenstraum erfüllt. Wie bei allen Gebäuden in Orania war auch die „Herberg Oranje" anfangs in einem schlechten Zustand, obwohl es eines der besseren Gebäude war. Es war baufällig und verwahrlost, die Decken waren herausgerissen, Rohrleitungen und Wasserhähne gestohlen, die Fenster zertrümmert und der Garten bestand fast ausschließlich aus Khakibusch und Rollbusch. Mit Hilfe eines jungen Mädchens und harter Arbeit baute Frau Viljoen alles wieder auf. Alle Möbel und fast alle Materialien für die Reparatur mussten von weit her gebracht

194 Die *Dutch Reformed Church*/Niederländisch Reformierte Kirche ist die älteste und immer noch grösste Kirche unter den Afrikaanern Südafrikas und hat ihre Wurzeln im Calvinismus. Sie geht zurück auf die erste Niederländische Siedlung und galt im alten Südafrika als die „Staatskirche", distanzierte sich aber zum Ende der weißen Regierung immer deutlicher von der Politik der Apartheid. Mitte des 19. Jahrhundert entstand in Transvaal die Reformierte Kirche als Abspaltung der Niederländisch Reformierten Kirche wegen eines Disput um das neue Liederbuch, welches nicht mehr nur Psalmen enthielt. Paul Krüger, Präsident der Burenrepublik Transvaal, war ein bekannter Reformierter. Potchefstroom gilt als Hochburg der Reformierten Kirche. Die Nederduits Hervormde Kerk wurde ebenfalls Mitte des 19. Jahrhundert in Transvaal (Rustenburg) gegründet. Die Hervormde Kerk entstand als Reaktion auf die Ablehnung des Großen Trek durch die Niederländisch Reformierte Kirche von Pfarrern, die den großen Trek mitmachten oder unterstützen und wurde die „Staatskirche" der Burenrepublik Transvaal. Die theologischen Unterschiede zwischen allen drei Kirchen sind ziemlich gering, die Reformierte Kirche gilt als theologisch konservativer als die anderen beiden, ist allerdings politisch auf Abstand zur Macht bedacht. Wegen der geringen Unterschiede wurden die drei auch als Schwesterkirchen bezeichnet. Die Afrikaanse Protestantse Kerk spaltete sich in den späten 1980er Jahren als Reaktion auf politische und theologische Liberalisierungstendenzen der Niederländisch Reformierten Kirche von dieser ab.

195 Maranatha Gemeinde ist, im Gegensatz zu fast allen anderen Kirchengemeinden Oranias, eine charismatische Kirche. Dies trug der veränderten Gottesdienstauslebung der Afrikaaner Rechnung, die ab den späten 1990er Jahren, beeinflusst von der zunehmenden Amerikanisierung Südafrikas, mehr und mehr von den reformierten Kirchen zu charismatischen Kirchen wechselten. Dies machte sich auch bei den Zuzüglern bemerkbar, wo immer mehr neue Einwohner Anhänger charismatischer Kirchen waren.

werden, oft aus Johannesburg. In Orania gab es kaum Essensgelegenheiten. Damals gab es nur ein kleines Café mit begrenztem Vorrat. Die meisten Lebensmittel wurden in Hopetown gekauft. Es war ein ständiger Kampf, aber mit viel Einsatz und Engagement machte Frau Viljoen weiter, bis der Gasthof mit 24 Gästebetten eröffnet wurde. Gäste kamen meist am Wochenende, unter der Woche wohnten hier Schulkinder, die auf Wunsch der Eltern aus der Umgebung den Gasthof als Schülerheim nutzten. Auch der Schulleiter der Volksschule Orania, Ben Raubenheimer und seine Frau lebten zunächst in der „Herberg Oranje". Das ehemalige Gästehaus, gleich neben der „Herberg Oranje", wurde später zu einem Schülerheim mit Buben im einen und Mädchen im anderen Teil umgebaut. Bevor der Gemeinschaftssaal fertig restauriert war, fanden im Gasthaus Empfänge und Veranstaltungen statt. Die Sitzungen von AVSTIG und des Verwaltungsrats von Vluytjeskraal Aandeleblok Bpk. wurden auch hier abgehalten, weil es das einzige Gebäude war, das über die notwendigen Einrichtungen verfügte. In der „Herberg Oranje" übernachteten meist auch einige der Direktoren und AVSTIG-Ratsmitglieder sowie Parlamentsmitglieder der *Freedom Front*, die von auswärts zu den Sitzungen kamen, wie General Constand Viljoen, Dr. Pieter Mulder und Dr. Corne Mulder.

Allerdings war das Gästehaus kein lohnendes Geschäft. Nachdem Frau Viljoen in den Ruhestand ging, wurde es von Frans und Lalie de Klerk, die 1993 nach Orania kamen, geleitet[196], die es 1999 an Renus und Alma Steyn verkauften. Das Ehepaar Steyn und ihre beiden Töchter gehörten zu den ersten Einwohnern Oranias und hatten bereits vor der Übernahme der „Herberg Oranje" in zahlreichen anderen Bereichen ihren Beitrag geleistet. Sie bauten das Gasthaus zu einem professionellen kleinen Hotel aus. Neue Zimmer wurden eingerichtet, ein neues kleines Restaurant und Café gebaut, wobei Renus Steyn sämtliche Arbeiten fast ausschließlich selbst ausführte. Seine Tochter Janneke richtete im Haus einen Friseursalon ein und später kam ein Beratungszimmer für die Krankenschwester Alma hinzu[197]. Die „Herberg Oranje" war über viele Jahre die erste Adresse in Orania, der Ort, wohin man jeden Gast einladen konnte und wo auch zahlreiche Konferenzen stattfanden. Mit der zunehmenden Entwicklung des Uferparks und des Uferhotels um 2008 bis 2010 verlagerte sich jedoch der Fokus des Gastgewerbes allmählich in diese Richtung. Renus Steyn plante neu und begann die „Herberg Oranje" in ein Alten-

196 Interview des Autors mit Desiré Viljoen am 22. Mai 2014 in ihrem Haus in Orania.

197 Voorgrond, Dezember 2007, S. 8.

EINE SITZUNG DES ERSTEN VERWALTUNGSGREMIUMS VON ORANIA IN DER HERBERG ORANJE. V.L.N.R.: DESIRE VILJOEN, RENUS STEYN (IM BLAUEN HEMD), JOZEF HENNING, BEN DE KLERK, CAREL UND ANNA BOSHOFF, ANDRE VAN DEN BERG (MIT BART) IM JAHR 1992

pflegeheim umzubauen. Das Gasthausgebäude wurde so zur Pflegeeinrichtung und darum herum wurden Wohnungen für Rentner und Pensionäre gebaut (mehr dazu unter „Gesundheits- und Altenpflege").

Auch eine Vielzahl von Unternehmen sind in Orania entstanden, so etwa ein Supermarkt, ein Baumarkt, ein Café, eine Molkerei, ein Gästehaus, eine Baufirma, eine Autowerkstatt, ein Friseur, ein Versicherungsmakler und eine Buchhandlung. Geschäfte kamen und gingen. Es wurde ständig überlegt, welche Art von Unternehmen funktionieren könnten. Für alle Unternehmen war die geringe Anzahl der „Füße" (so wurden die Kunden genannt) ein Problem sowie die weite Entfernung zu den Großstädten, was zu einer Verteuerung der Produkte führte.

Arbeit war schon immer das Herzstück der gesamten Volksstaatsidee und natürlich auch von Orania als dessen erster Keimzelle. Besonders am Anfang, als das Prinzip und die Praxis der Arbeit noch nicht richtig etabliert waren, war dies die Achillesferse Oranias. Es gab und gibt die Menschen, die der harten Arbeit nicht gewachsen sind und die mit falschen Erwartungen nach Orania kamen und es nach kurzer Zeit desillusioniert wieder verließen und über Orania in den immer bereitwilligen Medien lästerten[198]. Die meisten Einwohner erkannten jedoch von Anfang an den Wert ihrer eigenen Arbeit und akzeptierten, dass ihnen die Dinge nicht in den Schoß fallen würden[199]. Das Prinzip „Unabhängigkeit durch eigene Arbeit" wurde von Außenstehenden und Medien meist belächelt, erregte aber auch hier und da Bewunderung[200]. Carel Boshoff und die Führung von Orania bestanden jedoch darauf, dass es keine Abweichung von diesem Prinzip geben sollte, auch wenn dies das Wachstum verlangsamen und die Bewohner vor zahlreiche Herausforderungen stellen würde. Die Kernüberzeugung der Volksstaat-Anhänger war und ist es, dass eigene Arbeit und Unabhängigkeit untrennbar miteinander verbunden sind und Arbeit nicht von Wohnen und Freizeit getrennt werden kann. Obwohl einige Gegner von Orania es als eine Art seltsamen „Superrassismus" bezeichneten, ist das Prinzip der „Unabhängigkeit durch eigene Arbeit" in Wirklichkeit die Akzeptanz anderer Rassen als Gleichberechtigte, die eben gerade nicht wie koloniale Untergebene behandelt werden sollen. Jedoch benötigen die Buren ein eigenes Territorium, um ihre Kultur und Eigenart bewahren zu können.

Am Anfang musste in Orania auch einfache, vor allem körperliche Arbeit geleistet werden, um die einfachsten Grundlagen legen zu können. Diese einfachen Arbeiten wurde bis dahin in Südafrika vor allem von den schwarzen Wanderarbeitern geleistet. Die Tatsache, dass nun die Weißen diese einfachen Arbeiten selbst ausführen sollten, und zwar mit Fleiß, Disziplin und einem eigenen Stolz auf das Geleistete, dies war für viele Buren neu.

Das „Elim-Jugendzentrum" spielte dabei eine wichtige Rolle. Dort wurden junge Männer aus meist schwierigen häuslichen Verhältnissen untergebracht und ausgebildet, wodurch allmählich eine Arbeiterschaft in Orania aufgebaut wurde. Der Stolz auf das Handwerk wurde gepflegt und viele Besucher konnten nicht umhin, diese Männer zu bewundern, die härter arbeiteten als sie es sich jemals hätten vorstellen können. Natürlich mangelte es ständig an Arbeitskräften. Es gab schon immer Pläne, mehr

198 Transvaler, 12. Juni 1992.
199 Rapport, 21. Juni 1992.
200 Volksblad, 14. August 1992, S. 4.

junge Leute nach Orania zu holen, um bei diesem großen Projekt zu helfen. Studenten wurden für ein *Working Holiday* angeworben, es wurden ein Kibbutz-Projekt, die Idee eines freiwilligen „*Gap Year*" für Orania und vieles mehr intensiv diskutiert. Orania hatte seine Idealisten, aber es waren zu wenige für die viele Arbeit, die zu tun war und man musste mit den Ressourcen arbeiten, die man hatte. Orania hatte harte Arbeit und kargen Lohn zu bieten – für viele junge Buren war das angesichts der Möglichkeiten im Ausland, wo vor allem Großbritannien mit großzügigen Arbeitsvisa lockte, nicht attraktiv. Es kamen auch Glücksritter, selbst Kriminelle nach Orania, auch wenn diese bald entdeckt und aus der Gemeinschaft verwiesen wurden.

Trotz aller Untergangsprophezeiungen wuchs Orania in den ersten Jahren exponentiell. Bis Mitte 1993 waren alle damals bestehenden Häuser, etwa 100, und die meisten Grundstücke, ca. 100 von 150, verkauft und das Dorf unterschied sich deutlich von der Geisterstadt, die an diesem Ort vor kaum zwei Jahren noch ein tristes Dasein fristete. Die Immobilienpreise hatten sich fast verdreifacht. Der anfängliche Kaufpreis von Orania durch AVSTIG wurde aus den Verkäufen mehr als wettgemacht und das überschüssige Kapital konnte in die weitere Entwicklung der Infrastruktur gesteckt werden. 30 neue Kleinlandwirtschaftsbetriebe von je 2 Hektar mit Bewässerungsrechten wurden ausgemessen[201]. Sie verkauften sich schnell. Die angrenzende Farm Vluytjeskraal, die 2300 Hektar groß war, wurde ebenfalls für 480 000 Rand gekauft und entwickelte sich allmählich von einer Schaffarm zu einer Bewässerungsfarm. Eine touristische Entwicklung entlang des Oranje-Flusses mit Angeleinrichtung, Teilzeit-Ferienhäusern und Wanderwegen wurde errichtet [202]. Die Aktionäre erhielten keine Dividenden und profitierten finanziell nur von der Wertsteigerung ihres Aktienpakets, das jedoch erst mit dem Verkauf in Bargeld umgewandelt werden konnte. Der Vorwurf, dass Carel Boshoff und seine Partner durch das Projekt Orania viel Geld scheffeln würden[203], wie es immer wieder bei Gesprächen über Orania behauptet wurden, war eine glatte Lüge.

Auf dem Gebiet der Landwirtschaft kamen einige neue Betriebe hinzu, wie eine kleine Molkerei und eine kleine Käserei, und auf dem Gebiet der Produktion gab es eine Küchenschrankfabrik, eine Ziegelei, eine Fabrik für Aktenordner und eine kleine Bekleidungsfabrik, obwohl die billigen Importe aus Asien

201 Financial Mail, 20. August 1993, S. 64.

202 The Echo, 27. August 1993.

203 Dieser Vorwurf wurde nicht in den Medien erhoben, aber immer wieder bei Diskussionen über Orania dem Autor entgegengebracht.

ELIM ARBEITERQUARTIERE VOR DER RENOVIERUNG, UM 2010

praktisch die gesamte südafrikanische Bekleidungsindustrie zerstört hatten [204]. Der Aufschwung in Orania und der zunehmende Zuzug von Menschen vor allem aus dem Norden Südafrikas ließen auch die Grundstückspreise in den Dörfern der Umgebung wie Hopetown, Vanderkloof, Strydenburg und Petrusville steigen, wo sich einige Volksstaats-Unterstützer niederließen [205]. Die wichtigsten Neuzugänge waren Prof. Carel Boshoff und seine Frau Anna, die am Heiligabend 1993 in Orania ankamen, wo sie bereits ein Haus besaßen, um dort das Volksstaatsideal zu leben. Später ließen sich andere prominente Unterstützer und Verkünder des Volkstaatsideals, Prof. Chris Jooste und Pieter Grobbelaar, im Jahr 2000, in Orania nieder.

204 The Star, 15. Juli 1993; Finansies en Tegniek, 13. August 1993, S. 25.
205 Rapport, 14. November 1993; The Citizen, 9. September 1993, S. 10.

ELIM ARBEITERQUARTIERE NACH DER RENOVIERUNG WELCHE AUCH VOM SÜDTIROLER FREUNDESKREUNDESKREIS DER AFRIKAANER FINANZIERT WURDE

Betsie Verwoerd, Witwe des Premierministers Hendrik Verwoerd (1901-1966), ließ sich im Winter 1992 in Orania nieder. Ihre Tochter Anna, Ehefrau von Carel Boshoff und eine der Schlüsselfiguren der Orania-Stiftung, sowie ihre Enkel und Urenkel lebten in Orania, ebenso ihre Freundin und ehemalige Sekretärin Annatjie Boshoff. Frau Verwoerd war der Idee eines Volkstaates stark verbunden und an der Gründung von AVSTIG beteiligt. Sie wurde im August 1992 im Rahmen eines Freiheitsfestes mit Blumen, Gesang und Musik am Eingang von Orania als neue Einwohnerin festlich empfangen und in einer Kutsche und einer Eskorte von Reitern in die Siedlung gebracht[206]. Auch Delegierte und Volkstanzgruppen aus umliegenden Orten begrüßten sie bei ihrer Ankunft an der Havenga-Brücke über den Oranje, der symbolischen Grenze des angedachten Burenstaates[207].
Für Frau Verwoerd als eine der Symbolfiguren des Freiheitsstrebens der Afrikaaner war die Ansiedlung in Orania ein symbolischer letzter Schritt zu ihrem Ziel. Sie betrachtete es als eine Heimkehr[208]. Ihre Ankunft in Orania war das erste große Medienereignis für Orania mit mehr als vierzig Journalisten, auch aus dem Ausland, die darüber berichteten [209]. Es war auch ein erster Test für die Gemeinde Orania für den Umgang mit einer großen Zahl von Journalisten. Die „Herberg Oranje" war auch hier der Ort der Wahl, der für das leibliche Wohl und eine gute Unterkunft der Journalisten sorgte. Frau Verwoerd bewohnte ein schönes Haus in der Hauptstraße mit Weinlaub und Rosenbäumen und, obwohl sie schon über 90 Jahre alt war, besuchte sie immer noch regelmäßig öffentliche Veranstaltungen, ging zum Gottesdienst

206 Transvaler, 9. Juli 1992, S. 1; Patriot , 31. Juli 1992, S. 12.
207 Volksblad, 26. Juli 1992, S. 4.
208 Rapport, 9. August 1992, S. 6.
209 Beeld, 8. Juli 1992, S. 4; Sunday Star, 9. August 1992, S. 7; Beeld, 10. August 1992, S. 5, Volksblad, 10. August 1992, S. 5.

und nahm am Gemeindeleben teil. Der Besuch von Präsident Nelson Mandela bei ihr im Jahr 1995 war ein großes Ereignis für Orania und für ganz Südafrika. Im Februar 2000 starb sie im Alter von 98 Jahren friedlich, ohne Leiden oder Krankheit, in ihrem Haus, nachdem sie sich vorher von ihrer Familie verabschiedet hatte. Nach ihrem Tod wurden zahlreiche ehrende Nachrufe veröffentlicht, sowohl von burischen Politikern als auch von politischen Gegnern wie Nelson Mandela [210]. Betsie Verwoerd wurde auf dem Friedhof von Orania in Anwesenheit vieler Prominenter beigesetzt und ihr markantes Grab mit einem Metallobelisken wurde zu einer Sehenswürdigkeit. Ihr Tod markierte das Ende einer Ära und Orania verlor ein wichtiges Symbol. Ihr Haus wurde in ein Museum umgewandelt, das auch den Nachlass ihres Mannes enthält[211].

Eine Dorfbibliothek wurde im Jahr 1996 auf Wunsch des Gemeindevorstehers Renus Steyn und mit Desiré Viljoen als erster Bibliothekarin, die praktisch aus dem Nichts diese wertvolle Einrichtung schuf, eröffnet. Die Bibliothek befand sich zunächst in einem kleinen Haus in Kleingeluk, doch der Raum wurde bald zu eng und das Gebäude musste 2007 vergrößert werden. Später wurde das ehemalige Gebäude der Maranatha-Kirche am heutigen Kuierstoep-Einkaufszentrum in eine Bibliothek umgewandelt und in dem alten Bibliotheksgebäude entstand eine Klinik. Frau Viljoen ging 2014 in den Ruhestand und wurde von Elmarie Krynauw, einer ausgebildeten Bibliothekarin, abgelöst.

Politisch waren die frühen Jahre von Orania eine turbulente Zeit. Orania wurde 1991 gegründet, als die Übergangszeit vom alten zum neuen Südafrika in vollem Gange und alles im Fluss war. Es gab Konflikte innerhalb der Buren zwischen Konservativen, die den Übergang zu einem von Schwarzen kontrollierten Südafrika stoppen wollten, und den Reformern, die Südafrika auf genau diesen Weg führen wollten. Dieser Konflikt tobte vor allem Anfang der 1990er Jahre. Orania wurde von den Mainstream-Medien als ein Projekt der „Ewiggestrigen" gesehen mit abfälligen Artikeln voller Schadenfreude über Rückschläge der Pioniere und das Bild der „rassistischen Hinterwäldlersiedlung" gemalt. Ein Vorurteil, mit dem Orania bis heute zu kämpfen hat. Innerhalb von Orania gab es ebenfalls verschiedene Standpunkte, nämlich zwischen denen, die wie Prof. Boshoff und seine Unterstützer eine Heimat und eine Zukunft für die Buren jenseits des neuen, von Schwarzen beherrschten Südafrikas suchten und denjenigen, die Orania als eine Art Festung sahen, von der aus der Übergang zum neuen Südafrika bekämpft werden sollte.

BETSIE VERWOERDS ANKUNFT IN ORANIA 1992

210 Die Burger, 1. März 2000, S. 2; Volksblad, 1. März 2000, S. 1.
211 Volksblad, 31. August 2000, S. 5.

Insbesondere nach dem Referendum im März 1992, das die letzte Chance zum Erhalt des alten Südafrika war und bei dem die Mehrheit der Weißen (69%) für die Fortsetzung des Reformprozesses unter Präsident FW de Klerk stimmten, wurde deutlich, dass es nur zwei Optionen gab: ein völliges Aufgehen der Buren innerhalb des neuen, von Schwarzen kontrollierten Südafrikas, samt Aufgabe der burischen Identität und Kultur, oder der Aufbau eines eigenen Burenstaates. Der Vorlauf zum Referendum, das das ganze Land in Aufregung versetzte und zum letzten Mal die scharfe Trennung zwischen Reformbefürwortern und -gegnern in den Vordergrund rückte, betraf Orania hingegen kaum. Während viele konservative Buren in diesem Referendum die letzte Chance sahen, das Blatt noch zu wenden, bereiteten sich die Oranier bereits auf die Zeit nach der Machtübernahme durch die Schwarzen vor.

Dennoch forderte die Volkswacht ihre Mitglieder und Unterstützer auf, mit „Nein" zu stimmen, sah darin aber keine Lösung. Der Kampf um einen eigenen burischen Nationalstaat würde weitergehen, unabhängig davon, ob das „Ja" oder das „Nein" gewinnen würde. Mit einem Sieg des „Nein" und einer konservativen Regierung an der Macht wäre es einfacher als mit einer Regierung, die dem Freiheitsstreben des burischen Volkes mit hoher Wahrscheinlichkeit ablehnend gegenüberstehen würde. Es wurde jedoch ein Sieg des „Ja" erwartet und daher wurden bereits Vorbereitungen für eine Zukunft außerhalb Südafrikas getroffen[212]. Der Sieg des „Ja" zog sogar noch mehr Menschen nach Orania, weil die letzte Hoffnung, die alte Ordnung beizubehalten, nun endgültig vorbei war [213].

212 Possak-Spotlight. Newsletter der Afrikaner Volkswag Nr. 72, März 1992, S. 1-2.

213 The Vancouver Sun, 1. Mai 1992, S. 17.

Es gab unter den Buren auch einige, die Prof. Boshoff und seine Unterstützer als Verräter beschimpften, weil sie sich mit einem kleineren Stück Land begnügen würden und die Idee der Apartheid und der Erhaltung des alten Südafrikas aufgegeben hätten. Die Anhänger von Orania wurden für ihre kompromissbereite Haltung und ihre Versuche, eine Einigung mit dem neuen Südafrika zu erzielen, verunglimpft. In Wirklichkeit wurde jedoch schon für die Zeit nach der Machtübernahme der Schwarzen geplant, und dies erforderte gute Beziehungen zu möglichst vielen Institutionen, ohne deren Ansichten zu teilen. Denn das Projekt „Orania" hätte als „letzte Bastion der Apartheid" keine Zukunft gehabt. Während Prof. Boshoff und seine Unterstützer alles in ihrer Macht Stehende taten, um diesen Eindruck zu vermeiden, schadeten Einzelpersonen durch rassistische Äußerungen, insbesondere gegenüber Journalisten, die dieses dankbar aufgriffen, dem Bild von Orania.

Innerhalb des burischen Volkes wurden diejenigen, die realistisch und gemäßigt waren, persönlich angegriffen und teilweise sogar bedroht. Dass Prof. Boshoff und seine Unterstützer trotzdem mit dem Mut ihrer Überzeugung weitermachten, zeugt von großer Beharrlichkeit und Entschlossenheit. Der Gedanke, mit Orania die Keimzelle eines burischen Volksstaates zu schaffen, bedurfte für seine Verwirklichung von Anfang an einen festen Glauben daran, damit das Richtige und, wie es die Gründer Oranias ausdrückten, „das Gottgefällige"[214] zu tun, ganz egal, wie groß der Widerstand sein und aus welcher Ecke er kommen möge.

Die Unterstützung des Burenstaat-Ideals außerhalb Oranias war damals wie heute von großer Bedeutung.

214 Annatjie Boshoff-Interview.

Im ganzen Land entstanden Unterstützerkreise für Orania, die sich augenzwinkernd als "Zionistische Bewegung" bezeichneten (in Bezug auf die Unterstützer eines Staates Israel in den Anfangsjahren). In Orania selbst gab es die „Freunde von Orania", die von Danie van Rensburg ins Leben gerufen wurde und regelmäßig Newsletters verschickten und Spenden für Projekte in Orania sammelten.

Außerhalb von Orania waren der *Orania Interest Trust* in Pretoria unter der Leitung von Francois und Annatjie Joubert und die AVSTIG-Gruppe im Western Cape mit Pieter Grobbelaar und Eleanor Lombard an der Spitze besonders aktiv. Bloemfontein hatte auch eine sehr aktive Gruppe, die speziell um Dr. Tienie Mynhardt, Kobie Gouws und die *Freedom Front* aufgebaut wurde.

Diese Unterstützergruppen verbreiteten Informationen über Orania, schrieben Leserbriefe in Zeitungen zu Orania und dem Burenstaat, nahmen Kontakt zu Meinungsmachern auf, organisierten Touren nach Orania und rekrutierten Mitglieder für AVSTIG (später die Orania-Bewegung).

AVSTIG Western Cape war eine der ersten Unterstützergruppen und wurde 1990 kurz vor dem Kauf von Orania gegründet. Deren hauptamtlicher Vorsitzender, Renus Steyn, bereiste die ganze damalige Kapprovinz, um Unterstützung für die Idee eines Burenstaats im Nordwestkap zu gewinnen und Mitglieder für AVSTIG zu werben. Als prominentes Mitglied der Nationalen Partei und später der Freedom Front hatte Pieter Grobbelaar zahlreiche Kontakte in Politik und Wirtschaft und erkundete bei Botschaften und Konsulaten in Kapstadt die Akzeptanz eines zukünftigen Burenstaates. Zu dieser Zeit tagte die sog. *Convention for a Democratic South Africa*, auch „CODESA" genannt, ein Mehrparteienforum, in dem die Verhandlungen über ein Südafrika nach der Apartheid stattfand. Der Botschafter Israels, der der Idee eines Burenstaates offen gegenüberstand, empfahl der AVSTIG, den Plan für einen solchen Burenstaat CODESA vorzulegen. Um überhaupt ernst genommen zu werden, war es jedoch unabdingbar, dass man sich auf keinen Fall einem Rassismus-Vorwurf ausgesetzt sah. Daher waren Maßnahmen wie Zwangsumsiedlungen zur Verwirklichung des Burenstaates oder ein allein auf Buren beschränktes, qualifiziertes Wahlrecht absolut tabu. Der Schwerpunkt sollte immer auf den Buren als anerkannter indigener Gruppe mit eigenem kulturellem Erbe und eigener Sprache liegen sowie auf deren Fähigkeit, ein Gebiet für sich in Anspruch zu nehmen, ohne dabei andere Völkerschaften zu vertreiben bzw. mit den Nachbarn in Frieden zu leben. Nur dann konnte

ZWEI EIFRIGE UND LANGJÄHRIGE ORANIA-UNTERSTÜTZER PIETER GROBBELAAR UND KOBIE GOUWS BEI DER ERÖFFNUNG DER BEWÄSSERUNGSPIPELINE IN ORANIA, 1992

man sich glaubhaft auf das Prinzip der „Selbstbestimmung der Völker" berufen, wie dieses in der UN-Charta vorgesehen ist. Dies war die fundamentale Annahme, auf der später das Orania-Konzept entwickelt wurde. Pieter Grobbelaar kam zu der Erkenntnis, dass es einen signifikanten Unterschied gibt zwischen dem, was beispielsweise die Konservative Partei als einem Burenstaat bezeichnete, und den Prinzipien von AVSTIG [215].

Grobbelaar nahm Kontakt zu Führern der „Couloureds", wie Alan Boesak, auf. Sogar ein Sondierungsgespräch mit ANC-Führern wie Dullah Omar, Kader Asmal und anderen wurde von Eleanor Lombard arrangiert, um die Möglichkeiten für einen Burenstaat im Nordwestkap auszuloten und einen Dialog mit Nelson Mandela vorzubereiten. Mit Mandela gab es 1992 ein diesbezügliches Gespräch im Shell House in Johannesburg, dem Hauptsitz des ANC. Es war nur ein informeller Meinungsaustausch und keine Übereinkunft, aber es wurden gute Beziehungen geknüpft, die zu dem späteren Besuch von Mandela bei Frau Verwoerd in Orania 1995 führten[216].

AVSTIG Western Cape war intern gespalten über die Frage, ob man an den Wahlen von 1994 teilnehmen und durch parlamentarische Politik und Verhandlungen für den Burenstaat kämpfen oder die Wahl boykottieren sollte. Die Uneinigkeit in der Frage der Wahl riss die Gruppe auseinander und sie löste sich kurz nach der Wahl auf, aber die bekanntesten Personen innerhalb der Organisation wie Pieter Grobbelaar, Eleanor Lombard und Dr. Jozef Henning setzten ihr Engagement für einen Burenstaat unter dem Banner der Freedom Front fort und wurden ins nationale Parlament oder in die Provinzparlamente gewählt. Allerdings war die Unterstützung für Orania nicht überall in der Partei gleich groß, obwohl es vor allem in der Zeit von 1994 bis 1999 zahlreiche Querverbindungen gab. Es gab auch Unterstützergruppen, die sich aus der Politik heraushielten und vor allem auf Hilfeleistung durch Expertise setzten, wie zum Beispiel die „Interessengruppe der Ingenieure für den Burenstaat" (*Volkstaat-Ingenieursbelangegroep*) in Pretoria [217].

Vor allem Studenten aus Bloemfontein als nächstgelegener Universität, aber auch aus Pretoria, wo viele der Oranier schon als Studenten politisch aktiv waren, wie Wynand und Roelien Boshoff und später Frans und Lalie de Klerk sowie Christiaan van der Merwe, wollten sich am Aufbau des Burenstaates beteiligen. Als Student in Bloemfontein kam der Autor selbst mehrmals während der Ferien nach Orania, um als Landarbeiter oder Bauarbeiter zu helfen. Die Freedom Front-Jugend veranstaltet regelmäßig ihre Treffen in Orania und zahlreiche junge Leute wurden so mit der Orania-Idee bekannt gemacht.

Die erste Bürgerversammlung von AVSTIG fand im April 1993 in Orania statt. Teilnehmer kamen von nah und fern [218]. Prof Boshoff kündigte dabei an, dass AVSTIG an den Mehrparteienverhandlungen (Codesa) über das neue Südafrika teilnehmen wolle [219].

Orania war nach seiner Gründung keine vollwertige Gemeinde (Munizipalität), sondern wurde als ländliche Siedlung zusammen mit schwarzen und farbigen Gemeinschaften in einem ländlichen Rat vertreten. Renus Steyn war Oranias Vertreter im Vor-

215 *Interview mit Pieter Grobbelaar bei dessen Haus in Tergniet am 14. 03. 2014; Roussouw: 'n Toevlug in die Weste.*

216 Grobbelaar-Interview.

217 Grobbelaar-Interview.

218 Transvaler, 01. 04. 1993, S. 10.

219 Volksblad, 06. 04. 1993, S. 4; Beeld, 07. 04. 1993, S. 7.

stand dieses ländlichen Rates. Die Zusammenarbeit und die Beziehungen waren äußerst herzlich und entspannt. Allerdings wurde es von gewissen Kreisen als „Verrat" angesehen, überhaupt mit den Behörden zu kooperieren [220].

Die Frage der Schaffung neuer Provinzen war auch für Orania von Interesse, insbesondere im Hinblick auf einen zukünftigen Burenstaat, der idealerweise innerhalb einer Provinz liegen sollte. Die Ansicht war, dass Orania innerhalb einer dünn besiedelten, trockenen und wirtschaftlich strukturschwachen Provinz mehr Gewicht haben würde als innerhalb einer Provinz, die große Städte und wichtige Industrien umfassen würde. Die Gründung der großen, aber dünn besiedelten Provinz Northern Cape, in der der größte Teil des geplanten Burenstaates liegen würde, wurde von der Führungsriege von Orania daher begrüßt [221]. Zu diesem Zeitpunkt wurde noch erwartet, dass der Zuzug von Buren in dieses Gebiet groß genug sein würde, um in nicht allzu ferner Zukunft die gesamte Provinz politisch zu kontrollieren.

Im Vorfeld der ersten allgemeinen Wahlen von 1994 kochten die Emotionen besonders hoch. Die Spaltung unter den konservativen Buren zwischen denen, die die Wahl boykottieren wollten (die Unterstützer der Konservativen Partei, HNP, AWB etc.[222]) und sogar von bewaffnetem Widerstand sprachen und denen, die unter dem Banner der neu gegründeten Freedom Front (FF) mit ihrem Chef Constand Viljoen für Selbstbestimmung durch Verhandlungen waren, war auch in Orania präsent. Professor Boshoff, als führende Persönlichkeit in Orania, war überzeugt, dass der richtige Weg darin bestehe, an den Wahlen teilzunehmen und den Burenstaat durch Verhandlungen zu erreichen [223]. Die Freedom Front sei dafür das richtige Vehikel und die Buren müssten die Partei bei den Wahlen 1994 unterstützen, um Orania und ihre Bestrebungen auf politischer Ebene durch parlamentarische Vertretungen zu fördern, so lautete das Credo von Prof. Boshoff. Er selbst war Mitglied des Provinzparlaments des Northern Cape in Kimberley. In Orania und auch im restlichen Südafrika wurde er von vielen burischen Extremisten als Verräter beschimpft, verspottet und denunziert [224]. Davon ließ er sich jedoch nicht abschrecken, führte seinen Wahlkampf und wurde gemeinsam mit Dr. Jozef Henning mit einem Stimmenanteil von 4,4% für die Freedom Front in der Provinz Northern Cape in die gesetzgebende Körperschaft gewählt. Die Be-

220 Interview mit Renus Steyn bei dessen Haus in Orania am 05. 03. 2014.

221 Die Burger, 11. 09. 1993, S. 11.

222 Die Herstigte Nasionale Party (HNP, Wiedergegründete Nationale Partei) von Jaap Marais war eine Rechtsabspaltung der Nationalpartei im Jahr 1968 als Reaktion auf erste Aufweichungen der Apartheidgesetzte unter Premierminister Vorster. Politisch blieb die HNP allerdings ziemlich bedeutungslos und existiert bis heute als Politsekte. Die Konservative Partei wurde ebenfalls als Rechtsabspaltung der NP von Andries Treurnicht 1982 gegründet in Reaktion auf die weitreichenden Reformen Präsident Bothas. Sie war in den 1980'ern erfolgreich und in Teilen Südafrikas eine ernstzunehmende Konkurrenz zur NP. 2003 ging sie in der Freiheitsfront auf. Die Afrikaner Weerstandsbeweging (AWB) war keine Partei, sondern eine teils militante neonazistische Organisation mit ihrem Anführer Eugene Terre'Blanche, die außerparlamentarisch mit zahlreichen Demonstrationen und Störaktionen gegen die Regierungspolitik von Präsident de Klerk vor allem Anfang der 1990'er von sich reden machte, aber dann zum Popanz der NP und der Medien wurde. Sie existiert nur noch auf dem Papier und hat keinerlei Einfluss mehr.

223 The Star, 12. 12. 1994, S. 2.

224 Patriot, 2. 09. 1994, S. 5; Afrikaner, 17. 03. 1994, S. 8.

ziehungen zu Ministerpräsident Mane Dipico (ANC) waren ausgesprochen gut und beide behandelten einander mit Respekt. So konnte Prof. Boshoff erreichen, dass Orania vom ANC im Northern Cape akzeptiert und nicht als Bedrohung angesehen wurde. Die Einigung zwischen Nationaler Partei, ANC und Freedom Front über das Prinzip 34 (der spätere Artikel 235 der Verfassung), der die territoriale Selbstbestimmung in einer etwas umständlichen Formulierung vorsah und damit auch Oranias Streben rechtlich anerkannte, war ein Durchbruch, der durch gute Beziehungen erreicht werden konnte und der den Weg zu Verhandlungen über die Gründung eines Burenstaates grundsätzlich eröffnete. Allerdings fanden diese bis heute noch nicht statt.

Die Jahre nach dem Regierungswechsel 1994 war eine Zeit der Versöhnungsgesten auf nationaler Ebene. In diesem Sinne wurde die Freedom Front in die Nordkap-Regierung aufgenommen und Dr. Henning als Provinzminister für Wissenschaft und Kunst vereidigt. Dass Prof. Boshoff als Provinzchef und Nummer eins auf der Liste der Gewählten zurückstand, zeigt seine Bescheidenheit aber auch sein Bestreben, sich nicht zu sehr in die Politik des Landes einzumischen, sondern sich auf Orania zu konzentrieren. Zur gleichen Zeit, im Juni 1994, kurz nach der Wahl, nahm auch der Volkstaatraad, ein auf Drängen der Freedom Front gegründeter und von der Regierung finanzierter Ausschuss, seine Tätigkeit auf (siehe Kapitel 4). Die Einrichtung des *Volkstaatraad* lenkte erneute Aufmerksamkeit auf Orania und den Plan eines Burenstaates im Nordwestkap und gab Oranias Bestrebungen eine offizielle Anerkennung [225].

225 Sunday Times, 19. 06. 1994, S. 2.

NEUE VERFASSUNG UND AUFBRUCHSTIMMUNG 1995-1998.

Nach etwa vier Jahren des Bestehens von Orania trugen die Mühen und die Arbeit seiner Einwohner bereits Früchte. Der Motivation der ersten Bewohner war beeindruckend und ständig wurden neue Projekte gestartet. Nachdem die Siedlung nun in Betrieb war und alle Häuser verkauft waren, wurden in der nächsten Phase die Erweiterung des Territoriums und die Entwicklung der Landwirtschaft in Angriff genommen. Auf der bereits 1993 erworbenen Farm Vluytjeskraal 272 wurden nun Bewässerungsbetriebe von 10 bis 15 Hektar vermessen, bewässert und zum Verkauf angeboten [226]. Dort, wo sich heute der Uferpark-Ferienort befindet, wurde ein Campingplatz errichtet.

226 Rapport, 29. 01. 1995, S. 15.

Neben dem wirtschaftlichen Fortschritt war es Orania wichtig, nicht als Gegner des neuen Südafrika wahrgenommen zu werden, sondern als Alternative für diejenigen unter den Buren, die es vorzogen, unter ihresgleichen zu leben, um ihre Identität bewahren zu können. Mit einer, von gewissen Medien unterstellten, „Apartheid-Nostalgie" hatte dies nicht das Geringste zu tun.

Im Juli 1995 kündigte Präsident Nelson Mandela an, er wolle als Teil einer Versöhnungsgeste gegenüber den Buren in seiner offiziellen Residenz in Pretoria ein Abendessen für die Ehefrauen der inzwischen verstorbenen ehemaligen Staatsoberhäupter Südafrikas geben. Auch Frau Verwoerd war eingeladen. Ihre Tochter Anna Boshoff ließ den Präsidenten wissen, dass Ihre Mutter mit 94 Jahren nicht mehr so weit reisen könne, dass sie sich aber sehr freuen würde, wenn er sie in Orania besuchen würde[227].

Einige Linksradikale waren der Meinung, dass Mandelas Kontakt zu ehemaligen Unterdrückern die Versöhnung zu weit treiben würde und dass er damit auch die "inakzeptable" Idee eines Burenstaates anerkennen würde [228], Rechtsradikale wie Jaap Marais von der HNP hingegen, der sich als Sprecher von Dr. Verwoerd aufspielte, meinte, Frau Verwoerd sollte Mandela nicht empfangen [229]. Die meisten Medien zeigten sich jedoch begeistert von dem Besuch und berichteten ausführlich darüber [230], wobei auch Orania und seine Fortschritte wieder ins Rampenlicht gerückt wurden. Der Besuch fand statt und war von unschätzbarem Wert für die Akzeptanz von Orania. Oranias Leitung musste die schwierige Entscheidung treffen, Orania entweder zu isolieren oder es als Buren-Gemeinschaft nach außen bekannt zu machen, was natürlich auch das Risiko einer negativen Berichterstattung barg.

Präsident Mandela und sein Gefolge, bestehend aus prominenten ANC-Persönlichkeiten wie Albertina Sisulu, Amina Cachalia, Patrick Lekota, damals Ministerpräsident der Provinz Free State und Mane Dipico, damals Ministerpräsident der Provinz Northern Cape, sowie eine große Polizeieskorte und eine Menge Journalisten, kamen am 15. August 1995 zu einem dreistündigen Besuch in Orania an, Mandela selbst kam mit dem Helikopter. Es gab einen offiziellen Empfang im geschmückten Gemeinschaftssaal, und der hohe Gast wurde mit Kaffee, Tee, Gebäck und anderen Süßigkeiten empfangen. Spontan wurde Mandela vom kleinen Carel Boshoff, Enkel des Gründers, mit Händeschütteln begrüßt, danach begrüßte er Prof. Carel und Anna Boshoff und andere prominente Vertreter der Gemeinde Orania. Mandela und Frau Verwoerd plauderten höflich in einer im Gemeinschaftssaal eingerichteten Wohnzimmerecke, danach stellten sich beide auf den Stufen des Gemeinschaftssaales der Presse. Frau Verwoerd verlas ein Plädoyer für den Burenstaat. Mandela schüttelte auch einigen Einwohnern von Orania die Hand. Eine Bewohnerin, die bei der Bewirtung half, Desire Viljoen, beschrieb den Besuch als eine ihrer schönsten Erinnerungen. Danach machten Mandela und sein Gefolge einen kurzen Rundgang durch Orania, zu der auch der Besuch des Verwoerddenkmals auf dem Hügel gehörte, und reisten wieder ab [231].

Obwohl die Leitung von Orania betonte, dass der Besuch rein privater Natur war, erwarteten einige Einwohner, dass Mandela die Idee eines Burenstaates und ihre Verwirklichung in Orania anerkennen würde [232]. Mandela blieb jedoch vage und betonte, dass er an ein „vereinigtes, nicht-rassiges Südafrika[233] glaube". Unbestritten war jedenfalls, dass dieser Besuch als wichtiger Schritt zur Herstellung guter Beziehungen zwischen Buren und der schwarzen Mehrheit gewertet werden konnte. Es wurde zudem positiv hervorgehoben, dass die Bewohner Oranias den Präsidenten sehr höflich und herzlich empfangen hatten [234].

Nie zuvor und selten danach stand Orania so stark im Fokus der nationalen und internationalen

227 Rapport, 23. 07. 1995, S. 10; Beeld, 4. 08. 1995, S. 3.
228 Sowetan, 18. 08. 1995, S. 11; The Argus, 15. 08. 1995, S. 18.
229 Afrikaner, 11.-17. 08. 1995, S. 1.
230 Beeld, 11. 08. 1995, S. 3; Volksblad, 10. 08. 1995, S. 1.
231 Beeld, 16. 08. 1995, S. 3; Volksblad, 16. 08. 1995, S. 5; Desire Viljoen-Interview.
232 Beeld, 18. 08. 1995, S. 9; Volksblad, 22. 08. 1995, S.4.
233 Pretoria News, 15. 08. 1995, S.2.
234 The Citizen 16. 08. 1995, S. 7; The Herald, 16. 08. 1995, S. 6.

Medien. Für Orania war es ein erster großer Test im Umgang mit prominenten schwarzen Führern, ihren Anhängern und den sie begleitenden Journalisten. Die Erfahrungen des Mandela-Besuchs waren eine Art „Blaupause" für die folgenden Besuche des ANC-Jugendleiters Julius Malema im Jahr 2009 und des Präsidenten Jacob Zuma im Jahr 2010.

Im Jahr 1995 fanden die ersten Kommunalwahlen im neuen Südafrika statt. In Orania standen nur 3 Kandidaten der Freedom Front zur Wahl, die ohne Gegenstimme gewählt wurden. Es waren Jerry Pelser, damals Bürgermeister, Renus Steyn, Gemeindesekretär, und Yolanda Potgieter. Sie wurden als Vertreter des örtlichen Übergangsrates von Orania in den Bezirksrat der Oberen Karoo delegiert [235]. Da Orania keine Stadt oder Gemeinde im herkömmlichen Sinn, sondern eine als Aktiengesellschaft eingetragene Privatsiedlung war, wurde kein Gemeinderat gewählt, sondern die Aktionäre wählten einen Vorstand. Es war dies eine vorübergehende Regelung, die 1999 auslief und Oranias Kampf um die Anerkennung als eigene politische Entität nach sich ziehen sollte [236]. Das Ergebnis der landesweiten Kommunalwahl war jedoch ein Rückschlag für die Freedom Front und die Konservative Partei und wurde als Absage an Selbstbestimmung und Burenstaat interpretiert. Die Nationale Partei gewann die Mehrheit in den überwiegend weißen Vierteln [237].

Ein weiterer Rückschlag für Orania war der Brand der Tankstelle im November 1995. Durch schnelles Handeln konnte eine Katastrophe vermeiden werden[238].

235 Volksblad, 1. 11. 1995, S. 4.
236 Boshoff-Interview.
237 Sunday Times, 5. 11. 1995, S. 1; Afrikaner, 1.-16. November 1995, S. 6.
238 Die Volksblad, 7. 11. 1995, S. 1.

Im April 1996 feierte Orania sein 5-jähriges Bestehen mit einer festlichen Veranstaltung zum Thema "Von der Gründung zum Volkstaat". Es wurde auf echt burische Weise mit Reden, Luftgewehrschießen, Tonwerfen, Schreib- und Malwettbewerben, Volkstanz und Lagerfeuern gefeiert [239]. 5 Jahre waren eine noch kurze Zeit, aber es reichte für einen Überblick, was in dieser kurzen Zeit alles erreicht worden war.

Das Jahr 1996 war auch aus einem anderen Grund von Bedeutung für Orania und die Idee eines Burenstaates. In diesem Jahr wurde eine endgültige Verfassung für Südafrika verhandelt und AVSTIG war besorgt, ob das Prinzip 34 zur Selbstbestimmung, das für die Übergangsverfassung ausgehandelt wurde, auch in der endgültigen Verfassung veran-

239 Volksblad, 8. 04. 1996, S. 8.

PRÄSIDENT NELSON MANDELA ZU BESUCH BEI BETSIE VERWOERD 1995 IN ORANIA kert sein würde [240]. Auf Drängen der Freedom Front wurde das Prinzip 34 als Artikel 235 in die endgültige Verfassung aufgenommen. Es war ein wichtiger Durchbruch, der das Streben von AVSTIG nach einem Burenstaat legalisierte, selbst wenn die Regierung dagegen war. Es war eine wichtige Geste an die Buren, aber der Artikel war nicht rechtlich einklagbar und wurde als einziger nie als Gesetz ausformuliert. Die Freedom Front erklärte im September 1996 auch, dass sie den Plan von AVSTIG, einen Burenstaat zwischen dem Oranje River und der Westküste zu errichten, unterstütze und nicht andere, vom *Volkstaatraad* vorgeschlagene, unerreichbare Modelle, wie Teile des alten Transvaal[241].

Die Idee eines Burenstaats, wie er durch Orania verkörpert wurde, weckte auch bei Meinungsmachern des Mainstreams ein gewisses Verständnis. Die Tatsache, dass mit Orania die Keimzelle dieses Burenstaates in einem Gebiet entstanden war, das dünn besiedelt (und somit keine Konflikte mit bereits dort siedelnden Bevölkerungsgruppen zu erwarten waren), wirtschaftlich strukturschwach und zudem stark afrikaanssprachig war, weckte sogar Sympathie[242].

Ein weiterer Fortschritt für die Entwicklung von Orania war die Inbetriebnahme des Bewässerungssystems für die Farmen mit einer 3,5 Kilometer langen Rohrleitung, die mit eigener Arbeit gebaut wurde. 400 Hektar Land konnten so bewässert werden[243]. Ein Jahr später, 1997, wurde mit dem Bau einer Molkerei das nächstem Großprojekt begonnen. Im November 1996 wurde zudem in Orania ein Krankenhaus eingerichtet und auch der Kunst- und Kulturausschuss (*Orania Kunsteraad OKeR*).

240 Volksblad, 2. 05. 1996, S. 9.
241 Patriot, 6.-12. 09. 1996, S. 1.
242 Rapport, 23. 06. 1996, S. 17.
243 Rapport, 20. 10. 1996, S. 10.

Auch die verschiedenen Organisationen, die Orania und seine Idee unterstützten, wurden in einer Interessensgemeinschaft unter dem Namen „*Spansaam*" zusammengefasst, um die Verwaltung und das Marketing zu erleichtern. Mitgliedsorganisationen von „*Spansaam*" waren AVSTIG, Afrikaner-Volkswag, South African Bureau for Racial Affairs (SABRA) und Vriende van Orania (VVO).

Das Jahr 1998 war ein Jahr voller Ambitionen und großer Pläne. Orania war gut gewachsen und hatte bisher keine großen Rückschläge erlebt. Es gab ein allgemeines Gefühl, dass jetzt die Zeit für die nächste Phase gekommen sei.

Für Orania West und das Gebiet um die „Herberg Oranje" wurde ein ehrgeiziges „Townhouse"-Projekt geplant. Bisher wurde wenig neu gebaut und fast alle Häuser waren Fertighäuser aus der Zeit des Wasserbaudorfes. Der Gemeinderat unter der Leitung von Renus Steyn erstellte Pläne für die zukünftige *Townhouse* Entwicklung, die Orania ein gepflegtes und modernes Aussehen verleihen sollte, wonach sich viele Einwohner und Besucher sehnten. Am Riff in der Nähe der „Herberg Oranje" entstand später das erste neugebaute Haus aus Stein, das so auch in jeder beliebigen Vorstadt stehen könnte und den Erwartungen der Großstädter entsprach. Der Plan war, das Haus zu verkaufen und dann weitere ähnliche Häuser zu bauen.

Das bisher größte Projekt war die Bo-Karoo Molkerei, bei der es um den Aufbau einer großen, modernen Molkerei ging (mehr dazu unter Punkt

Farm Vluytjeskraal 272, Bewässerungskonzept und Landwirtschaft) sowie ein Kleinbauernprojekt von Wynand Boshoff, das dazu beitragen sollte, neuen Siedlern die Möglichkeit zu geben, Kleinlandwirte zu werden und Gemüse für Orania anzubauen [244].

Der Enthusiasmus über das als Burenstaat ausgewiesene Gebiet zwischen dem Orange River und der Westküste war groß und es wurden Entwicklungsmöglichkeiten in der gesamten Region geprüft. Prof Boshoff, der damalige Vorsitzende der Freedom Front Northern Cape, schlug große Landerweiterungen vor und kündigt die Planung einer Stadt für etwa 100.000 Buren im ausgewiesenen Burenstaatsgebiet an[245]. Der Optimismus rührte auch von der Anschaffung einer eigenen Bank für den Burenstaat her, nämlich „Ons Eerste Volksbank" in Pretoria, die 1998 von Burenstaatanhängern aufgekauft wurde und eine entscheidende Rolle bei der Bereitstellung des notwendigen Kapitals spielen sollte[246].

Politisch hielten sich Rückschläge und Hoffnungsschimmer die Waage: Südafrikas Vizepräsident Mbeki bezeichnete den Burenstaat als „unerreichbar und unerwünscht", Verfassungsminister Valli Moosa kündigte die baldige Auflösung des Volkstaatraad an, sagte jedoch auch, dass die Errichtung eines Buren-Gebiets zwischen dem Orange River und der Westküste legitim sei[247] .

244 Volksblad, 4. 12. 1998, S. 6.
245 Volksblad, 10. 08. 1998, S.8.
246 Frontnuus, Oktober 1998, S. 10.
247 Beeld, 5. 06. 1998, S.2.

ERNÜCHTERUNG UND BEDROHUNG 1999-2000.

Das Jahr 1999 und ein Teil des Jahres 2000 waren eine schlechte Zeit für Orania und markierte einen vorläufigen Tiefpunkt, aber auch einen entscheidenden Wendepunkt. Es war der Scheideweg, an dem sich die Oranier entscheiden mussten, ob sie sich durchsetzen oder aufgeben wollten.

Das Jahr 1999 begann jedoch vielversprechend. Ein strategischer Plan, der unter anderem ein Kulturzentrum, ein neues Kirchengelände, eine Baumallee und die Neuplanung des Geschäftsviertels auf dem Hügel vorsah, wurde im Gemeinderat mit Dirk Viljoen als Verantwortlichen vorgestellt. Die wachsende Zahl von Besuchern und Journalisten machte sogar ein neues Informationsbüro erforderlich. Die Orania-Bewegung bekam dank einer Spende durch die Freedom Front ein modernes Auditorium für Aufführungen und Versammlungen[248].

Die Einwohnerzahl stieg auf 650 und der Verkauf von Aktien (und somit der künftigen neuen Einwohner) stieg. Der Gesamtwert der Siedlung, die vor weniger als 10 Jahren für 1,6 Millionen Rand gekauft wurde, wurde 2014 auf 40 Millionen Rand geschätzt. Die beeindruckende Molkerei wurde Ende 1998 in Betrieb genommen und war etwas, worauf die Oranier stolz waren[249]. Der Export von Agrarprodukten wie Melonen und Tomaten nach Europa machte Orania international bekannt. Die computerbasierte Schule und das völlige Fehlen jeglicher Kriminalität über-

248 Volkstater April und Mai 1999, S. 3.
249 Volksblad, 27. 04. 1999, S. 4.

zeugten sogar Skeptiker. Auch in anderen Bereichen gab es ermutigende Anzeichen dafür, dass Orania in die richtige Richtung ging und die Begeisterung der Bewohner und Unterstützer, darunter die Freedom Front-Abgeordneten Dr. Pieter und Corné Mulder, die jeweils eine Pekannussplantage in Orania kauften und entwickelten, waren groß [250]. Politisch erhielt Orania Auftrieb durch die Freedom Front und ihren Führer Constand Viljoen, die ihr Wahlprogramm in Orania vorstellte und Orania zum Flaggschiff ihrer Burenstaatpolitik machte[251].

Der Enthusiasmus und Idealismus wurde jedoch von der Realität eingeholt. Im flämischen und später auch im südafrikanischen Fernsehen wurde im Februar 1999 ein Bericht ausgestrahlt, der Orania und seine Fürsprecher im ungünstigsten Licht zeigte und der den Oraniern klar machte, dass es sehr wenig Sympathie und Verständnis für ihre Sache gab, schon gar nicht in den sogenannten Stammländern (Niederland, Belgien, Deutschland), von denen man sich immer Unterstützung erhofft hatte.

Das Townhouseprojekt, bei dem schließlich sieben Häuser entstehen würden, kam nicht über das erste fertiggestellte Objekt hinaus. Da der Kaufpreis für die damaligen Verhältnisse zu teuer war, wurde es nicht verkauft und so konnte das Projekt nicht weitergeführt werden.

Ein weiterer Rückschlag war der Verlust der „Ons Eerste Volksbank“. 1998 herrschte großer Enthusiasmus unter den freiheitsgesinnten Buren, insbesondere innerhalb von AVSTIG und der Freedom Front, über die Übernahme der “Ons Eerste Volksbank” in Pretoria. Es war eine Geschäftsbank, jedoch mit der Struktur einer Section 21-Gesellschaft und ohne Aktionäre und Primärkapital. Eine Section 21-Gesellschaft, auch Gesellschaft ohne Gewinnmotiv, zeichnet sich dadurch aus, dass das Ziel nicht primär Gewinnstreben, sondern Entwicklung ist. Es wird Anfangskapital von einer Gruppe mit gemeinsamen Interessen in der Gesellschaft investiert. Der Gewinn der Gesellschaft wird wieder reinvestiert[252]. Als die Bank in finanziellen Schwierigkeiten steckte, konnte sie von Burenstaatanhängern für nur 2 Millionen Rand gekauft werden, aus individuellen Beiträgen und Geldern aus dem volksstaatlichen Investitionsfonds[253]. Es wurde die Hoffnung gehegt, über die Volksbank nun Kapital für Entwicklungsprojekte zu beschaffen. Allerdings hatte die Artikel-21-Gesellschaft ihre Einschränkungen in Bezug auf Management und Kapitalbeschaffung. Keiner der Mitglieder der neuen Geschäftsleitung hatte Bankerfahrung. Hinzu kamen Betrugsfälle und Forderungsausfälle, die der vorherigen Geschäftsleitung zuzurechnen waren, aber deren wirtschaftliche Folgen mit dem Kauf auf die neuen Eigentümer übertragen wurden. Dennoch konnte die Bank Kredite für das Wohnhausprojekt und die Molkerei in Orania vergeben. Mangels ausreichender Kapitalbildung und unzureichender Führung lief es jedoch von Anfang an schlecht und die Bank musste schließlich wieder

250 Volksblad, 28. 04. 1999, S. 13; Rapport, 2. 05. 1999, S. 9.

251 Star, 3. 05. 1999, S. 17.

252 Wikipedia: https://af.wikipedia.org/wiki/Organisasie_sonder_winsoogmerk.

253 Dieser Fonds wurde am 4. Januar 1994 als Gesellschaft des öffentlichen Rechts von Carel Boshoff snr. und Nicolaas Wessels gegründet, mit diesen beiden als Direktoren. Es war eines von zahlreichen Versuchen, Privatkapital für Projekte zur Errichtung des Burenstaates zu sammeln. Der Fonds trat allerdings nur in der Anfangsphase in Erscheinung und ist mittlerweile aufgelöst. Finanzierung von Projekten kann seit vielen Jahren bereits durch die Gemeinschaftsbank OSK sowie in geringerem Maße durch den Orania Groeifonds finanziert werden. Siehe auch https://za-check.com/item/volkstaat-beleggingsfonds/5321822.html.

verkauft werden[254] . Die Anhänger des Burenstaates hatten ein wichtiges Instrument –für die wirtschaftliche Entwicklung ihres Projektes verloren. Glücklicherweise konnte Orania Savings and Credit (Orania Spaar en Kredit, OSK) die Lücke schließen, als sie sich von einer Kreditgenossenschaft zu einer vollwertigen Gemeinschaftsbank entwickelte.

Auch politisch ging es in die falsche Richtung. 1999 fand die zweite Parlamentswahl nach den „Befreiungswahlen" von 1994, die Mandela und den ANC an die Macht brachten, statt. In der Mandela-Ära gab es noch alle möglichen Zugeständnisse an die Buren, um eine Versöhnung herbeizuführen. Mandelas Besuch bei Betsie Verwoerd in Orania stand im Zeichen des Entgegenkommens. Die Freedom Front schnitt bei den Wahlen 1994 relativ gut ab und war in vielen Provinzen, einschließlich des Nordkaps, Teil einer Regierung der nationalen Einheit. Constand Viljoen, der Anführer der Freedom Front, galt als Sprachrohr der Buren, die sich einen eigenen Volksstaat wünschten[255].

Mit der Wahl 1999 fand diese Zeit jedoch ein jähes Ende. Die liberale Democratic Party (DP) mit ihrem Chef Tony Leon war der große Gewinner, während die National Party gedemütigt wurde und später (2004) in der Democratic Party (später Democratic Alliance (DA)) aufgehen sollte[256]. Der Freedom Front, deren Daseinsberechtigung die Interessensvertretung der burischen Minderheit und die Selbstbestimmung waren, wurde ein empfindlicher Schlag versetzt. Damit nicht genug, trat in der ohnehin schon kleinen Nische der Buren-Politik eine weitere neue Partei an, die *Afrikaner Eenheidsbeweging* (AEB), welche Wählerstimmen von der Freedom Front abzog und den alten Fluch der politischen Spaltung der Buren wiederbelebte. Auch in Orania schnitt die Freedom Front nicht so gut ab wie erwartet. Die Spaltungen innerhalb der konservativen Buren mit der Gründung der AEB spiegelten sich auch in Orania wider. Viele Wähler von Orania waren von internen Kämpfen in der Freedom Front Northern Cape desillusioniert und blieben der Wahl fern[257]. Eine enttäuschte Freedom Front-Sekretärin drückte ihre Frustration über Oranias Führung in den Medien aus und stellte Orania in ein negatives Licht[258]. Der Absturz der Freedom Front von 440.000 auf 120.000 Stimmen auf nationaler Ebene war auch für Orania und die Idee der Selbstbestimmung ein harter Schlag und wieder wurde Orania als Auslaufmodell in den Medien dargestellt. Es schien, als ob die Buren, sich von einem Volk mit einem starken Identitäts- und Berufungsbewusstsein nun zu Individuen mit besonders materialistischen und kurzfristigen Interessen gewandelt hätten[259].

In den Medien und von der Regierung wurde die Freedom Front ignoriert und es wurde verkündet, dass die Buren nun endlich im neuen Südafrika angekommen seien, indem sie ethnische Politik ablehnten und sich stattdessen auf eine liberale, breite, individuelle Interessenspolitik konzentrieren würden. Dass die starken Attacken des Democratic Party-Chefs Tony Leon gegen den ANC vielleicht eine größere Rolle als ein grundsätzlicher Verzicht auf eine eigene Identität spielten, sahen die wenigsten. Für Orania und seine Führung war das Ergebnis sicherlich ein Schock. Prof. Carel Boshoff, Vorsitzender der Freedom Front im Northern Cape, wurde nur knapp nochmal ins Provinzparlament gewählt, als einziger Vertreter dieser Partei. Sein Sohn Carel

254 Boshoff, Dis nou ek, 2012, S. 418-422.

255 Böttger, S.305, 307.

256 Aucamp, S. 83, 109.

257 Beeld, 8. 07. 1999, S. 13.

258 Beeld, 8. 07. 1999, S. 13; Burger, 13. 08. 1999, S. 11

259 Boshoff-Interview.

Boshoff jnr. übernahm im Dezember 2001 seinen Sitz im Provinzparlament[260].

Die Wahlen 1999 leiteten auch eine neue Ära in der Kommunalpolitik ein. Als Übergangszeit galt die Zeit von 1994 bis 1999, in der unter der Führung des freundlichen und umgänglichen Nelson Mandela das neue Südafrika für die Buren durchaus akzeptabel erschien. Nach 1995 wurden kommunale Übergangsräte eingerichtet, die jedoch wenig an den bestehenden Strukturen änderten und, wie der Name vermuten lässt, als Übergangsregelung für die Dauer von fünf Jahren gedacht waren. Zahlreiche afrikaans- und englischsprachige Gemeindeverwalter setzten ihre Arbeit fort. Im Fall von Orania übertrug der lokale Übergangsrat, eine staatliche Institution, in der auch Vertreter von Orania wie Renus Steyn saßen, seine Befugnisse auf die Gesellschaft Vluytjeskraal Aandeleblok beziehungsweise den Gemeinderat von Orania[261].

Nur wenige der kalten Winde des Wandels waren schon zu spüren, vor allem noch nicht in der Lokalpolitik. Mandelas Nachfolger als Präsident, Thabo Mbeki, wollte jedoch nicht mehr einen sanften Übergang, sondern eine radikale Transformation zu dem Südafrika, wie es der ANC sich auf die Fahnen schrieb. Kurz nach der Wahl 1999 waren auch die „besonderen Übergangsregelungen“ für die Gemeinden beendet. Bisher war jede Siedlung eine eigene Gemeinde und vor allem waren die Farmen nicht den Gemeinden zugeordnet. Auf den Farmen bestand eine andere Art paternalistisches System fort, wobei der Landbesitzer, meist ein europäischstämmiger Farmer, für Wohnung, Strom und Wasser, Medizin, Bildung und Rechtsprechung unter seinen Arbeitern zuständig war. Für den ANC stand dies natürlich im Widerspruch zur sozialistischen Ideologie und musste abgeschafft werden[262]. Der ANC und Präsident Thabo Mbeki entwickelten den Plan von Großkommunen, die zahlreiche kleinere Siedlungen zusammenlegen und auch die Farmen zwischen den Orten einbeziehen sollten. Das Ziel des ANC war es, die Verwaltung zu zentralisieren, aber es war offensichtlich, dass es vor allem darum ging, die eigene Macht zu zementieren und nirgendwo mehr Städte oder Gemeinden zuzulassen, in denen Minderheiten wie europäischstämmige, gemischtrassige oder asiatische Südafrikaner eine Mehrheit haben könnten. Nachdem der ANC bei den Wahlen 1994 die Kontrolle über die nationale Regierung und die meisten Provinzen erlangt hatte, war der nächste Schritt, durch eine für ihn vorteilhafte Neueinteilung der Kommunalgrenzen die Kontrolle über möglichst viele Städte und Gemeinden zu erlangen. Das Argument des ANC für die Neueinteilung der Kommunen war, dass die bisher benachteiligten Gebiete, vor allem die Townships der schwarzafrikanischen Bevölkerung, und die bisher bevorzugten Gebiete, hauptsächlich von europäischstämmigen Südafrikanern bewohnte Siedlungen und Viertel, nicht mehr getrennt werden sollten, sondern zu sinnvollen Einheiten zusammengeführt werden müssten. Das Problem war, dass die kleinen, aber finanziell meist gesunden „weißen“ Siedlungen die viel größeren und finanziell schwachen Vororte der Schwarzafrikaner finanziell tragen mussten. Im Dezember 1999 kündigte das „Municipal Demarcation Board“[263] an, Orania mit Hopetown und Strydenburg zu einer neuen Kommune (später bekannt als Thembelihle) zusammenzufassen, von der Orania nur ein Ortsteil sein würde[264].

260 Volksblad, 10. 11. 2001, S. 2.

261 Böttger, S.313.

262 Boshoff-Interview.

263 Es handelt sich um eine regierungsnahe Institution, die mit der südafrikanischen Verfassung von 1996 als eine der zentralen Steuerungsbehörden für den Umbau Südafrikas geschaffen wurde, vgl. https://de.wikipedia.org/wiki/Municipal_Demarcation_Board, abgerufen am 15.08.2023.

264 Beeld, 17.12.1999; Die Burger, 17.12. 1999, S. 7.

Dies würde bedeuten, dass das kleine Dorf Orania die Kontrolle über seine soliden Finanzen verlieren würde und, wie sonst überall im Land, andere insolvente Gemeinden tragen müsste. Dies war eine Belastung, die die kleine Gemeinde, selbst nicht gerade wohlhabend, nicht tragen konnte. Das war natürlich genau der Grund, warum Orania den Nachbarsiedlungen zugeschlagen wurde. Nachdem es Orania in den 8 Jahren seines Bestehens endlich geschafft hatte, durch harte Arbeit bescheidene Fortschritte zu erringen und Arbeitsplätze und Wohlstand zu schaffen, war es ins Blickfeld der sozialistischen Planer im Municipal Demarcation Board gelangt, die nun forderten, dass finanzielle Ressourcen und Know-how „geteilt" werden müssten. Das Ideal der „Regenbogennation", aus der die letzte „Apartheid-Festung" ausgemerzt werden müsse, wurde immer wieder vorgebracht[265] .

Orania argumentierte, dass das Dorf keine Apartheid-Schöpfung sei, sondern am Ende der alten staatsrechtlichen Ordnung gegründet worden war, keinerlei „Township" jemals bestanden hätte und daher überhaupt nicht in die ANC-Logik von "weißer Stadt" und „schwarzem Vorort" passe, die nach herrschender Ideologie zu einer Einheit verschmolzen werden sollten.

Darüber hinaus wiesen die Vertreter Oranias darauf hin, dass das Selbstbestimmungsrecht von Orania auch in der neuen südafrikanischen Verfassung durch Artikel 235 anerkannt und geschützt werde[266]. Wie weiter oben beschrieben, hatten kurz vor den allgemeinen und gleichen Wahlen im April 1994 Vertreter des ANC, Vertreter der Nationalen Partei als Noch-Regierung und Vertreter der Freiheitsfront als Repräsentanten der Volksstaatidee im Beisein internationaler Beobachter ein Abkommen über die Möglichkeit territorialer Selbstbestimmung beschlossen[267]. Wenn das Abkommen und Artikel 235 überhaupt etwas wert wären, dann wäre die Anerkennung der Selbständigkeit Oranias der Test dafür. Versuche von Orania-Delegierten, das *Municipal Demarcation Board* davon zu überzeugen, die Eingemeindung bei Hopetown und Strydenburg aufzuheben, erbrachte allerdings kein Ergebnis. Auch der Vorschlag, Orania mit Vanderkloof, einem kleinen Ferienort mit einem erheblichen Anteil an Buren (fast 40%), zusammenzuschließen, wurde abgelehnt. Das *Demarcation Board* war nicht offen für politische und verfassungsrechtliche Argumente, sondern nahm seinen Auftrag wahr, „weiße" und „schwarze" Siedlungen zu neuen Mega-Kommunen zu verschmelzen – ohne jede Rücksicht auf Minderheitenschutz und Volksgruppenrechte.

Die Vertreter von Orania forderten daraufhin direkte Gespräche mit der Regierung. Der Ministerpräsident des Nordkaps, der ANC-Politiker Mane Dipico, führte Gespräche mit seinen Parteigenossen Präsident Thabo Mbeki und dem Minister für Provinz- und Kommunalangelegenheiten, Sydney Mufamadi, die sich verpflichteten, mit Orania in Verhandlungen zu treten[268]. Nachdem die Zusage nur drei Tage später wieder zurückgezogen wurde, fand schließlich im März 2000 doch eine Verhandlungsrunde zwischen einer Delegation aus Orania und Minister Mufamadi statt[269].

Dabei wurde vereinbart, die Angelegenheit im Einvernehmen zu regeln und an das Regierungskabinett

265 Sowetan, 22.12.1999, S. 9; Sunday Times, 09.01.2000, S. 7.
266 The Citizen, 18.12.1999, S. 6.
267 Impact, 27.10.2000, S. 12.
268 Volksblad, 24. 02. 2000, S. 5.
269 Sunday World, 27.02.2000, S. 20; Rapport, 26.03.2000, S. 2.

zu überweisen[270]. Daraus wurde wiederum nichts. Die Regierung fuhr mit der Neueinteilung fort und ignorierte die Argumente Oranias. Der Termin für die Kommunalwahlen rückte näher, ohne, dass über den Status von Orania entschieden worden war[271]. Die Bevölkerung von Orania war unzufrieden mit der Nichtbeachtung ihrer Forderungen durch die ANC-Regierung und kündigte an, ihren Fall landesweit publik zu machen[272]. Die Aktion „Erkennt Orania an – Recognize Orania" wurde im Oktober 2000 gegründet und sammelte Unterschriften von Einwohnern, um den Anspruch auf ihre eigene lokale Verwaltung zu unterstützen und an die Regierung zu senden. Prof. Carel Boshoff schrieb einen langen und gut begründeten Brief über Oranias Situation an Präsidenten Thabo Mbeki[273]. Es kam jedoch keine Antwort. Die Strategie dahinter war klar: Die Regierung spielte auf Zeit und wollte erst nach der Kommunalwahl verhandeln, nachdem bereits Fakten geschaffen worden waren. Dies war für Orania eine ernste Bedrohung – die Existenz des Projektes stand auf dem Spiel.

Am 13. Oktober 2000 fand in Kimberley ein Krisengipfel zwischen den Leitungsmitgliedern von Orania und Rechtsexperten statt, um die Pattsituation zu lösen. Orania musste den Weg eines Gerichtsverfahrens gehen, was teuer und riskant war. Es wurde ein Fonds eingerichtet, um das Geld für eine Klage zu beschaffen. Orania plante auch, eigene Kommunalwahlen abzuhalten und eine Annullierung der landesweiten Kommunalwahl zu erwirken[274]. Der 3. November 2000 wurde als Frist gesetzt, um eine Einigung mit der südafrikanischen ANC-Regierung über den kommunalen Status zu erzielen. Orania würde andernfalls vor Gericht ziehen. Ministerpräsident Dipico versuchte erneut, zwischen der Gemeinde Orania und der ANC-Regierung zu vermitteln. Auch diese Frist wurde von der Regierung ignoriert. Unmittelbar nach Ablauf der Frist klagte Orania vor Gericht, um ein Verbot zu erwirken, das die Abstimmung in der Gemeinde Hopetown - Strydenburg blockieren würde. Gleichzeitig wurden Sensibilisierungskampagnen von Unterstützern gestartet, wie zum Beispiel ein Flugzeug mit einem Banner mit der Aufschrift „Recognize Orania", das in der Rushhour über die Autobahnen zwischen Johannesburg und Pretoria flog und vom Orania Interest Trust Pretoria gesponsert wurde[275] .

Gleichzeitig wurden in Orania selbst Wahlen vorbereitet. Es waren Tage der Hochspannung und der Widerstand der kleinen Siedlung Orania gegen die Eingemeindung kurz vor der Kommunalwahl machte Schlagzeilen. Nachdem die südafrikanische Regierung Orania monatelang ignoriert und dringende Bitten um eine politische Einigung unbeantwortet gelassen hatte, schreckte der Gerichtsbescheid sie plötzlich auf. Minister Mufamadi forderte Orania auf, die Gerichtsklage zurückzuziehen und nach den Kommunalwahlen am 5. Dezember Gespräche mit der Regierung aufzunehmen. Prof. Carel Boshoff bezeichnete es jedoch als Verzögerungstaktik, da nach der Kommunalwahl bereits Fakten geschaffen worden wären[276]. Die Regierung und das Municipal Demarcation Board lehnten alle angemessenen Diskussions- und Verhandlungsanfragen ab oder ignorierten sie - es blieb nur noch eine Gerichtsverhandlung als letzter Ausweg.

270 The Citizen, 04.04.2000, S. 7; Volksblad, 04.04., S. 4.
271 Volksblad, 06.05.2000, S. 4.
272 The Citizen, 12.10.2000, S. 4; The Star, 12.10.2000, S. 5.
273 Volksblad, 02.11.2000, S. 9.
274 Volksblad, 19. 10. 2000, S. 4.
275 Rapport, 5. 11. 2000, S. 5.
276 Beeld, 16. 11. 2000, S. 4.

Kernargument der Klage war, dass mit der Auflösung des kommunalen Übergangsrates nicht korrekt vorgegangen und mit der betroffenen Gemeinde Orania keine Konsultation stattgefunden hätten und somit die gesamte Kommunalwahl eigentlich ungültig sei[277]. Außer Orania gab es auch einige Übergangsräte in Kwazulu-Natal, die mit der Neueinteilung unzufrieden waren und sich ebenfalls an die Gerichte wandten. Dies galt insbesondere für die Rechte traditioneller schwarzafrikanischer Anführer, deren Einfluss nun durch die Neueinteilung stark eingeschränkt wurden[278]. Auch die Freiheitsfront schloss sich dem Kampf auf Seiten Oranias an, führte Gespräche mit Minister Mufamadi und unterbreitete dem Kabinett Kompromissvorschläge[279]. Alle Vorschläge wurden jedoch vom ANC abgelehnt und die letzte Chance, den Fall außergerichtlich beizulegen, war gescheitert und die Schlachtordnung bereits aufgestellt, wobei der ANC vorbrachte, dass die Versprechen der Anerkennung der Selbstbestimmung und Artikel 235 der südafrikanischen Verfassung keinen bindenden Wert hätten.

Die Anwaltskosten, gesammelt von den Einwohnern und Unterstützern, beliefen sich dann schließlich auf 150 000 Rand, damals eine große Summe. Das Drama entwickelte sich weiter, als Oranias Gerichtsantrag Ende November auf unbestimmte Zeit verschoben wurde[280]. Daraufhin beschloss Orania, weiterhin ihre eigenen Wahlen abzuhalten und die Kommunalwahlen zu boykottieren. Orania reichte am 4. Dezember 2000, einen Tag vor der Wahl, einen Eilantrag beim Gericht in Kimberley ein. Der Eilantrag verlangte, dass der Übergangsrat von Orania neben der neu gegründeten Gemeinde Hopetown-Strydenburg weiterbestehen sollte[281].

277 Volksblad, 17. 11. 2000, S. 4.
278 Rapport, 19. 11. 2000, S. 9.
279 Volksblad, 21. 11. 2000, S. 4.
280 Star, 28. 11. 2000, S. 28.
281 Business Day, 4. 12. 2000, S. 4f.

Der Tag des Gerichtsverfahrens herrschte Hochspannung - nicht nur aufgrund des Rechtsstreites, sondern auch wegen dem Medienstreit, der im Gange war und die gesamte südafrikanische Öffentlichkeit interessierte. Oranias Einwohner erschienen vor Gericht sehr zahlreich, sie waren orange gekleidet und hielten Plakaten mit der Aufschrift „Erkenne unser Recht auf unsere eigene Kommunalbehörde" hoch – dies verfehlte den Eindruck auf die zahlreichen Medienvertreter nicht.

Das Gericht in Kimberley entschied zu Gunsten von Orania, weil die Regierung mit der Auflösung des Übergangsrats von Orania nicht das richtige Verfahren befolgt hatte[282] . Oranias Name wurde in den Dokumenten zur Auflösung der kommunalen Übergangsräte nicht erwähnt. Dies war jedoch mehr als nur ein technischer Fehler. Es wurde laut Carel Boshoff jnr. bewusst weggelassen, weil nicht klar war, was mit Orania passieren sollte und wo es sich einfügt, denn in der Praxis war es schon etwas anderes als ein gewöhnliches Dorf oder eine Farm, also ein Sonderfall, der auf diese Weise anerkannt wurde[283] . Das Urteil besagte, dass der Übergangsrat von Orania weitergeführt werden könne, bis der Streit zwischen Orania und der Regierung beigelegt sei, aber zugleich die ordentlichen landesweiten Kommunalwahlen stattfinden sollten. Offenbar befürchtete die Regierung, dass der bei der Auflösung des Übergangsrats von Orania begangene technische Fehler die gesamte landesweite Kommunalwahl stoppen könnte. Dies wäre ein Albtraumszenario gewesen und deshalb waren die Regierungsvertreter bereit, sich mit den Vertretern von Orania zu einigen, die nur eine Sonderregelung für Orania wünschten, aber den gesamten Wahlprozess nicht zum Scheitern bringen wollten. In der Praxis bedeutete die Einigung, dass Orania in seiner jetzigen Form als eigen-

282 Star, 5. 12. 2000, S. 5.
283 Boshoff-Interview.

ständige Siedlung von Afrikaanern fortbestehen könne, dass jedoch in Zukunft eine Verhandlungslösung zwischen dem Repräsentantenrat von Orania (OVR) und der südafrikanischen Regierung gefunden werden müsse.

Wichtiger als das Gerichtsurteil war jedoch die Geschlossenheit der Bewohner von Orania, die ihr Existenzrecht entschlossen verteidigt hatten und nicht gewillt waren, sich von der Regierung schikanieren zu lassen. Die Kosten des Gerichtsverfahrens wurden von Orania, seinen Institutionen und seinen Bewohnern sowie Unterstützern außerhalb von Orania, insbesondere dem Orania Interest Trust Pretoria, getragen. Der Anwalt, der Oranias Fall vertrat, Willie Spies, war und ist selbst ein starker Unterstützer Oranias.

Orania befand sich zu dieser Zeit in einer Abwärtskurve, aber die drohende Gefahr des Endes der ersten Volksstaat-Keimzelle schweißte die Gemeinschaft zusammen. Oranias Entscheidung, sich der Eingemeindung durch ein Gerichtsverfahren zu widersetzen, aber auch um Unterstützung außerhalb zu werben, fand entsprechenden Widerhall in den Medien. Die Gemeinschaft von Orania organisierte daraufhin eigene Wahlen, die einen Tag nach dem Gerichtsverfahren, am 5. Dezember, stattfanden und bei denen Einwohner und Personen mit Eigentum in Orania die Verwaltungsräte für den Gemeinderat, also den Orania Representative Council (OVR) bestimmten. Die Teilnahme von fast 90 % der Wahlberechtigten war ein großer Erfolg. Nur Einzelpersonen, nicht Parteien, wurden für OVR gewählt und es war ein festliches Ereignis im Stil einer Kirmes. Gleichzeitig mit der Wahl zum OVR fand im Gemeindehaus auch die „offizielle“ Kommunalwahl für die Gemeinde Hopetown-Strydenburg statt[284]. Allerdings nahm an dieser Kommunalwahl kein einziger Bewohner Oranias teil, eine starke Botschaft der Loyalität der Einwohner[285]. Das Medieninteresse an dem Fall war groß. Das Dorf Orania mit seinen rund 600 Einwohnern hatte sozusagen das gesamte vom ANC kontrollierte Südafrika herausgefordert. Man kann sich kein besseres David gegen Goliath- Szenario vorstellen!

Das Jahr 2000 wurde dann auf einem Höhepunkt abgeschlossen und die Existenz von Orania wurde ins neue Jahrtausend gerettet.

284 Volksblad, 5. 12. 2000, S. 1; Frontnuus, 28. 02. 2001, S. 14.
285 Volksblad, 6. 12. 2000, S. 1.

AM TAG DER ENTSCHEIDUNG ZU ORANIAS MUNIZIPALEM STATUS VOR DEM GERICHTSHOF IN KIMBERLEY V.L.N.R.: RECHTSANWALT WILLIE SPIESS, ANNATJIE BOSHOFF, CAREL BOSHOFF JNR., CAREL BOSHOFF SNR, PIETER MULDER, ANNA BOSHOFF, 2000

ORANIA KURZ NACH SEINER GRÜNDUNG ALS WASSERBAUSIEDLUNG
IN DEN SPÄTEN 1960ER JAHREN

ORANIA, ETWA 2015

TEIL 2

DIE PHA

BÜSTEN FRÜHERER BURENPRÄSIDENTEN UND DAS AKTUELLE ORANIA-MASKOTTCHEN BEI SONNENAUFGANG.

WACHSTUMSPHASE 2001–2009

Das Jahr 2001, der Beginn des neuen Jahrtausends, war auch für Orania ein Wendepunkt und aus der Pionierphase entwickelte sich eine Phase des beschleunigten Wachstums. Während das erste Jahrzehnt von *Trial-and-Error* mit zahlreichen Misserfolgen, aber auch Erfolgen, geprägt war, wurden die Institutionen im Jahrzehnt nach 2000 weitgehend konsolidiert. Ein entscheidender Durchbruch für Orania war das vorhin erwähnte Urteil des Obersten Gerichtshofs in Kimberley im Jahr 2000, das Oranias Status als eigene Kommunalbehörde oder De-facto-Gemeinde bestätigte. Dies zerstreute zahlreiche Befürchtungen von Investoren und potenziellen Einwohnern, dass Orania verkümmern oder von der südafrikanischen Regierung vernichtet werden würde. Die Beziehungen zur Regierung haben sich seit 2001 deutlich verbessert und Orania wurde von der Obrigkeit weitgehend in Ruhe gelassen. Dennoch gab es ernsthafte Versuche, Orania zu untergraben, vor allem aus Orania selbst und in Zusammenarbeit mit enttäuschten Einwohnern und einer Presse, die immer bereit war, Orania und sein Streben negativ darzustellen.

Der Ausbau eines funktionierenden Gemeinwesens und der wirtschaftlichen Entwicklung erlebte im April 2000 mit der ersten Mustermesse (Volkstaatskou) einen erneuten Höhepunkt. Seitdem hat sich diese zu einer jährlichen Veranstaltung entwickelt und zieht jedes Jahr mehr Aussteller und Besucher an.

Bereits im Jahr 2000 wurden Wohnungen geplant, um das Erscheinungsbild Oranias von der Bauarbeitersiedlung mit ihren nicht mehr zeitgemäßen Fertighäusern hin zu einem modernen und gefälligen Bild mit soliden Steinhäusern zu verändern, aber auch um dem wachsenden Wohnungsbedarf gerecht zu werden. In Orania West begann Apie Botes mit dem Bau eines zweistöckigen Wohnblocks. Bei Herberg Orania begann der Eigentümer Renus Steyn, seine Gästezimmer in Wohnungen umzuwandeln, die sich später zu einer Seniorenresidenz weiterentwickeln sollten.

Die Ferien- und Freizeitanlage Aan-die-Oewer in Orania, heute das Juwel der Tourismusbranche, war etwa 10 Jahre lang nur ein Campingplatz. Der Eigentümer, Andre Coetsee, erhielt im März 2001 nach einer außerordentlichen Aktionärsversammlung vom Gemeinderat grünes Licht, auf 12 Parzellen Holzchalets zu errichten. Das erste wurde im Februar 2003 fertig gestellt und verkauft und kurz darauf wurden die nächsten gebaut. Bis 2012 waren auf dem bestehenden Terrain alle Parzellen bebaut, wobei Wert auf größere Grünflächen gelegt wurde. Dann wurde aufgrund der großen Nachfrage nach Ufergrundstücken die zweite Phase geplant. Eine direkt an den bestehenden Uferpark angrenzende Kleinfarm von 2 Hektar wurde gekauft und 20 neue Parzellen für Chalets mit Bäumen und Teichen projektiert und realisiert.

Auch die tragenden Institutionen Oranias veränderten sich: die 1988 gegründete Afrikaner Vryheidstigting AVSTIG erkannte, dass sie und niemand anders der Bannerträger der Volksstaatsidee sei, während sich die Freiheitsfront als politische Vertretung der Afrikaaner immer stärker in tagespolitischen Entscheidungen verzettelte. AVSTIG erkannte, dass eine zu enge Bindung an die Freiheitsfront auch negativ ausgelegt werden könnte, da Wahlverluste als Verlust an Unterstützung für den Volksstaat interpretiert werden würden. Deshalb wurden die verschiedenen Unterstützungsorganisationen Oranias wie SABRA, Volkswacht und AVSTIG zur gemeinsamen SPAN-SAAM fusioniert, die am 10. November 2002 anlässlich einer Bürgerversammlung in „Orania Beweging" umbenannt wurde. SABRA wurde eine Unterorganisation, erhielt den neuen Namen EPOG (Einheit für Politik, Umwelt und Geschichte) und beschäftigt sich insbesondere mit der Denkmalpflege und dem Archiv und richtete auch die jährliche HF Verwoerd Gedenklesung sowie weitere kulturelle Veranstaltungen aus.

Der Grund für die Neuorganisation und die neue Bezeichnung als Orania-Bewegung war, dass der Name Orania landesweit bekannt war, während AVSTIG den wenigsten Menschen außerhalb des Kreises der Volksstaat-Anhänger etwas sagte. Darüber hinaus wurde auch erkannt, dass Orania als Siedlung die praktische Verkörperung des Freiheitsideals in einem eigenen Gebiet ausdrücken würde. Dieses Gebiet sollte sich nicht auf Orania beschränken, obwohl der Fokus auf Orania liegt. Dies fiel mit der Neuorientierung des gesamten Strebens von Orania um die Jahrtausendwende zusammen, die mit den Wahlen von 1999 und ihren Auswirkungen und dem Kampf um Oranias Status als eigene autonome Verwaltung begann. Orania, das Freiheitsideal und die Orania-Bewegung mussten ihre Strategie einfach überdenken und neu verpacken. Wie der weitere Verlauf zeigen sollte, war dieser Schritt erfolgreich[286] . Um die Neuausrichtung noch weiter zu betonen, kündigte Carel Boshoff seinen Rücktritt als Vorsitzender und Abgeordneter der Freiheitsfront in der Provinz Nordkap an und schlug seinen Sohn Carel IV. als Nachfolger vor, der einstimmig gewählt wurde[287].

286 Volkstater, Oktober/November 2001; Interview mit Frans de Klerk in Orania am 11. August 2014, Aufzeichnung im Besitz des Verfassers.

287 Volksblad, 10. 11. 2001, S. 2.

WAHLPLAKAT DES ANC MIT THABO MBEKI,
STAATSPRÄSIDENT VON 1999 BIS 2008.

DIE FREIHEITSFRONT WIRD MITGLIED VON UNPO
ALS REPRÄSENTANT DER AFRIKAANER, 2008

Im Jahr 2002 wurde klar, dass das Vorzeigeprojekt der Orania-Landwirtschaft, die Molkerei Bo Karoo Dairy, nicht weitergeführt werden konnte und es wurde ein Antrag auf Liquidation gestellt. In anderen Bereichen der Landwirtschaft, insbesondere dem Pekannuss-Anbau, sah es hingegen vielversprechend aus.

In diesem Jahr wurde eine vorläufige Einigung über den Status von Orania erzielt, die sich aus dem Kampf um die Kommunalwahlen im Jahr 2000 und dem Gerichtsverfahren ergab, das Orania gegen die Regierung gewonnen hatte. Demnach würde Orania als Privatdorf weiterbestehen, mit der Möglichkeit, mit Vanderkloof eine künftige gemeinsame Gemeinde zu bilden. Auch die Anwendung des § 235 käme in Betracht[288] . Allerdings war das Abkommen nur ein Provisorium, denn bis heute gibt es für Orania noch keinen endgültigen Status.

Im April 2004 fanden die 3. allgemeinen Nationalen und Provinzwahlen statt und die Oranier weckten, wie bei jeder Wahl, wieder besonderes Interesse in den Medien. Die politische Vertretung der Afrikaaner hatte sich mit dem Zusammenschluss mehrerer afrikaanssprachiger Parteien unter dem Dach der Freiheitsfront – die seit damals als Freiheitsfront+ firmiert – verstärkt und erhielt mit Abstand die meisten Stimmen in Orania, aber viele Einwohner blieben der Wahl fern[289] . Landesweit verbesserte sich die neue Sammelpartei der afrikaanssprachigen Südafrikaner allerdings nur geringfügig auf 0,89% der gesamten Wählerstimmen[290].

Im selben Jahr erhielt Orania auch eine eigene Flagge, die die historische Freiheitsflagge aus dem Burenkrieg (orange-weiß-blau, mit einem grünen Balken links) als offizielle Orania-Flagge ersetzte. Mehrere Entwürfe wurden zur Begutachtung eingereicht, und die Wahl fiel auf einen Entwurf von Christiaan van Zyl, dem Architekten von Orania. Sein Entwurf ist eine Flagge mit einem blauen Längsstreifen, dem weißen Orania-Männchen, das seine Ärmel hochkrempelt (auch bekannt als kleiner Riese) und einem orangefarbenen Längsstreifen. Die Flagge wurde erstmals während der Mustermesse im April 2005 gehisst[291] . 2005 wurde mit der Entwicklung eines neuen Messegeländes im Industriegebiet begonnen.

Auf wirtschaftlicher Ebene tat Orania einen großen Schritt nach vorne, als im Juli 2005 nach langer Vorbereitung und ungeduldigen Wartens endlich mit dem „Ora Sentra" ein eigener Supermarkt eröffnet wurde[292]. Bisher hatte Orania nur einen kleinen, typisch ländlichen Supermarkt, der lange ausreichte, aber nun war es Zeit für einen großen Nahversorger, der den Standards der Städte und den Erwartungen der Neuankömmlinge entsprach. Es war dies ein notwendiger Schritt, um Orania auf eine neue Ebene zu heben. Dieses Lebensmittelgeschäft liegt prominent am Ortseingang von Orania. Der Entwickler Dr. Zoon Zevenster, ein bekannter Pfarrer aus dem Westkap und Besitzer von Radio Tygerberg, finanzierte und baute einen modernen Supermarkt mit neuester Technologie. Der Supermarkt ist Teil des Sentra Gruppe (und wurde später zu einem OK-Supermarkt aufgewertet), aber Dr. Zevenster stellte von Anfang an die Bedingung, dass er seine eigene Arbeits- und Sprachenpraxis bestimmen könne,

288 Volksblad, 30. 04. 2002, S. 2.
289 Rapport, 18. 04. 2004, S. 4.
290 https://de.wikipedia.org/wiki/Parlamentswahl_in_S%C3%BCdafrika_2004, abgerufen am 14.02.2024.

291 Volksblad, 28. 04. 2005, S. 2.
292 Volksblad, 26. 07. 2005, S. 5.

mit Afrikaans als Handelssprache. Gerade in Zeiten interner Unruhen, auf die noch eingegangen wird, war es eine starke Botschaft, dass Geschäftsleute Vertrauen in die Zukunft von Orania haben. Mit der Eröffnung mitten im Winter 2005 kamen Massen von Oraniern und Besuchern von außerhalb zur Eröffnung und kauften wie wild ein. Für Orania war der große Kapitalabfluss in die Städte schon immer ein Problem und ein Supermarkt wie Ora Sentra half, dies umzukehren. Etwas später wurde im selben Gebäude auch ein Baumarkt und eine Metzgerei eröffnet.

Im September 2005 fand in Orania eine wichtige Konferenz zum Artikel 235 der südafrikanischen Verfassung und zum Selbstbestimmungsrecht statt[293]. Die Referenten der Konferenz waren Dr. Frederik van Zyl Slabbert, Prof. Marinus Wiechers, Prof. Danie Goosen, Prof. Jakes Gerwel, Dr. Pieter Mulder, Prof. Koos Malan, Prof. Deon Geldenhuys, Flip Buys sowie der französische Philosoph Alain de Benoist[294]. Es war ein Erfolg für Orania, eine solche Vielzahl von bekannten Rednern aufzubieten, unter anderem mit Prof Gerwel und Dr. van Zyl Slabbert zwei prominente Vertreter der Anti-Apartheid-Bewegung, die auch dem Ideal der Selbstbestimmung der Buren grundsätzlich skeptisch gegenüberstehen. Die Konferenz beleuchtete die noch nicht gesetzlich verankerte Selbstbestimmungsklausel in der Verfassung und ihre Chancen auf Ausführung. Allerdings wurde von den meisten Rednern betont, dass es sich nicht um eine Klausel zur Durchsetzung eines Burenstaats handle[295]. Die seit 1994 bestehende Hoffnung auf eine Verhandlungslösung für einen Volksstaat wurde zwar begraben, aber das Existenzrecht Oranias als eigenständige Afrikaaner-Gemeinschaft wurde ausdrücklich anerkannt[296] .

Orania wuchs auch 2005 weiter, der Verkauf von Immobilien nahm zu und das Territorium wurde durch den Kauf von zwei Farmen in der Umgebung, Biesiesbult und Nooitgedacht, stark erweitert. Das Jahr 2005 wurde leider von einem internen Kampf überschattet, was viel Zeit und Energie beanspruchte.

Es begann mit einer Person, die bei einer Wahl sein Amt als Vorsitzender des Wassernutzungsverbandes verlor und die die Gründung eines neuen Verbandes, der dem Wassergesetz entsprach, ablehnte. Eine weitere Person, der Anführer der Gruppe, wurde wegen unehrlichen Verhaltens und Vertrauensbruchs als Angestellter der Gemeindeverwaltung entlassen. Andere Querköpfe, die oft wegen Nichtzahlung ihrer Abgaben mit der Gemeindeverwaltung auf Kriegsfuß waren, schlossen sich der Gruppe an. Zu keinem Zeitpunkt waren es jedoch mehr als 20 Personen, die sich aus verschiedenen Gründen benachteiligt fühlten. Da ihr Einfluss auf die Gemeinschaft insgesamt gering war, wandten sie sich an jene Medien, die Orania ablehnend gegenüberstanden. Die Ironie der Sache war, dass die Gruppe dieselben Institutionen zu Hilfe holte, die sie sonst ablehnten.

Eine Journalistin der afrikaanssprachigen Sonntagszeitung Rapport stellte sich ganz auf die Seite der Gruppe und schickte ohne professionelle Recherche allerlei Klatschgeschichten über Orania in die Welt, etwa über angebliche Misswirtschaft, über Aktivitäten, die die Regierung untergraben würden, über Umweltverschmutzung und Wasserverschwendung [297].

293 Frontnuus, 31. 10. 2005, S. 2.
294 Volksblad, 19. 10. 2005, S. 2; Voorgrond, Januar 2006, S. 3.
295 Volksblad 22. 10. 2005, S. 2; Rapport, 23. 10. 2005, S. 3.
296 Citizen, 25. 10. 2005, S. 3.
297 Rapport, 8. 05. 2005, S. 1; Volksblad, 9. 05. 2005, S. 2.

Im Mai 2005 wurde im Gemeinschaftssaal eine große Versammlung abgehalten, an der fast 200 Einwohner teilnahmen und bei der die negativen Presseberichte diskutiert wurden. Es wurde ein Vertrauensantrag in Oranias Führung gestellt, der mit nur 3 Gegenstimmen angenommen wurde[298].

Der anfängliche Streitpunkt, die Frage, welcher Wassernutzungsverband legal sei, wurde im Dezember 2005 vor dem Kimberley High Court beigelegt. Dabei mussten sich die beiden gegnerischen Wassernutzungsverbände im Februar 2006 mit allen Mitgliedern unter der Leitung eines Anwalts treffen und einen neuen Vorstand wählen und dabei entscheiden, welcher Verband legal sei[299].

Dennoch setzte sich der Streit fort: nächster Schritt war die Gründung eines Ortsvereins der südafrikanischen linksliberalen Demokratischen Allianz (DA) in Orania. Die Gründung erschien prominent auf der Titelseite der afrikaanssprachigen Regionalzeitung Volksblad, und die Botschaft lautete, dass auch Orania nun „normal“ werde[300]. Der DA-Anführer der Provinz Nordkap kam zu diesem Anlass persönlich nach Orania und ließ sich für diese neuerliche Intrige missbrauchen. Nicht lange danach löste sich der „DA Ortsverein Orania“ wieder auf.

Im September 2006 wurde von zwei prominenten Oraniern, Manie Opperman, damals Bürgermeister und Pieter Grobbelaar, Farmer und Mitglied im Wassernutzungsverband, ein Verfahren wegen Verleumdung und übler Nachrede gegen die Anführer dieser Gruppe eingeleitet. Das Gericht entschied zugunsten der Beschwerdeführer und der Anführer der Intriganten wurde zur Zahlung eines Schadensersatzes in Höhe von 75 000 Rand verurteilt. Außerdem musste er seine diffamierenden Anschuldigungen gegen verschiedene Personen in Orania in vier überregionalen Zeitungen in großen Anzeigen widerrufen. Grobbelaar wurde zudem zum Vorsitzenden des neuen Vanderkloof Wassernutzungsverbands/Unterbereich Orania gewählt[301]. Es war eine verheerende Niederlage für die gegnerische Gruppe und ihr Anführer verkaufte daraufhin sein Land und wanderte nach Australien aus. Auch andere Mitglieder der Gruppe zogen sich verbittert zurück[302].

Ein letzter Versuch, nachdem der Anführer der Gruppe den Prozess bereits verloren hatte, Orania in ein negatives Licht zu rücken, war die Ankündigung, dass der „Oben-ohne-König“ und FKK-Betreiber Beau Brummel ein „rein weißes“ FKK-Resort in Orania eröffnen wolle. Die Geschichte war anscheinend ein Werbegag von Brummel und die Personen aus Orania, die ihn ansprachen, um auf ihrem Land ein FKK-Resort zu eröffnen, waren Teil der Intrigantengruppe. Auch diese Zeitungsente wurde freudig publiziert um Orania in ein schlechtes Licht zu rücken und fand breiten Widerhall in der Presse[303]. Ob der Plan wirklich ernst gemeint oder nur eine Effekthascherei von Brummel war, ist nicht klar, aber im Juni 2007 lehnte die südafrikanische Menschenrechtskommission den Plan für ein „rein weißes“ FKK-Resort trotzdem auch formal ab[304]. Danach hörte die Medienkampagne gegen Orania in den örtlichen Zeitungen erst einmal auf.

298 Volkstaater, Mai/Juni 2005, S. 3; Volksblad, 20. 05. 2005, S. 2.
299 Volksblad, 20. 12. 2005, S. 4.
300 Volksblad, 10. 06. 2006, S. 1.

301 Volksblad, 6. 09. 2006, S. 2.
302 Rapport, 4. 03. 2007, S. 3.
303 Volksblad, 4. 05. 2007, S. 1; Diamond Fields Advertiser, 04. 05., 2007, S. 2; Saturday Star, 05. 05. 2007, S. 3; Mail and Guardian, 24. 05. 2007, S. 6.
304 Volksblad, 15. 06. 2007, S. 3.

Allerdings tauchte bald eine neue Bedrohung für Orania auf. Im August 2005 wurde im Staatsanzeiger eine so genannte „Landforderung" gegen Orania veröffentlicht[305]. Sie kam von einer Gruppe ehemaliger farbiger Arbeiter, die im Ortsteil Kleingeluk lebten, bevor Orania von der OBD gekauft wurde. Die Forderung wurde offenbar bereits im Jahr 2000 eingereicht, kam aber erst fünf Jahre später zur Verhandlung[306].

Landforderungen können von einer Gemeinschaft eingebracht werden, wenn sie aufgrund der Apartheid-Gesetzgebung gegen ihren Willen umgesiedelt wurden. Dies geschah häufig im Zuge der Heimatland-Konsolidierung. Allerdings war das Gebiet, in dem Orania liegt, nie ein traditionelles Stammesgebiet. Wandernde Khoisan-Stämme zogen zwar durch die Gegend, wie die in der Nähe Oranias gefundenen Felsgravuren belegen, aber als Nomaden waren sie nicht dauerhaft seßhaft geworden. Jedenfalls handelte es sich bei den Landforderern auch nicht um eine traditionelle Gemeinschaft, sondern um Arbeiter des damaligen südafrikanischen Wasserbauministeriums, die von woanders kamen und für die Zeit der Bauarbeiten für das Kanalsystem in Häusern angesiedelt wurden, die ihnen nicht gehörten. Obwohl die Landforderung gegen Orania rechtlich höchst zweifelhaft war, behandelte der zuständige Land Claim Commissioner Ramakharane sie mit Wohlwollen, wahrscheinlich auch, weil sie sich gegen die Gemeinschaft von Orania richtete, die der Beamte als „per se rassistische Gemeinschaft" einschätzte. Die Landrückforderung wurde kurz vor dem Stichtag für Landansprüche eingereicht und war ein opportunistischer Versuch, möglicherweise angestachelt von der Landforderungskommission selbst, einen finanziellen Vorteil für die ehemaligen Bauarbeiter zu erlangen, die damit ein Rechtsinstrument der Wiedergutmachung ausnutzen wollten[307].

Der Kommissar räumte jedoch auch ein, dass Orania eine gewachsene Gemeinschaft sei, die ein Existenzrecht habe[308]. In Kleingeluk wollten die Kläger ohnehin nicht einziehen, sondern forderten Geld für Häuser, die zu keiner Zeit ihr Eigentum waren. Zu diesem kam der Fakt, dass die Arbeiter alle weniger als 10 Jahre in der damaligen Bauarbeitersiedlung Orania gelebt hatten. Für eine Landrückforderung muss aber ein ununterbrochener Aufenthalt von mindestens 10 Jahren nachgewiesen werden können. Anfang der 1980er Jahre, als der Großteil der Arbeiten am Kanalsystem abgeschlossen war, hatten alle Arbeiter außer einem kleinen Wartungsteam Orania verlassen. Erst 1983, mit dem nächsten Bauabschnitt, siedelten wieder Arbeiter in Orania und blieben dort teilweise bis Anfang 1991. Auch dies war aber keine gewachsene Gemeinschaft, sondern Arbeiter kamen und gingen, später auch viele Hausbesetzer, die keine Verbindung zum Wasserbauprojekt hatten[309].

Im Dezember 2006 wurde das Problem der Landforderung jedoch gelöst. Das Wasserbauministerium zahlte den 80 Klägern insgesamt 2,9 Millionen Rand aus und das Damoklesschwert über Orania verschwand[310]. Nach mehr als 2 Jahren interner und externer Bedrohungen war der Weg nun wieder frei, um sich auf Wachstum und Entwicklung zu konzentrieren.

305 Volksblad, 11. 11. 2005, S. 2.
306 Volksblad, 01. 06. 2000, S. 9.
307 Boshoff-Interview.
308 Volkstaater, November / Dezember 2005, S. 1.
309 Interview durch den Autor mit Manie Opperman am 19.01.2016 bei seinem Haus in Orania.
310 Beeld, 6. 12. 2006, S. 10.

Im März 2006 fanden erneut landesweite Kommunalwahlen statt. Dies war die erste Kommunalwahl nach der großen Kontroverse im Jahr 2000 über die Eingemeindung von Orania bei Hopetown, mit einer Wahlbeteiligung von 80 %[311] für den eigenen Gemeinderat (OVR).

Im April 2006 wurde Oranias 15-jähriges Bestehen gefeiert. Die Feiern, die am 13. April, dem Gründungstag von Orania, begannen, wurden mit einem kurzen Gottesdienst, einer Fahnenhissung, einer Baumpflanzaktion, Berichten aus der Anfangszeit, einem Wettlauf und einem Empfang gefeiert[312]. Es fiel auch mit der jährlichen Verkaufsmesse zusammen. Außerdem wurde eine neue Serie von Ora-Noten präsentiert und die ersten 10 Sets versteigert. Es war kurz nach dem Kampf mit der Gruppe der Intriganten und der Landforderung und es waren anderthalb turbulente Jahre vergangen. Oranias 15. Geburtstag sendete die Botschaft aus, dass Orania weiter bestehen wird. Der schwierigste Teil der Gründungs- und Pionierphase war vorbei.

Bei der Betrachtung von Orania herrschte bei vielen Buren die Meinung, dass Orania zwar eine gute Idee sei und die Pioniere viel erreicht hätten, dass aber das Gesamtkonzept des Dorfes und ihrer Gemeinschaft so völlig gegen den Strom sei, dass es keine langfristige Überlebenschance hätte. Es dauere nicht lange, bis die Realitäten des neuen Südafrikas, demografischer Druck, Kriminalität, staatliche Einmischung usw. auch Orania wegwischen würden. Die Tatsache, dass Orania jedoch nicht nur 15 Jahre überlebte, sondern trotz zahlreicher Angriffe weitermachte und mittlerweile schon seit über 30 Jahren existiert und immer erfolgreicher wird, ließ einige sich fragen, ob sie sich in Bezug auf das Existenzrecht und die Zukunft von Orania nicht geirrt haben könnten.

Die Gemeinde von Orania und insbesondere die Verantwortlichen haben nach 15 Jahren Bilanz gezogen und gefragt, ob Orania erfolgreich war oder nicht. Es war, gemessen an den utopischen Erwartungen die vor dem Kauf von Orania und auch in der Anfangsphase der Siedlung geweckt wurden, nämlich dass Tausende von Buren von der Idee eines eigenen Staats inspiriert würden und sich in großer Zahl in Orania und dem ausgewiesenen Territorium niederlassen würden, wenn der Druck auf sie zunahm, kein Erfolg. Im Jahr 2006 war tatsächlich fast alles eingetreten, was die Volksstaat-Anhänger vorhergesagt hatten: Der Staat und die Regierung versagten in weiten Bereichen, die Afrikaaner und ihre Muttersprache Afrikaans wurden zunehmend an den Rand gedrängt, Kriminalität und ethnisch motivierte Ausgrenzung nahmen stark zu. Orania war aber insofern ein Erfolg, als gegen alle Erwartungen und alle Widerstände eine funktionierende Afrikaaner-Gemeinschaft ins Leben gerufen wurde, die mal schneller, mal langsamer, aber immer beharrlich wuchs.

Ein wirtschaftlicher Schub für Orania war die Eröffnung des Saamstaan Geschäftszentrums[313]. Der eine Teil des Zentrums, der Ora Sentra Supermarkt, später zum OK Grocer ausgebaut, war bereits geöffnet, aber jetzt wurde der Rest des Zentrums vom Eigentümer und Entwickler Dr. Sohn Zevenster erweitert, zum Supermarkt kamen ein Kaffeehaus, eine Metzgerei und ein Souvenirladen. Auch die neue Schmuckmanufaktur in einem interessanten Strohballengebäude wurde im Laufe des Jahres eingeweiht[314].

311 Volksblad , 3. März 2006.
312 Volksblad, 4. Mai 2006; Beeld, 5. Mai 2006.
313 Beeld, 10. Juni 2006, S. 1, Volksblad, 10. Juni 2006.
314 Volksblad, 20. September 2006, Voorgrond, Dezember 2007, S. 6.

Die Oranjerivier Mühle wurde Anfang 2006 mit Martin Kemp als Hauptaktionär und Martin Smith als Geschäftsführer gegründet[315]. Sie schloss eine Lücke, indem landwirtschaftliche Produkte der Umgebung wie Mais nun vor Ort verarbeitet werden konnten – wäre nicht die politische Situation dazwischengekommen. Da der Absatz der Mühle größtenteils außerhalb von Orania lag, behinderte die Pflicht zur Black Economic Empowerment, wonach Schwarzafrikaner unabhängig von ihrer demographischen Repräsentativität im betreffenden Gebiet, die Mehrheit der Geschäftsführung stellen müssen, die Entwicklung der Mühle. Mit dem Ausland, insbesondere Namibia und Angola, konnten immerhin Lieferverträge ausgehandelt werden. Der Vertrag mit Angola wurde jedoch storniert wegen steigender Kosten für Maisschrot und sinkender Kosten für Reis, importiert aus China. Mit dem nötigen Kapital hätte die Mühle weiterbetrieben werden können, aber der Vorstand entschied, dass man kein Risiko eingehen wolle und schloss die Mühle nach etwa 2 Jahren und zahlte alle Gläubiger aus, bevor die Verluste sich summieren würden. Das Mühlengebäude konnte als wertvolles Geschäftsgebäude genutzt werden und wurde von Wilco Transport als Lager für Hundefutter gepachtet.

Im Bereich der Außenbeziehungen tat die Orania-Bewegung einen Schritt nach vorne, indem sie sich stärker auf ausländische Unterstützung konzentrierte. Mitte 2006 wurden in Großbritannien und den Niederlanden ausländische Unterstützergruppen, die *Buitelandse Vriende van Orania* (Freunde Oranias im Ausland) gegründet, die hauptsächlich aus südafrikanischen Auswanderern bestanden[316]. Es folgte eine erfolgreiche erste Auslandstour von Frans de Klerk und Carel Boshoff jnr, der später weitere Besuche folgten. Der zweite Besuch, diesmal von Frans de Klerk und Rian Genis, führte auch nach Südtirol zu den Kontaktpersonen Christoph und Florian von Ach, die vor einem Jahr in Orania waren und dort den Autor kennen gelernt hatten. Sie waren begeistert von den Leistungen der kleinen Gemeinschaft und sahen auch Parallelen zwischen Afrikaanern und Südtirolern, beides Minderheiten in einem großen Staat mit starken Gleichschaltungstendenzen in Sprache, Kultur und Politik. Für de Klerk war der Besuch in Südtirol nach eigenen Worten eine Offenbarung, weil ihm bewusst wurde, wie viel eine kleine Minderheit dank einer gefestigten Autonomiepolitik erreichen kann.

Zu dieser Zeit begann Orania zudem, umweltfreundlicher zu werden. Ein wichtiges neues Projekt für die Gemeindeverwaltung war die Mülltrennung auf Haushaltsebene und die Sortierung auf der Deponie in separate Abteilungen, um Recycling zu ermöglichen. Mitte 2006 fand ein „Müllfest“ statt, bei dem „Designerklamotten“ aus Abfall gezeigt wurden, um die Bewohner für das Abfallrecycling zu sensibilisieren und das Projekt zu lancieren[317].

Auch die neue Bibliothek wurde 2006 eingeweiht, nachdem die alte aus allen Nähten platzte. Es wurde ein Anbau geschaffen, so dass ca. 18 000 Bücher untergebracht werden konnten, denn regelmäßig wird Orania mit Bücherspenden versorgt[318].

Der Sänger Bok van Blerk sorgte in diesem Jahr mit seinem Song „De La Rey“ über die Opfer des

315 Volkstater Juni / Juli 2006, S.3.
316 Cape Times, 21. Juli 2006, S.13.
317 Volksblad, 8. August 2006, S.7.
318 Volksblad 27. September 2006.

DER DENKMALBERG MIT DEM ORANIA-SYMBOL „KLEIN REUS“ (KLEINER RIESE) IM VORDERGRUND, UND EINIGEN DER BÜSTEN EHEMALIGER BURENPRÄSIDENTEN IM HINTERGRUND

Burenkrieges für Furore. Vor allem junge Afrikaaner entdeckten durch das Lied, das sich zur „heimlichen Hymne“ der Afrikaaner entwickelte, mit seinem starken Rhythmus und dem bewegenden Text ihre Identität neu. Bok van Blerk trat auch in Orania beim Vryheidsfront-Jugendtreffen auf, einer jährlichen Veranstaltung, die Studenten und anderen jungen Menschen Orania und sein Gedankengut näherbringen soll.

Mehr als 15 Jahre nach der Gründung von Orania hielten es die führenden Persönlichkeiten für an der Zeit, in einer öffentlichen „Absichtserklärung“, die vom ehemaligen Bürgermeister Prinsloo Potgieter verfasst worden war, das Ziel der Gemeinschaft zu definieren: die Vergrößerung der Siedlung durch den Erwerb von Land, wobei der friedliche Charakter der Initiative betont wurde. Diese Erklärung wurde im April 2007 auf einer Veranstaltung in Magersfontein mit Dr. Pieter Mulder, dem Vorsitzenden der Vryheidsfront vorgestellt und auch mit der Ministerpräsidentin der Provinz Nordkap, Dipuo Peters, diskutiert.[319] Dies war Teil der laufenden Diskussionen über den endgültigen Status von Orania, die sich aus dem Gerichtsverfahren im Jahr 2000 ergaben.

TRAUERFEIER FÜR DIE VERSTORBENE ANNA BOSHOFF BEIM GEMEINSCHAFTSSAAL, 2007

In diesem Jahr veränderte sich auch der Denkmalhügel. Die kleine Statue von Dr. Verwoerd wurde in das Verwoerdmuseum gebracht und auf dem Hügel wurden Büsten ehemaliger Premierminister und des Präsidenten von Transvaal, Paul Kruger, aufgestellt. Am Bittereinderdag, dem „Tag des bitteren Endes“, dem Ende des Burenkrieges am 31. Mai 1902, wurde die neue Denkmalgruppe eingeweiht. Im Mittelpunkt steht die von der deutschstämmigen Bildhauerin Cornelia Holm geschaffene Statue des „Kleinen Riesen“, Oranjes Symbol für Eigenarbeit.[320]

Die Coloured-Gemeinschaft von Eersterust nahe Pretoria besuchte Orania 2007, um mehr über die Eigenständigkeit und Entwicklung Oranias zu erfahren. Führungskräfte aus Eersterust, hauptsächlich Frauen, diskutierten mit Schlüsselpersonen aus Orania darüber, wie Gemeinschaftsprojekte Arbeitsplätze schaffen und Armut lindern können. Der Besuch trug auch dazu bei, Vorurteile über Rassismus abzubauen, der Orania oft vorgeworfen wird. Die Abwesenheit von Kriminalität und der Einfallsreichtum der Gemeinschaft, ihre Probleme selbst zu lösen, riefen Bewunderung hervor.[321]

Mitten im Winter erlitt Orania einen schweren Verlust, als Anna Boshoff im Alter von 74 Jahren an

319 Volksblad, 3. und 5. Juli 2007, S.6.
320 Diamond Fields Advertiser, 31. Mai 2007; Volksblad, 31. Mai 2007; Dorpnuus Juni 2007.
321 Volksblad, 12. Juni 2007; Diamond Fields Advertiser, 13. Juni 2007, S. 4; City Press, 17. Juni 2007, S. 12.

einem Schlaganfall starb.[322] Sie war nicht nur die Ehefrau des Gründervaters von Orania, Prof. Carel Boshoff, sondern selbst eine treibende Kraft hinter dem Projekt Orania. Ihre Rolle kann nicht hoch genug eingeschätzt werden. Sie leitete und organisierte unzählige Projekte, insbesondere die Volkswacht und die Jubiläumsveranstaltungen zum 150 jährigen Gedenken an den Großen Treck, die Volksschule und den Volkstaatraad. Anna Boshoff wurde am 21. Juli auf dem Friedhof von Orania an der Seite ihrer Mutter Betsie Verwoerd beigesetzt.[323]

Im August 2007 fand in Orania eine Konferenz zum Thema „Identitätspolitik: Problem oder Chance?“ statt.[324] Zu den Referenten gehörten die prominenten niederländischen und flämischen Orania-Unterstützer Marcel Bas und Johan Deckmyn, Dr. Mongezi Guma, Vorsitzender der südafrikanischen Sektion 185-Kommission zum Schutz der Minderheitenrechte in der Verfassung, Dr. Willa Boezak, Leiter der Khoe-San-Bewegung und Johan Roussouw von der *Federasie van Afrikaanse Kultuurverenigings (FAK)*. Bei dieser Gelegenheit gab Prof. Carel Boshoff nach 19 Jahren seinen Rücktritt als Präsident der AVSTIG bzw. der Orania-Bewegung bekannt. An seiner Stelle wurde sein Sohn Carel Boshoff IV. zum Präsidenten gewählt. Die Konferenz betonte auch die klare Abgrenzung von Rassismus und Abschottung, die nur zu oft von den Medien bedient wurden. Das Konzept des „Dritten Afrikaaners“ von Carel Boshoff IV. läutete ebenfalls eine neue Ära ein. Orania war nicht mehr das letzte Massengrab eines Volkes, für das es „fünf vor zwölf“ war und das vom Aussterben bedroht war. Es war der Ausgangspunkt einer neuen Art von wiedergeborenen Afrikaanern jenseits der Apartheid oder der Kapitulation vor der Herrschaft des ANC. Es ist zu Recht darauf hingewiesen worden, dass die südafrikanische Politik stets monothematisch dominiert war: Früher drehte sich alles um die Apartheid, heute nur noch um die „Transformation“[325].

Das Jahr 2007, in dem bereits viele positive Entwicklungen zu verzeichnen waren, fand seinen Höhepunkt in der Genehmigung des Antrags von Orania auf einen lokalen Radiosender durch die Unabhängige Kommunikationsbehörde (ICASA). Der Antrag war bereits im Oktober 2006 gestellt worden, nachdem der provisorische Radiosender von der Polizei geschlossen worden war. Radio Orania nahm 2008 seinen Betrieb auf, nachdem Gelder für neue Geräte gesammelt, diese gekauft und das Studio im Rathaus eingerichtet worden.

Das Jahr 2008 war für Orania geprägt von verstärkten Kontakten und zahlreichen Besuchen, Konferenzen und Gelegenheiten zur Außendarstellung. Im Februar 2008 besuchte der britische Generalkonsul Richard Wood Orania für zwei Tage und erkannte es als einen Akteur innerhalb Südafrikas an. Er bezeichnete Orania als Teil des politischen Puzzles Südafrikas und gewann einen positiven Eindruck von der Gemeinschaft[326]. Oranias Streben nach Selbstbestimmung wurde durch die Aufnahme der Afrikaaner als Mitglied der *Unrepresented Nations and Peoples Organisation* (UNPO) unterstützt.[327] Dies war Teil eines kontinuierlichen Prozesses der Internationalisierung von Oranias Streben nach Freiheit. Der Beitritt zur UNPO wurde im September auf einer Konferenz der Vryheidsfront Plus in Orania unter dem Titel

322 Volksblad, 10. Juli 2007; Beeld, 10. Juli 2007, S. 8.
323 Volksblad, 23. Juli und 1. August 2007.
324 Volksblad, 7. August 2007.
325 Rapport, 26. August 2007.
326 Dorpnuus Februar 2008; Volksblad, 1. März 2008.
327 Volksblad, 20. Mai 2008.

„Minderheitenrechte, Selbstbestimmung und Anerkennungspolitik in Südafrika" weiter diskutiert.[328] Im selben Jahr nahm eine Delegation der Jugendorganisation Vryheidsfront Plus aus Orania an einer Konferenz der *South African First Indigenous Human Rights Organization* in Upington teil, an der Vertreter zahlreicher Minderheiten Südafrikas teilnahmen.[329] Es folgte die Teilnahme an einem Jugendkongress des Freedom Park Trust in Pretoria.[330] Eine weitere Gelegenheit, Orania der südafrikanischen Öffentlichkeit sowie schwarzafrikanischen Meinungsführern und einflussreichen Persönlichkeiten vorzustellen, war die Umwelt- und Frauenkonferenz, an der eine Frauendelegation aus Orania teilnahm. Anje Boshoff hielt auch eine Rede über die lokale Wirtschaft und überreichte der stellvertretenden Ministerin für Umwelt und Tourismus, Rejoice Mabudafasi, ein Set der Orania-Währung Ora.[331]

328 Volksblad, 19. September 2008.
329 Volksblad, 11. Juni 2008.
330 Volksblad, 25. Juni 2008.

AAN-DIE-OEWER FERIENANLAGE AM ORANJEFLUSS, 2015

Auch mit der Universität von Fort Hare, an der der Bürgermeister von Orania, Dr. Manie Opperman, früher als Dozent für Archäologie tätig war, wurde Kontakt aufgenommen, um lokale Entwicklungsprojekte zu untersuchen.[332]

Auch die Orania-Bewegung feierte in diesem Jahr ihr 20-jähriges Bestehen. Der Veranstaltung gingen eine Konferenz zum Thema „Neue Antworten für neue Zeiten" und ein Galadinner voraus. Dr. Pieter Mulder, Leiter von Vryheidsfront Plus, und Dr. Dirk Hermann, stellvertretender CEO von Solidariteit, gehörten zu den Rednern.[333]

Der Tourismussektor in Orania erhielt durch die Eröffnung des Orange River Spa im Uferpark einen großen Schub.[334] Das Spa wurde durch Investoren aus Orania und Pretoria ermöglicht. Es war der erste Schritt einer dreiteiligen Entwicklung, der später ein 4-Sterne-Hotel und ein Uferrestaurant folgten. Damit wurde der Tourismus in Orania auf ein völlig neues Niveau gehoben. Die Siedlung war nicht mehr nur ein Ziel für Journalisten und Neugierige für ein oder zwei Tage, sondern für echte Urlauber mit hohen Ansprüchen. Der Tourismus ist seit der Eröffnung des Kurortes stetig gewachsen, und zahlreiche Initiativen haben dazu beigetragen.

Das Jahr begann 2009 traurig, als Prinsloo Potgieter, eine der führenden Persönlichkeiten von Orania als Bürgermeister, stellvertretender Vorsitzender der

331 Volksblad, 20. August 2008, Vordergrund, September 2008, S. 12–13.
332 Volksblad, 8. Juli 2008, Voorgrond, September 2008, S. 9.
333 Volksblad, 2, 11. August 2008, Vordergrund, September 2008, S. 20–21.
334 Volksblad, 24. September 2008.

Vryheidsfront Plus in der Provinz Nordkap und Vorsitzender des OVR sowie Leiter zahlreicher anderer Organisationen, im Januar an Lungenkrebs starb.

Die Jahre 2007 bis 2009 waren von großen politischen Entwicklungen geprägt, die auch Orania betrafen. Es war die Zeit des Führungsstreits im ANC zwischen Präsident Thabo Mbeki und seinem entlassenen Stellvertreter Jacob Zuma. Als Außenseiter gelang es Zuma, genügend Unterstützung zu finden, um auf dem ANC-Parteitag in Pietersburg/Polokwane im Dezember 2007 gegen Mbeki für das Amt des ANC-Präsidenten zu kandidieren und gewählt zu werden. Mbeki blieb für kurze Zeit Präsident des Landes und wurde dann vom ANC durch Kathlema Mothlante ersetzt, die nur sieben Monate lang als Platzhalterin für Zuma diente. Dieser wurde nach den Parlamentswahlen im April 2009 Präsident Südafrikas.

Orania als Gemeinschaft hatte dabei Zuma als neuen starken Mann im ANC und zukünftigen Präsidenten unterstützt. Zuma traf sich mehrfach mit Vertretern der afrikaanssprachigen Minderheit und äußerte sich positiv über die Afrikaaner, die er als „einziges weißes Volk Afrikas" bezeichnete. Zuma galt auch als traditionsverbunden, der mit seiner Wertschätzung von Kultur und Ethnizität und der Unterstützung bestimmter konservativer Werte den Afrikaanern näher stand als der „schwarze Engländer" Thabo Mbeki, dessen ausgrenzende und minderheitenfeindliche Politik vielen Südafrikanern vor Augen führte, dass die „Regenbogennation" gescheitert war. Im März 2009 wurde eine Delegation aus Orania, bestehend aus Frans de Klerk, Carel Boshoff jr. sowie John und Lida Strydom von einem Vertrauten Zumas in dessen Haus in Forest Town, Johannesburg, empfangen. Es fand ein gutes und konstruktives Gespräch statt, bei dem ein Besuch Zumas in Orania vorgeschlagen wurde[335].

Kurz nach dem Besuch bei Zuma kündigte der hitzköpfige, damalige Chef der ANC Youth League (ANCYL), Julius Malema, an, er und die ANCYL-Führungsgruppe wollten Orania besuchen und Gespräche mit der Jugendorganisation der Vryheidsfront führen.[336] Dies geschah offenbar als Reaktion auf den Besuch der Orania-Delegation bei Zuma. Malema, der später mit Zuma und dem ANC brach und eine eigene linksradikale Partei gründete, war zu diesem Zeitpunkt noch ein glühender Zuma-Anhänger. Es war eine neue Ära im ANC. Unter solchen Umständen wurden häufig Konsultationen mit möglichst vielen Gruppen geführt und auch den Afrikaanern und anderen Minderheiten vordergründig die Hand gereicht. Die Tatsache, dass die Parlamentswahlen vor der Tür standen und jede Gelegenheit zur Medienberichterstattung willkommen war, mag ein weiterer Grund für Malemas Besuch gewesen sein. Das Medieninteresse war groß, schließlich galten Malema und Orania als Antipoden.

Die Gespräche zwischen der Jugend der Vryheidsfront Plus und der Jugendliga des *ANC*, die hinter verschlossenen Türen im Gemeindesaal stattfanden, und überhaupt der gesamte Besuch Malemas verliefen in guter Atmosphäre, wie der Autor aus persönlicher Erfahrung bestätigen kann. Malema zeigte sich beeindruckt von den Projekten zur Armutsbekämpfung und äußerte sich versöhnlich und moderat[337].

Gemeinsam wurden Presseerklärungen und Diskussionspunkte vorgestellt und anschließend wurde

335 Ditsem Free State, März 2009; Vordergrund, Februar 2009, S. 4.
336 Beeld, 25. März 2009, S. 6; Cape Times, 25. März 2009, S. 6.
337 Rapport, 29. März 2009; City Press, 29. März 2009, S. 4; Beeld, 30. März 2009, S. 4; Vordergrund, Juni 2009, S. 6–7.

zu einem Rundgang eingeladen. Malemas Position war: „*Wir sind beeindruckt von dem, was wir sehen, und Orania macht einiges richtig. Aber schließt euch dem neuen Südafrika an, denn gemeinsam können wir mehr erreichen!*" Oranias Position war: „*Danke, aber wir bleiben bei unserem Erfolgsrezept, uns unabhängig und aus eigener Kraft weiter zu entwickeln.*"[338]

Es war eine kurze Phase der Entspannung zwischen der afrikaanssprachigen Minderheit und dem ANC. Nach wiederholten positiven Äußerungen Zumas über die Afrikaaner, etwa dass sie die „einzig wahren, einheimischen, weißen Südafrikaner" seien, keimte Hoffnung auf, dass es vielleicht doch noch zu einer Einigung mit der Regierung kommen könnte, und dass diese Oranias Bestrebungen offiziell anerkennen und sogar unterstützen würde[339]. Dass dies Wunschdenken war und Zuma immer genau das sagte, was sein Publikum hören wollte, wurde allerdings schon damals vermutet[340]. Zumas Besuch in Orania im September 2010 markierte den Schlusspunkt dieser „Tauwetterphase". Später griff Zuma wieder auf die bekannte Kampf- und Hassrhetorik des ANC zurück, wonach alles Elend mit der Ankunft der Europäer in Südafrika begonnen habe.

Die 3. allgemeinen Wahlen auf nationaler und regionaler Ebene am 23. April 2009 verliefen in Orania ruhig und friedlich. Die Vryheidsfront Plus erhielt wie erwartet die überwältigende Mehrheit der Stimmen[341]. Allerdings gab es einen herben Rückschlag, nämlich den knappen Verlust des einzigen Sitzes im Nordkap-Parlament, den Carel Boshoff jnr. innehatte.

Zuma wurde zum Präsidenten gewählt und übertrug als Geste der Versöhnung mit den Afrikaanern das Amt des stellvertretenden Landwirtschaftsministers an den Vorsitzenden der Vryheidsfront Plus, Dr. Pieter Mulder. Diese Ernennung war innerhalb der Partei und insbesondere unter ihren Anhängern und Führern in Orania und am Nordkap umstritten und führte zu einer allmählichen Entfremdung zwischen Orania und der Vryheidsfront Plus.[342] Allerdings gab es auch positive Stimmen aus Orania, die betonten, dass Dr. Mulder eine gute Wahl sei, er als Besitzer einer Pekannussplantage in Orania eigentlich ein Farmer aus Orania sei, auch wenn er in Potchefstroom lebte und im Zivilberuf Universitätsprofessor sei. Außerdem könne seine Position als stellvertretender Landwirtschaftsminister positiv für Orania sein[343]. In der Tat hat der Zugang über Dr. Mulder vielen Farmern geholfen, sich Gehör zu verschaffen und ihre Anliegen vorzubringen, aber die oppositionelle Democratic Alliance ließ keine Gelegenheit aus, die Vryheidsfront Plus und Mulder als „Schoßhündchen des ANC" zu verunglimpfen.

Abseits der nationalen Politik stellte die Gemeindeverwaltung von Orania im August 2009 einen integrierten Entwicklungsplan für Orania vor, der vom Stadt- und Regionalplaner Louw van Biljon erstellt worden war.[344] Die stetig wachsende Wirtschaft wurde nun in formale Bahnen gelenkt, um spontane und unkontrollierte Entwicklungen zu vermeiden und Orania zu einer größeren funktionalen Einheit zu entwickeln. Als Pioniersiedlung hatte Orania zu sehr unter dem Phänomen inkohärenter Entwicklungen gelitten, wie z.B. ein Reihenhauskomplex

338 Volksblad, 30. März 2009, S. 2.
339 Volksblad, 3. April 2009.
340 Burger, 4. April 2009, S. 16; Burger, 4. April 2009, S. 8.
341 Diamond Fields Advertiser, 23. April 2009, S. 5; Mail & Guardian, 24.

342 Rapport, 8. November 2009, S. 2.
343 Beeld, 14. März 2009, S. 7.
344 Volksblad, 7. August 2009, 19. August 2009.

neben einem kleinen Bauernhof, öffentliche neben privaten Häusern, Gewerbe im Wohngebiet etc. Die Schaffung eines Dorfzentrums war ein wichtiger Bestandteil des integrierten Entwicklungsplans. Van Biljons Planung orientierte sich am Konzept der europäischen Kleinstadt. Damit hatte Orania die Wachstumsphase hinter sich gelassen und ist in die Phase der urbanen Entwicklung eingetreten.

Obwohl die Politik der ANC-Regierung und die Bestrebungen und Ansichten von Orania oft voneinander abwichen, war und ist die Haltung der Führung von Orania, dass die Bestrebungen von Orania keine Bedrohung für die Regierung darstellen[345]. Für viele Afrikaaner außerhalb Oranias war und ist die erste Frage, ob Orania nicht ein illegales Projekt sei. Große Hoffnungen wurden daher von den Anhängern des Volksstaates in eine Art „Balfour-Erklärung" des südafrikanischen Präsidenten gesetzt, d.h. in eine positive Stellungnahme zur Legitimität der Bestrebungen Oranias. Von der Regierung wurde jedoch nie erwartet, dass sie Orania aktiv finanzieren oder weitergehende Maßnahmen für einen Volksstaat setzen würde. Noch in der Ära von Präsident Mandela hegten einige Afrikaaner die Hoffnung, dass die Regierung im Rahmen eines friedlichen und verhandelten Machtwechsels beim Aufbau des Volksstaates helfen würde. Präsident Mandela besuchte Betsie Verwoerd in Orania und erkannte damit indirekt den Selbstbehauptungswillen der Afrikaaner an, auch wenn seine Äußerungen nicht über die üblichen Gemeinplätze über ein einheitliches Südafrika hinausgingen. Präsident Mbeki verhielt sich dem Volksstaat gegenüber betont abweisend, vermied das Thema und besuchte Orania nie. Lediglich seine Aussage *„Konfrontiert uns mit der Realität, bevor ihr zu Verhandlungen kommt"* wurde dahingehend interpretiert, dass er dem Streben nach einem Volksstaat zumindest nicht im Wege stehen würde.[346]

345 Frans de Klerk in In Diepte, Beilage zu Voorgrond, Juni 2009, S. 2–3.

Nach dem Besuch einer Orania-Delegation bei ANC-Chef Jacob Zuma kurz vor seiner Wahl zum Präsidenten wurde der Gegenbesuch von Zuma in Orania mit Spannung erwartet. Dieser fand im September 2010 statt und war sowohl als Präsentation von Orania als auch als Höflichkeitsbesuch bei Prof. Carel Boshoff und Chris Jooste gedacht, die Zuma aus den Codesa-Verhandlungen Anfang der 1990er Jahre kannten[347].

Der zweistündige Besuch Zumas in Orania fand ein breites Medienecho. Kurz vor dem Abflug mit dem

346 RW Johnson im E-Medienbericht 10/2010, S. 53.
347 Volksblad, 15. September 2010; Voorgrond, Oktober 2010, S. 4–5.

PRÄSIDENT JACOB ZUMA, FLANKIERT VON CAREL BOSHOFF JNR UND CAREL BOSHOFF SNR

Hubschrauber gab es Gelegenheit, Fragen an den südafrikanischen Präsidenten zu richten. Auf die Frage einer Bewohnerin, ob er Orania seinen „Segen" gebe, antwortete er, *„ich segne diese Gemeinde wie alle anderen Gemeinden in Südafrika."* Er erkannte die kulturelle Einzigartigkeit von Orania an, betonte aber, dass er Orania als Teil Südafrikas betrachte und eine Sezession nicht in Frage komme.[348] Der Besuch wurde ähnlich wie der Besuch von Präsident Mandela 1995 als „historischer Tag" für Orania gewertet[349].

Für die lokale Wirtschaft und den Tourismus war die Eröffnung des Uferhotels mit Restaurant im Oktober 2010 ein besonderes Ereignis, nachdem ein Jahr zuvor bereits das Spa eröffnet worden war.[350] Das Jahr brachte in vielerlei Hinsicht eine kleine wirtschaftliche Explosion.[351] Die Nachfrage nach Wohnraum überstieg das Angebot bei weitem, und zahlreiche Bauprojekte wurden in Angriff genommen. Auch im Gewerbe- und Industriesektor siedelten sich neue Unternehmen in Orania an, und in der Landwirtschaft wurde die harte Arbeit der vergangenen Jahre endlich durch die zunehmende Ernte von Pekannüssen belohnt. Vor allem landwirtschaftliche Betriebe standen kaum noch zum Verkauf. Das Wachstum des Dorfes spiegelte sich auch in der Verlegung des Rathauses aus dem alten Verwaltungsgebäude, das für den wachsenden Bedarf an neuen Mitarbeitern zu klein geworden war, in das ehemalige Krankenhausgebäude wider.

Auf nationaler Ebene machte eine Umfrage in mehreren afrikaanssprachigen Zeitungen der Naspers-Gruppe Schlagzeilen und rief Meinungsforscher auf den Plan. Danach befürwortet die Mehrheit der befragten Leser (durchschnittliche Afrikaaner aus dem ganzen Land) die Idee eines Volksstaates, wie er in Orania praktiziert wird.[352]

Das wachsende Interesse an Orania und die starke Nachfrage nach Wohnraum in Orania wurde jedoch auch durch die sich allgemein verschlechternde Situation in Südafrika ausgelöst, insbesondere kurz nach der Ermordung des Anführers der rechtsradikalen, ehemals militanten Afrikaaner Weerstandsbeweging (AWB), Eugène Terre'Blanche, im April 2010. Unmittelbar nach der brutalen Ermordung Terre'Blanches durch zwei seiner schwarzafrikanischen Arbeiter wurde befürchtet, dass dies der Beginn eines Bürgerkrieges mit Vergeltungsschlägen der AWB sein könnte. Auch die Gemeinschaft von Orania war schockiert und in Aufruhr, und es wurden Maßnahmen für den Notfall ergriffen, wie z.B. Tore zur Absperrung der Siedlung, eine Notsirene und eine Eingreiftruppe zum Schutz der Bewohner. Orania selbst hatte nie die Ansichten von Terre'Blanche geteilt und verfolgte einen anderen, friedlichen und konstruktiven Ansatz, aber da Orania landesweit als „weißes Siedlung" angesehen wurde, gab es Befürchtungen, dass die Ermordung von Terre'Blanche und mögliche darauf folgende Ausschreitungen auch Orania in Mitleidenschaft ziehen würden[353]. Nach einigen Monaten beruhigte sich die Lage im Land jedoch wieder. Trotz Drohungen war es zu keinen Vergeltungsmaßnahmen gekommen, und der neue Anführer der Afrikaner Weerstandsbeweging gab offen zu, dass man nicht mehr imstande war, Rache

348 Volksblad, 15. September 2010; Beeld, 15. September 2010, S. 5.
349 RW Johnson, S. 53; Star, 15. September 2010, S. 10.
350 Volksblad, 6. Oktober 2010; Volksblad, 9. August 2010.
351 Ditsem Free State, Juni 2010.

352 Volksblad, 30. Januar 2010; Beeld, 13. und 15. Januar 2010, S. 12.
353 Sunday Times, 11. April 2010, S. 4; Diamond Fields Advertiser, 8. April 2010, S. 5.

zu üben. Die Afrikaner Weerstandsbeweging war Anfang der 1990er Jahre in aller Munde gewesen, aber schon damals war sie nicht viel mehr als eine Drohkulisse. Im Jahr 2010 war diese Bewegung nur noch ein Schatten ihrer selbst, und die verbliebene Mitgliedschaft bestand mehr oder weniger aus einigen hundert Pensionisten.

EINE DELEGATION AUS ORANIA BESUCHT DIE PARTNERGEMEINDE MNYAMENI IN DER PROVINZ OST-KAPLAND, JANUAR 2023

TEIL 2
DIE STA
LUNGSP
ORANIA, AUGUST 2017

[...]TENTWICK-
[...]HASE AB 2010

Nach einem arbeitsreichen und in vielerlei Hinsicht aufregenden Jahr 2010 war das Jahr 2011 geprägt von großer Trauer über den Krebstod des beliebten und geschätzten Gründers von Orania, Prof. Carel Boshoff. Er starb im März 2011 im Alter von 83 Jahren.[354] Kurz vor seinem Tod konnte er sein jüngstes Enkelkind Anna, benannt nach seiner verstorbenen Frau, in den Armen halten. Seine Beerdigung in Orania, an der Seite seiner Frau Anna und in der Nähe seiner Schwiegermutter Betsie Verwoerd, war ein bewegendes Ereignis. Der Gemeindesaal war voll mit Oraniern und Auswärtigen, darunter Vertreter verschiedener politischer Parteien, die Prof. Boshoff die letzte Ehre erwiesen.[355]

354 Beeld, 17. März 2010, S. 1.
355 Volksblad, 21. März 2011, S.5.

Das Jahr war jedoch nicht nur von Trauer geprägt, sondern auch von einem freudigen Ereignis, nämlich der Feier des 20-jährigen Bestehens von Orania. Dieses Ereignis wurde mit einer Festwoche im April gefeiert. Es gab Urkundenübergaben an die ersten Bewohner, Versteigerungen von neuen Ora-Sets und ein Straßenfest mit Sängern und Straßengrill vor dem Schwimmbad, an dem praktisch die ganze Gemeinde teilnahm. Außerdem fand der erste Orania-Karneval statt, der die Verkaufsmesse ablöste[356].

Kurz darauf, im Mai 2011, fanden erneut landesweite Kommunalwahlen statt. In Orania wurden wie üblich die sieben Abgeordneten für den Orania Verteen-

356 Volksblad Kontrei, 27. April 2011, S.4.

woordige Raad (OVR) gewählt, wobei die Wahlbeteiligung bei 80 % der registrierten Wähler lag.[357] Im offiziellen Wahllokal der Unabhängigen Wahlkommission für die Kommunalwahlen gaben nur wenige Menschen ihre Stimme ab[358], da es dort ausschließlich um die Bereitstellung kommunaler Dienstleistungen ging und die Interessen der Afrikaaner keine Erwähnung fanden.

Mit der Jahresversammlung der Oranje-Bewegung im September 2011 wurde die Internationalisierung der Oranje-Bestrebungen weiter vorangetrieben. Zwei treue Unterstützer von Orania im Ausland, Dr. Christoph von Ach aus Südtirol und Aaron Kahland aus Deutschland, wurden zu Auslandsvertretern der Orania-Bewegung bzw. zu Orania-Botschaftern ernannt. Dank der Unterstützung der Orania-Interessengruppen im Ausland konnten auch das Männerwohnheim Elim und das Wohnheim Nerina für alleinstehende Frauen fertiggestellt werden.[359]

Eine weitere erfreuliche Nachricht war der erfolgreiche Kauf der Farm Vluytjeskraal Noord, direkt angrenzend an Orania, mit 200 Hektar bewässertem Land und 2 Kilometern Flußufer, dem berühmten Orania-Berg, der höchsten Erhebung weit und breit, einem schönen historischen Farmhaus und zahlreichen Arbeiterhäusern[360]. Die Farm war schon lange ein begehrtes Ziel für Orania, aber wiederholte Preiserhöhungen und Katz-und-Maus-Spiele des Eigentümers machten es schwierig, zu einem Abschluss zu kommen. Nachdem der Kauf abgeschlossen war, begann die Erschließung und Aufteilung.

Im Herbst fand auf dem Sportplatz die Verkaufsmesse statt, nun in abgewandelter Form als Volksfest unter dem Namen Orania Karnaval mit Sängern, Ständen und Wettbewerben. Es übertraf alle bisherigen Volksfeste an Besucherzahlen. Kurz darauf, im April, fand das erste und bisher einzige Rockmusikfestival in Orania statt, „Rock op Oranje".[361]

Auch die Beziehungen zu Gemeinschaften, die nach politischer und wirtschaftlicher Autonomie innerhalb Südafrikas streben, wurde intensiviert. Eine traditionelle Xhosa-Gemeinschaft aus dem Dorf Mnyameni in der ehemaligen Homeland Ciskei in der Provinz Eastern Cape erfuhr in einem Gespräch über Gemeindeentwicklung mit einem Dozenten der Universität Fort Hare, Jan Raats, von Orania und kontaktierte darauf die Siedlung. Eine Delegation

NERINA WOHNUNGEN FÜR ALLEINSTEHENDE FRAUEN

357 Volksblad, 19. Mai 2011, S.2.
358 The Times, 20. Mai 2011, S. 7.
359 Burger, 16. September 2011, S. 2; Volksblad, 19. September 2011, S.3.
360 Volksblad, 26. Oktober 2011, S.11.
361 Volksblad Kontrei, 14. März 2012, S.2.

aus Orania besuchte die Gemeinschaft Anfang 2012 für eine erste Sondierung. Die Beziehungen entwickelten sich von Anfang an gut und herzlich. Eine Delegation aus Mnyameni unter der Leitung des traditionellen Chiefs Siphiwo Ndledle stattete Orania einige Monate später einen Gegenbesuch ab und informierte sich über verschiedene Instrumente zur Stärkung der lokalen Gemeinschaften wie Gemeinschaftsbank, lokale Tauschbörse, Tourismus etc.

Es folgte ein Besuch einer größeren Gruppe von Oraniern in Mnyameni, und die Vertiefung der Beziehungen mündete in ein formelles Kooperationsabkommen, das im Dezember 2012 in Mnyameni von Chief Ndledle und seinem Sohn Benjamin für Mnyameni sowie von Carel Boshoff, Frans de Klerk und Jaco Kleynhans für Orania unterzeichnet wurde. Im Mittelpunkt der Gespräche standen die Entwicklungsmöglichkeiten von Mnyameni in den Bereichen Landwirtschaft und Tourismus. Die Zusammenarbeit war jedoch nicht nur auf direkte wirtschaftliche Vorteile und Projekte ausgerichtet, die jetzt in Angriff genommen werden sollten, sondern auch auf ein Freundschaftsabkommen zwischen zwei Gemeinschaften. Diese sind zwar geographisch, ethnisch und kulturell unterschiedlich, haben aber beide ein starkes Gefühl der Unabhängigkeit und ein ausgeprägtes Kulturbewusstsein. Sie halten an alten Traditionen fest und fördern die Bestrebungen der anderen.

Das Kooperationsabkommen erregte großes Aufsehen und wurde sogar in den Fernsehnachrichten erwähnt. In einem Land wie Südafrika sind „Rassenspannungen und Rassenharmonie" seit den 1990er Jahren das vorherrschende Thema und auch das Kooperationsabkommen wurde entsprechend gewürdigt. Die Tatsache, dass die eine Gemeinschaft schwarzafrikanisch und die andere europäischstämmig ist, ist jedoch weder für Orania noch für Mnyameni entscheidend oder erwähnenswert, sondern vielmehr, dass beide zutiefst ländliche, im Wesentlichen traditionelle Gemeinschaften sind, die von Kräften wie Machtzentralisierung, Urbanisierung und Globalisierung bedroht sind. Sie unterstützen sich gegenseitig, um Wege zu ihrer Autonomie und Entwicklung zu finden.

Das Jahr 2013 begann mit der Planung großer Projekte. Die Neugestaltung des Ortseingangsbereiches mit

EINE SPEZIELL FÜR DIE ORANIA BEWEGUNG ANGEFERTIGTE KARIKATUR VON 2018 BILDET DIE SCHIZOPHRENE BETRACHTUNGSWEISE VIELER SÜDAFRIKANER ZU ORANIA AB: WÄHREND EINE TRADITIONELLE, LÄNDLICHE ZULU-GEMEINSCHAFT GEPRIESEN WIRD („ES IST WUNDERBAR, WIE SIE HIER AUS FREIEN STÜCKEN ZUSAMMENWOHNEN, IN FRIEDEN LEBEN, IHRE KULTUR BEWAHREN UND IHRE EIGENE ZUKUNFT BESTIMMEN!"), WIRD ORANIA, WAS GENAU DIE GLEICHEN EIGENSCHAFTEN HAT, ALS RASSISTISCH VERURTEILT der Tankstelle, der lange Zeit einen eher ärmlichen Eindruck machte, wurde mit Hochdruck fortgesetzt. Auf der Nordseite wurde mit dem Bau des Freizeitparks Stokkiesdraai und des Einkaufszentrums auf einer Ackerfläche begonnen, auf der Südseite mit dem Einkaufszentrum Ou Karooplaas, die beide 2015 fertiggestellt wurden. Auch die Tankstelle wurde durch den neuen Eigentümer Fanus Bekker aufgewertet. Im Gewerbegebiet wurde ein großes neues Gebäude für Wilco Transport errichtet. Im Wohnbereich begann Sonpark Development mit dem Bau von gepflegten Mietshäusern aus Frachtcontainern mit Solarstrom und Brunnenwasser sowie den Soetdoring Apartment Blocks in Kleingeluk. In der Robyn Avenue wurde mit dem Bau von Reihenhäusern im Karoo-Stil begonnen.

Der zweite Orania-Karneval im April war wieder ein voller Erfolg. Orania hat nun endlich einen eigenen Rugbyclub, die Orania Rebels, gegründet von Quintin Diederichs[362].

Ein von dem deutschen Filmemacher Tobias Lindner 2010 gedrehter und 2012 produzierter Dokumentarfilm über Orania kam 2013 in die Kinos und rückte Orania auch international wieder ins Rampenlicht. Obwohl der Film ideologisch völlig neutral war, gab es erneut Kritik aufgrund der üblichen Vorurteile gegenüber Orania[363]. Es war der erste von zahlreichen ausländischen Fernsehbeiträgen und Kurzdokumentationen, der als Kunstwerk bezeichnet werden konnte und auch Preise gewann.

2013 wurde vom Südtiroler Filmemacher Hendrik van den Driesch ein bemerkenswerter Dokumentarfilm über die Beziehungen zwischen Südtirol und Südafrika gedreht, der auch in Orania spielt und wesentlich zu einem positiveren Bild Oranias beigetragen hat – der Film wurde in Bozen uraufgeführt und ist bis heute das objektivste Filmdokument über diese Gemeinschaft.

Ein Jahr später, 2014, erschien sogar ein Bildband ausschließlich über Orania, der sich auf die Menschen und ihre Geschichten konzentriert, geschrieben von Hannelie Retief und fotografiert von Michael Hammond. Der Fokus auf die Menschen und ihre Alltagsgeschichten und nicht auf die Politik von Orania war sowohl für das Buch als auch für den Film ein neuer Ansatz.

Auch das „Earth Ship", ein komplett ökologisches und nachhaltiges, autarkes Haus aus Abfall mit eigener Wasser-, Abwasser- und Stromversorgung sorgte in der Kategorie „soft news" für Aufsehen.[364] Umweltschutz wird in Orania schon lange groß geschrieben und gehört zum Konzept einer westlichen Gemeinschaft, wurde aber von den Medien immer ignoriert, weil es nicht in ihr Konzept passte.

Im Bereich der Außenbeziehungen wurde ein neuer Höhepunkt erreicht. Nach zwei früheren Informations- und Werbereisen von Carel Boshoff, Frans de Klerk und Rian Genis unternahm im April 2013 eine größere Orania-Delegation von zwölf Personen, einschließlich des Verfassers, eine ausgedehnte Präsentationstour durch die Niederlande, Belgien, Deutschland, die Schweiz und Südtirol, um bestehende Kontakte zu vertiefen und neue zu knüpfen. In den Niederlanden wurden Gespräche mit der Niederländisch-Südafrikanischen Arbeitsgruppe

362 Volksblad, 17. April 2013; Rapport, 20. April 2013.

363 Cape Times, 17. Mai 2013, S. 17; Daily Maverick, 20. Mai 2013.

364 Volksblad, 8. Juni 2013.

GELOFTEDAG-FEIER AM 16. DEZEMBER 2020 AM UFERPARK

ORANIER IN TRADITIONELLER TRACHT
BEIM TAG DES GELÖBNISSES, DEZEMBER 2020

und der Niederländisch-Südafrikanischen Gesellschaft geführt. Die Kontakte zu Martin Bosma und Johann Deckmyn, Mitglieder des niederländischen bzw. flämischen Parlaments und langjährige Freunde von Orania, wurden bei Besuchen in Amsterdam und Gent vertieft. In Flandern fand auch eine Präsentation für die Freunde aus Südafrika statt. In Brüssel wurden das Europäische Parlament und das Flämische Parlament besucht und Gespräche mit Abgeordneten geführt. In Südtirol wurden Gespräche mit verschiedenen politischen Parteien, der Handelskammer, dem Bauernbund und dem Autonomen Südtiroler Gewerkschaftsbund (ASGB) geführt und die freundschaftlichen Beziehungen weiter vertieft. In der Schweiz wurde Interessierten die Situation der afrikaanssprachigen Minderheit erläutert.[365] Inzwischen gibt es regelmäßige Auslandsaufenthalte, um Kontakte zu knüpfen und zu vertiefen. So besuchten Jaco Kleynhans und Carel Boshoff 2014 das Jahresseminar der Free Market Foundation in Bodrum und ein Jahr später, 2015, fand eine Studien- und Verbindungsreise einer Delegation von Orania und Solidaritätsbewegung nach Südtirol statt. Seitdem fanden fast jedes Jahr umfangreiche Delegationsreisen in Europa statt.

Der Tod des ehemaligen Präsidenten Nelson Mandela im Dezember 2013 fand auch in Orania ein Echo und die Gemeinschaft drückte ihr Mitgefühl aus, ohne jedoch in den unkritischen und unreflektierten Lobgesang der Medien einzustimmen. Dabei wurde auch an Mandelas Besuch in Orania im Jahr 1995 erinnert[366].

2014 startete die Orania-Bewegung zwei große Tourismus- und Werbeprojekte. Neben der Tankstelle wurde ein neues, gut sichtbares Informationsbüro eingerichtet, in dem auch die Buchhandlung untergebracht ist, sowie ein Fahrradverleih und das neue Telefonwerbebüro Senbel (Sentrale Belsentrum), eine bemerkenswerte Erfolgsgeschichte mit einem Anstieg der Beschäftigten von 2 im Jahr 2011 auf nunmehr 35[367]. Das Senbel bietet vor allem Frauen Arbeitsplätze und trägt dazu bei, das in der Pionierzeit in Orania entstandene Ungleichgewicht zwischen den Geschlechtern etwas zu korrigieren.

Frans de Klerk, Vorsitzender der Stadtverwaltung und ehemaliger Vorsitzender der Orania-Bewegung, stellte sein Buch „Orania – Vom Dorf zur Stadt. Eine neue Strategie“ vor.

Dies spiegelt den strategischen Wandel wider, den die Orania-Bewegung nach vielen Debatten und Widerständen in den eigenen Reihen vollzogen hat, nämlich den Schwerpunkt auf die Entwicklung Oranias von einem Dorf zu einer Kleinstadt zu legen, um mehr Wachstum und Arbeitsplätze zu schaffen. Damit entfernte man sich vom ursprünglichen Ideal eines riesigen ländlichen Gebietes vom Oranje-Fluss bis zur Westküste. Obwohl dies nach wie vor das langfristige Ziel war, erkannten immer mehr Anhänger des Volksstaates, dass zu wenige Afrikaaner bereit waren, ein so großes Gebiet zu besiedeln und von der Landwirtschaft zu leben. Die Afrikaaner von heute sind größtenteils Städter und sehen wenig Reiz darin, in Kibbuz-ähnlichen Einrichtungen zu arbeiten. Es gab aber auch Widerstand gegen diesen Strategiewechsel, der als weitere Verwässerung des ursprünglichen Ideals eines souveränen Nationalstaats der Afrikaaner gesehen wurde[368]. Dennoch

365 Voorgrond Mai 2013.
366 Volksblad, 13. Dezember 2013, S. 12.
367 Voorgrond, September 2012, S. 11–12.
368 Voorgrond, Mai 2014; de Klerk: Orania, van dorp tot stad. 2014.

wird der Landerwerb allgemein weiterhin als wichtig angesehen und von der Kambrolandskap Kooperasie (KLK) durchgeführt. Ebenfalls 2015 wurde die Stiftung Hartland gegründet, die die ursprüngliche Idee des Volksstaates zwischen Oranje und Westküste weiterführen will.

Die Orania-Bewegung organisierte auch verschiedene Werbeaktionen in Bloemfontein und Pretoria, um neue Mitglieder und Abonnenten für den Orania-Wachstumsfonds zu gewinnen.

Im Jahr 2015 ist Orania weiter gewachsen. Nach knapp zwei Jahren Bauzeit wurde das Einkaufszentrum Stokkiesdraai im März 2015 fertiggestellt und offiziell eröffnet. Bauherr und Eigentümer ist Sarel Roets. Stokkiesdraai wurde auf zwei ehemaligen kleinen Bauernhöfen mit einer Fläche von 2 Hektar errichtet. Es ist kein gewöhnliches Einkaufszentrum, sondern schafft mit seinen weiß getünchten Gebäuden mit grünen Dächern, großen Holztüren und Schmiedearbeiten die Atmosphäre eines ländlichen Marktplatzes. Acht Geschäfte, vier Büros, ein Konferenzzentrum und zwei Sanitärgebäude mit einer Gesamtfläche von 1000 m² gruppieren sich um einen Platz und einen Park mit Teich und Bach. Hinzu kommt ein Freizeitpark mit Spazierwegen, Teich, Kleintierzoo und Kinderspielplatz. Weitere Entwicklungen sind geplant. Auf dem Gelände befindet sich zudem das von einem niedergelassenen Arzt gegründete Oramed Private Medical Center, ein seit Jahren dringend benötigter Durchbruch im medizinischen Bereich.

FEST BEIM STOKKIESDRAAI EINKAUFS- UND FREIZEITZENTRUM, 2017

Kurz darauf, im April 2015, wurde mehr oder weniger zeitgleich mit Stokkiesdraai ein weiteres Einkaufszentrum eröffnet. „Ou Karooplaas/Old Karoo Farm“ wurde von Quintin Diederichs und Partnern entwickelt und ist ein kompakter Komplex, der an eine weiße Festung erinnert, mit einem Turm in der Mitte und zwei kleineren Türmen zu beiden Seiten. Es beherbergt ein Kino – ein Novum in Orania – eine Pizzeria, einen DVD-Verleih, eine Bäckerei und ein Café sowie zwei weitere Geschäfte.

Was die Politik außerhalb von Orania betrifft, so hat Präsident Zuma wiederholt eine rassistische Rhetorik verwendet, wie zum Beispiel die Behauptung, dass *„alle Probleme des Landes mit der Ankunft von Jan van Riebeeck im Jahr 1652 begannen“*, womit er die historisch ungenaue, rassistisch-afrozentrische Erzählung wiederholte, dass Afrika vor der Ankunft der Europäer friedlich und wohlhabend gewesen sei. Viele Afrikaaner waren empört und die Orania Beweging startete, inspiriert von dem Solidaritätsslogan „Je suis Charlie“ (nach den Terroranschlägen auf die

Redakteure des französischen Satiremagazins Charlie Hebdo), die Kampagne „Ek is Jan". Zahlreiche Produkte wie T-Shirts, Kaffeetassen und Diplome mit dem Slogan wurden von Unterstützern bestellt. Die Botschaft war, dass die Afrikaaner stolz auf ihr historisches Erbe und ihre Abstammung sind und ihre afrikanische Heimat nicht verleugnen[369].

Kurz nach der Kampagne „Ek is Jan" schändeten die linksextrem-rassistische Partei Julius Malemas, genannt Economic Freedom Fighters (EFF), Denkmäler an verschiedenen Orten des Landes, darunter auch die berühmte Statue von Paul Kruger auf dem Hauptplatz in Pretoria. Die Orania-Bewegung startete daraufhin eine Kampagne, um diese historischen Denkmäler nach Orania zu bringen und auf dem Denkmalberg aufzustellen. Dies unterstreicht die wichtige Rolle von Orania bei der Bewahrung des historischen Erbes der Afrikaaner[370].

Im Bereich der Außenbeziehungen organisierte die Orania-Bewegung eine Studienreise nach Südtirol, an der 20 Personen von Orania und der Solidariteit-Bewegung aus Pretoria teilnahmen. Die bereits starken Verbindungen wurden weiter ausgebaut und neue Kontakte zu Meinungsbildnern und Führungskräften geknüpft. Der Gegenbesuch einer hochkarätigen Delegation aus Südtirol fand im Oktober 2015 statt. Neben den schon „altgedienten" Orania-Freunden Klaus von Ach und Hendrik van den Drisch war der ehemalige Landeshauptmann Luis Durnwalder sowie Repräsentanten von Südtiroler Organisationen mit dabei. Im neugebauten Hochzeitssaal auf der von Orania hinzugekauften Farm Vluytjeskraal Noord fand ein Galadinner statt. Die Delegation besuchte im weiteren Verlauf unter anderem auch Pretoria und nahm an den Zukunftsgipfel von Solidariteit teil.

369 Voorgrond, Ausgabe 1, 2015, S. 13.
370 Voorgrond, Ausgabe 2, 2015, S. 12–13.

An den wichtigen und richtungsweisenden Krisen- und Zukunftsgipfeln der Solidariteit-Bewegung nahm auch eine Delegation aus Orania teil und Orania wurde während des Gipfels als Teil der Lösung für die Afrikaaner beschrieben. Mit Gawie Snyman wurde auch ein kompetenter und enthusiastischer hauptamtlicher Verbindungsmann in Pretoria gefunden.[371] Zu seinen Initiativen gehörten Besuche von Geschäftsleuten und potenziellen Investoren in Orania sowie Rekrutierungs- und Informationsreisen in zwei nördliche Provinzen.

Carel Boshoff jr., Präsident der Orania-Bewegung, veröffentlichte in diesem Jahr auch sein neues Buch

371 Voorgrond, Ausgabe 1, 2016, S. 6.

FEIER ANLÄSSLICH DES BESUCHES EINER DELEGATION AUS SÜDTIROL 2015 (V.L.N.R: KLAUS VON ACH, LUIS DURNWALDER, ALEXANDRA EGGER, ALEXANDER WURZER, HENDRIK VAN DEN DRIESCH UND PAUL CHRISTANELL. IM HINTERGRUND GINO BENTIVOGLIO UND CAREL UND ANJE BOSHOFF

„Weiter als Freiheit. Die Orania-Bewegung und die Zukunft unseres Volkes“. Es ist ein Buch mit vielen Dimensionen, und es erzählt die Geschichte der Organisationen und der Idee, die hinter Orania und dem Streben nach Freiheit steht.

Auch im Jahr 2015 ist Orania in vielen Bereichen gewachsen. Das Wohnprojekt Soetdoring, das vom Helpsaam-Fonds gefördert und mit Mitteln von Unterstützern gebaut wurde, wurde im Oktober 2015 fertiggestellt. Um den hohen Bedarf an Mietwohnungen, insbesondere für Familien, zu decken, wurden zwei Mehrfamilienhäuser mit insgesamt zwölf Wohneinheiten errichtet. Auch der Südtiroler Freundeskreis der Afrikaaner hat erunet mit bedeutenden Mitteln dazu beigetragen.

Im Ortsteil Kleingeluk wurden Menschen aus einkommensschwachen Schichten Grundstücke zur Verfügung gestellt, auf denen sie mit Hilfe der Orania-Bewegung ihre eigenen Häuser bauen konnten.

Covid hat auch Orania erfasst. Südafrika hatte zu Beginn der 2020er Jahre die strengsten Restriktionen der Welt, was die ohnehin lahmende Wirtschaft noch mehr in Mitleidenschaft zog. Skandalös war, dass Unternehmen von europäischstämmigen Südafrikanern aus rassistischen Gründen grundsätzlich keine Corona-Beihilfen erhielten und vor der Wahl standen, sich an die Regeln zu halten und bankrott zu gehen oder illegal weiterzuarbeiten. Orania musste unter diesen Umständen weiterarbeiten, ungeachtet der Einschränkungen, die es praktisch unmöglich machten, zu arbeiten oder gar das Haus zu verlassen. Orania war zu dieser Zeit praktisch frei von Corona-Fällen, und auch in der Provinz Nordkap war Covid kein großes Problem. Daher wurde beschlossen, die wirtschaftlichen Aktivitäten vorsichtig fortzusetzen, zumindest die, die notwendig waren. Tourismus, Restaurants und Geschäfte, mit Ausnahme von Lebensmittelgeschäften, wurden jedoch stark in Mitleidenschaft gezogen. Nach einigen Monaten erkannte auch die südafrikanische Regierung, dass sie das Land wirtschaftlich an die Wand fuhr und lockerte die Maßnahmen, so dass das Leben ab der zweiten Jahreshälfte 2020 wieder fast normal weitergehen konnte.

Leider breitete sich Covid im Jahr 2021 erneut aus und traf das Land und diesmal auch Orania vor allem im Winter, also in den Monaten Juli und August, sehr hart. Auch in Orania starben einige Menschen, vor allem im Altersheim. Glücklicherweise gab es inzwischen dank der unermüdlichen Arbeit von Dr. Nothnagel eine gute medizinische Versorgung. Als auch diese vorläufig letzte große Herausforderung gemeistert war, ging es im gewohnten Tempo wieder an den Auf- und Ausbau der Gemeinschaft. Die Entwicklung wurde noch weiter beschleunigt durch die Gründung der Orania Entwicklungsgesellschaft, die sich auf die Durchführung zahlreicher öffentlicher Bauprojekte konzentrierte mit dem Ziel, Orania in eine kleine Stadt zu verwandeln.

ORANIER IN TRADITIONELLER TRACHT PRÄSENTIEREN DAS GESCHENK DER SÜDTIROLER DELEGATION, EINE SCHIESSSCHEIBE WELCHE DIE FREUNDSCHAFT ZWISCHEN BUREN UND SÜDTIROLERN DARSTELLT, OKTOBER 2015. V.L.N.R.: ROELIEN UND FRANS DE KLERK, WILLIE UND YOLANDA NEL, CHRISTO UND HANNATJIE CONRADIE, HEIDI UND SEBASTIAN BIEHL, CORRIE UND CHRIS JACOBS JACO UND MAGDALEEN KLEYNHANS, SEPP UND RITA ECKMAIER, CAREL UND ANJE BOSHOFF, SAREL ROETS

TEIL 2

ASPEKT IM DETA

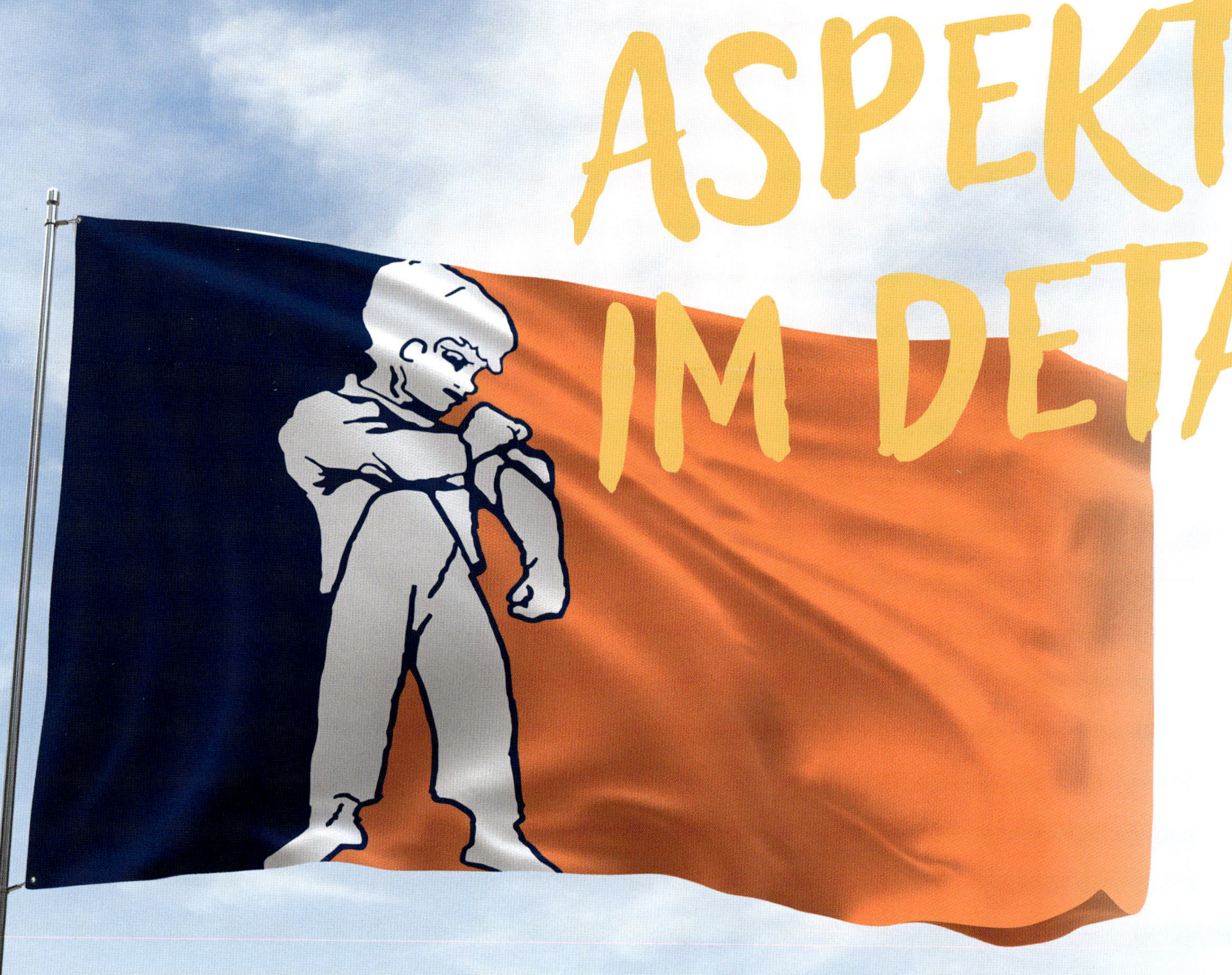

ORANIAS OFFIZIELLE FLAGGE SEIT 2001

… VON ORANIA

VERWALTUNG UND POLITIK

Der Gemeinderat von Orania (offizieller Name: Vluytjeskraal Aandeleblokmaatskappy bpk.) ist neben der Orania-Bewegung die wichtigste Institution von Orania und wird von den Aktionären gewählt. Die Vorstandsmitglieder sind ehrenamtlich tätig, erhalten aber ein Sitzungsgeld. Während die Orania Bewegung sich mehr auf die Ideale und oft noch zu schaffenden Funktionen eines geplanten Volksstaates konzentriert, besteht die Aufgabe des Orania-Gemeinderates hauptsächlich darin, die Siedlung als De-facto-Gemeinde zu verwalten.

Das Personal der Gemeindeverwaltung ist fest angestellt und arbeitet gegen Bezahlung. An der Spitze steht der Community Manager, der die Abteilungsleiter und das administrative und technische Personal koordiniert. Diese Position hat derzeit Gawie Snyman inne, nachdem Frans de Klerk viele Jahre dafür verantwortlich war. Im Laufe der Jahre haben sich das Personal und die Arbeit der Stadtverwaltung enorm ausgeweitet, von ursprünglich fünf Mitarbeitern in der Pionierzeit auf heute 25 Mitarbeiter.

Zu den administrativen Aufgaben der Stadtverwaltung gehören unter anderem das Eintreiben von Gebühren und das Begleichen von Rechnungen, die Schlichtung von Streitigkeiten und Genehmigungsverfahren. Zu den technischen Aufgaben gehören die Instandhaltung und der Ausbau der Infrastruktur wie Straßen, Strom- und Abwassernetz sowie der öffentlichen Gebäude, Straßen und Plätze. Sicherheit und Post sind Unterabteilungen, die vom Stadtrat kontrolliert werden.

Der repräsentative Rat von Orania (Orania Verteenwoordigende Raad – OVR) wurde im Zuge der geplanten munizipalen Einverleibung im Jahr 2000 gegründet; diese konnte glücklicherweise verhindert werden. Sein ursprünglicher Zweck war es, als Verhandlungsgremium zwischen der Gemeinde Orania und der Regierung zu dienen. Da der Gemeinderat nur von den Anteilseignern des Anteilsblocks gewählt wird und rechtlich gesehen der Vorstand einer Gesellschaft ist, ist der OVR ein Gremium, das von allen Bewohnern gewählt wird, also auch von den Mietern und den Oraniern, die auf den Farmen leben und die nicht zum Anteilsblock gehören. Er repräsentiert somit die gesamte Gemeinschaft von Orania. Der OVR verfügt jedoch weder über Finanzmittel noch über ausführende Befugnisse und steht in einer gewissen Konkurrenz und Kompetenzüberschneidung mit dem Gemeinderat. Die Existenz des OVR ist jedoch Voraussetzung für die Gültigkeit des Gerichtsurteils zum Status von Orania aus dem Jahr 2000. Der OVR besteht aus 12 Mitgliedern mit einem Vorsitzenden und einem Stellvertreter und wird für 5 Jahre gewählt. Die Wahlen finden gleichzeitig mit den Kommunalwahlen statt. Vorsitzender des Orania Verteenwoordigende Raad ist derzeit – nach einer langen Amtszeit von Carel Boshoff jr. – Hanri Maritz.

UNTERRICHT UND AUSBILDUNG

Schon seit der Gründung gab es in Orania zwei Schulen, die auf unterschiedliche Unterrichtsmethoden aufgebaut sind, die computerbasierte Volkskool Orania und die zur landesweiten christlich-reformierten Privatschulbewegung BCVO gehörende Schule Orania CVO. Die Entstehungsgeschichte wurde bereits im Text ausführlich behandelt. Während die Volkskool nur langsam gewachsen ist, erlebte die CVO-Schule nach anfänglicher Stagnation in den letzten Jahren einen starken Zuwachs. Dazu trug auch bei, dass Farmer aus der Umgebung ihre Kinder auf die CVO-Schule schickten, nachdem die Schule von Hopetown sich immer mehr dem staatlichen Bildungsideal der „Afrikanisierung" anpassen musste. Dadurch wuchs die Anzahl der Schüler und Lehrer stark an. Beide Schulen haben auch Kindergärten, wobei derjenige bei der CVO, „Huppelkind", um vieles größer ist.

Auch das Thema Berufsausbildung wurde in Orania immer schon diskutiert. Bereits im Rahmen des Sozialprojekts Elim wurde mit einem Zertifikat für das Erlernen praktischer Fertigkeiten ein Anfang gemacht. Mit dem Beginn des Aufschwungs im Baubereich ab 2008 wurde versucht, Ausbilder von außerhalb für eine handwerkliche Maurerausbildung anzuwerben, wodurch bereits die ersten qualifizierten Maurer in Orania ihr Zertifikat erhalten konnten. Ein wichtiger Schritt für die tertiäre Ausbildung war die Errichtung der technischen Berufsschule Bo Karoo Opleiding im Jahr 2015. Die Gewerkschaft Solidariteit nahm dabei eine wesentliche Rolle bei der Finanzierung und Unterstützung ein. Auf dem Gelände der CVO-Schule wurde eine Berufsschule mit Lesesälen und Ausbildungsräumen errichtet. Die ersten Kurse betrafen Trockenbau, in den Folgejahren kamen Elektrotechnik und Klempnerei, Landwirtschaft und schließlich Hauswirtschaft und Pflege hinzu. Um die Studenten, etwa 120 an der Zahl und mittlerweile hauptsächlich von außerhalb Oranias kommend, unterbringen zu können, wurde ein zentral gelegenes Studentenheim gebaut, welches 2022 fertiggestellt wurde.

Wie es in Südafrika üblich ist, werden die Studenten nicht sich selbst überlassen, sondern es werden zahlreiche Aktivitäten für sie als Teil des Studentenlebens organisiert. Die Studenten fügen eine weitere Fassette zu dem bereits sehr vielschichtigen Orania hinzu. Gerade die Sichtbarkeit vieler junger Menschen unterscheidet Orania von anderen Dörfern, wo die jungen Menschen in die Städte abwandern und die Alten zurückbleiben. Diese Entwicklung hin zu einer Schul- und Ausbildungsstätte für junge Afrikaanerinnen und Afrikaaner ist ein weiterer wichtiger Baustein für die zukünftige Entwicklung Oranias.

WIRTSCHAFT

Die Wirtschaft Oraniens ist kontinuierlich gewachsen. In einigen Jahren stagnierte sie, in anderen Jahren wuchs sie wieder in bemerkenswerter Weise.[372] Äußere Zeichen des wirtschaftlichen Fortschritts waren die schrittweise Renovierung der Häuser und die Verbesserung des Ortsbildes. Das anfänglich ärmliche Erscheinungsbild von Orania mit seinen nichtssagenden Plattenbauten wich nach und nach gepflegten Häusern und immer mehr Steingebäuden.

Der älteste und für Orania immer noch wichtige Wirtschaftszweig ist die Landwirtschaft, die auch die weitere Umgebung dominiert. Dazu gehören auch der Transport landwirtschaftlicher Produkte und der Handel mit Dünge- und Futtermitteln.

Ein schnell wachsender Sektor ist das Baugewerbe, unterstützt durch einen Bauboom, der seit etwa 10 Jahren anhält.

Die meisten, oft kleinen Unternehmen sind in den Bereichen Handel, Gastronomie und persönliche Dienstleistungen tätig. Inzwischen konzentrieren sich die meisten Geschäfte entlang der Landstraße und in den beiden Einkaufszentren Ou Karooplaas und Stokkiesdraai. Auch im Industriegebiet und im Kuierstoep in Kleingeluk befinden sich einige Geschäfte.

372 Beeld, 1. Februar 2008, S. 21.

Der Tourismus war zeitweise ein stark wachsender Sektor und konzentriert sich heute vor allem um den Uferpark.

Ein weiterer wachsender Sektor sind technische Dienstleistungen wie Reparaturwerkstätten und Schlossereien für Autos, landwirtschaftliche Maschinen und Geräte, Schweißereien usw.

Wichtige Produktionsanlagen und Fabriken sind das Zementwerk, ein Aluminiumwerk und eine Möbelfabrik.

Außerdem gibt es eine kleine, aber recht erfolgreiche Brauerei, die Bier nach dem bayerischen Reinheitsgebot herstellt. Sie wird vom Niederbayern Sepp Eckmaier geleitet, der sich mit seiner Frau in Orania niedergelassen hat.

Das Internet hat auch für Orania große Möglichkeiten geschaffen, so dass ein Telefonwerbezentrum entstanden ist. Darüber hinaus gibt es zahlreiche Ein-Personen-Unternehmen für alle möglichen Bürotätigkeiten wie Steuer- und Vermögensberatung, Bauplanung, Buchhaltung, Marketing etc.

BANKWESEN UND FINANZIERUNG

Ein wichtiges Ereignis, das sich jedoch erst nach und nach vollzog, war die Gründung der Spar- und Kreditgenossenschaft Orania Spaar en Krediet (OSK) im Jahr 2001. Dieser war bereits 1999 die Einrichtung eines Unterstützungsfonds vorausgegangen, der noch von Orania Motors betrieben wurde. In den ersten Jahren unterhielt Orania eine kleine ABSA-Bankfiliale, in der die Oranier einmal wöchentlich ihre Bankgeschäfte erledigen konnten, die jedoch 1998 aufgrund von Rationalisierungsmaßnahmen und dem Rückzug aus den ländlichen Gebieten geschlossen wurde. Um diese Lücke zu schließen, richtete Lukas Taljaard von Orania Motors 1999 einen Fonds zur finanziellen Unterstützung ein, in dem die Bewohner Schecks einlösen konnten, die von Orania Motors in Hopetown ausgestellt worden waren.

Der Bedarf an einer lokalen Bank oder Kreditgenossenschaft wurde jedoch immer dringender, und es wurde untersucht, wie Orania ein eigenes Finanzinstitut erwerben könnte. Da es Gesetze gibt, die vor allem lokale Kreditgenossenschaften in ländlichen Gebieten fernab der städtischen Zentren fördern, wurde unter der Leitung von Lukas Taljaard die Orania Spaar en Krediet (OSK) gegründet und bei der SACCOL (*Savings and Credit Corporate League of South Africa*) registriert. Neben den Bankdienstleistungen füllte die OSK eine weitere große Marktlücke in Orania, nämlich den Bedarf an einem Finanzinstitut, das Kredite für den Kauf und Bau von Häusern vergibt. Dies hat der Entwicklung Oranias einen enormen Schub gegeben. Bisher mussten potenzielle Bewohner ihre Häuser gegen Bargeld kaufen, was immer schwieriger wurde, da der Wohnraum immer knapper wurde und die Preise stiegen. Nach etwa 9 Jahren wurde die Orania Spaar en Krediet jedoch zu groß, um nur als Kreditgenossenschaft zu agieren und beantragte bei der South African Reserve Bank die Umwandlung in eine Genossenschaftsbank. Der Antrag war natürlich mit allerlei Auflagen und Bedingungen bezüglich Kapital und Management verbunden, aber 2011 wurde dem Antrag der OSK stattgegeben und sie wurde als erste Kreditgenossenschaft Südafrikas in eine Genossenschaftsbank umgewandelt.[373]

Eine Genossenschaftsbank war das richtige Finanzinstrument für Orania, da die Bewohner eine Gruppe von Menschen sind, die organisatorisch verbunden sind und lokal wirtschaften. Die üblichen Voraussetzungen für Black *Economic Empowermen*t trafen daher nicht zu. Da jedes Genossenschaftsmitglied unabhängig von der Höhe seiner Einlage eine Stimme hat, ist es für Außenstehende ohne Interesse an der Gemeinschaft unmöglich, die Gemeinschaftsbank zu übernehmen oder zu dominieren.[374]

Ähnliche Kreditgenossenschaften gibt es auch in Kleinfontein, einer privaten Afrikaaner-Siedlung östlich von Pretoria, und in traditionellen schwarzafrikanischen Gemeinschaften in den ehemaligen Heimatländern. Diese Banken sind nicht auf Gewinn ausgerichtet, sondern auf Entwicklung und Dienst an der Gemeinschaft. Die Investitionen werden von Menschen getätigt, die in Orania leben oder Interessen in Orania haben. Auch die Orania Spaar en Krediet ist den Werten und Zielen von Orania verpflichtet. Wenn beispielsweise ein Genossenschaftsmitglied seinen Kredit nicht mehr bedienen kann und sein Eigentum an die Bank übertragen muss, bleibt es unter der Kontrolle der Orania-Gemeinschaft und wird nur an berechtigte potenzielle oder bestehende Bewohner verkauft. Diese Regelung war auch der Grund, warum eine gewöhnliche Geschäfts- oder Handelsbank keine Geschäfte in Orania machen wollte.

373 Voorgrond Juli 2011, S. 34.

374 Voorgrond Juli 2011, S. 34.

Die Orania Spaar en Krediet hat auch eine wichtige Rolle bei der Erweiterung des Gebiets von Orania gespielt. Der Kauf der Farmen Nooitgedacht und Biesiesbult im Jahr 2005 sowie Vluytjeskraal Noord im Jahr 2011 wurde durch ihre Finanzierung ermöglicht. Sie ist eine der Kerninstitutionen von Orania mit 1768 Investoren (2021), einem Vermögen von 292 Millionen Rand und einem Umsatz von fast 1 Milliarde Rand.

Daneben gibt es noch den Orania Groeifonds, eine Tochtergesellschaft der Orania-Bewegung, die Orania-Unternehmern Entwicklungskapital zur Verfügung stellt. Da die OSK nur Wohnungsbaudarlehen, aber keine Unternehmenskredite vergibt, füllt der 1999 von Frans de Klerk gegründete Fonds diese Lücke. Das Kapital des Wachstumsfonds ist solide gewachsen und hat vielen kleinen Unternehmen auf die Beine geholfen. Die Investoren erhalten Zinsen, und ihr Kapital wird konservativ verwaltet, was dazu beiträgt, die Wirtschaft von Orania anzukurbeln und gleichzeitig Arbeitsplätze zu schaffen.[375]

Orania Sakekamer (Wirtschaftskammer Orania) ist die Vereinigung der Unternehmer und fungiert als deren Lobby. Meistens fungiert die Handelskammer jedoch als Club, der Wohltätigkeitsveranstaltungen und Empfänge organisiert und jährlich den Unternehmer des Jahres auszeichnet.

375 Voorgrond, Januar 2016.

DER ORA UND DIE GEMEINSCHAFTSÖKONOMIE

Im Januar 2003 wurde das Orania Ontwikkelings Forum (OOF) gegründet, um Möglichkeiten zur Förderung des Wachstums von Orania zu untersuchen. Eines der geplanten Projekte war die Entwicklung eines eigenen Geldsystems. Die Idee eines eigenen lokalen Geldsystems wurde von zwei „alternativen" Ökonomen, Prof. Johan van Zyl und Norman Reynolds, während eines Treffens der Orania-Bewegung in Pretoria im Jahr 2002 vorgeschlagen. Ausgangspunkt eines eigenen Geldsystems ist es, den lokalen Geldumlauf zu fördern und den Geldabfluss aus den ländlichen Gemeinden in die Zentren zu verhindern. Orania eignete sich als Gemeinde mit eigener kleiner Wirtschaft und gutem Management hervorragend als Testgebiet. Das OOF untersuchte die Möglichkeiten und beriet sich mit den Einwohnern über ein eigenes lokales Tauschmittel. Das Feedback war positiv und es wurde festgestellt, dass Orania für die Einführung eines eigenen Geldsystems geeignet war. Der örtliche Architekt Christiaan van Zyl wurde beauftragt, 4 Orania-Scheine im Nennwert von 10, 20, 50 und 100 zu entwerfen. Jede Banknote repräsentiert durch ein Symbol einen Aspekt der Afrikaaner und Oranier. Der 10-Ora-Schein zeigt Racheltjie de Beer und erzählt die Geschichte der Afrikaaner. Der 20-Ora-Schein mit der Kinderbuchfigur Trompie steht für die Künste. Der 50-Ora-Schein mit einem kleinen Mädchen, das ein Buch liest, steht für die Kultur, zu der Glaube und Familie gehören. Die 100-Ora-Note mit dem „kleinen Riesen" steht für Orania und Eigenarbeit. Im Jahr 2014 kam eine weitere 200-Ora-Note mit dem Koeksister hinzu, der das Leben in Orania darstellt.

Anfang 2004 wurde Oranias eigenes Geldsystem eingeführt, nachdem in einem Wettbewerb der Name „Ora“ gefunden worden war. Im April 2004 wurde das neue Geldsystem im Rahmen einer Veranstaltung im Gemeindesaal offiziell vorgestellt und die ersten Sätze wurden versteigert. Alle 4 Jahre wird der Ora durch eine neue Serie mit leicht verändertem Aussehen ersetzt.

Der Ora ist überall in Orania gesetzliches Zahlungsmittel und 1:1 in südafrikanische Rand umtauschbar. Sie ist auch ein beliebtes Souvenir für Touristen. Auch aus Sicherheitsgründen ist der Ora zu empfehlen, da er außerhalb Oranias wertlos ist und daher nicht gestohlen wird. Bei der OSK kann man Ora gebührenfrei von seinem Konto abheben, Rand-Abhebungen sind jedoch gebührenpflichtig. Aufgrund der großen Abhängigkeit Oranias von Importen, die in Rand bezahlt werden müssen, ist der Umlauf des Ora leider gering; er macht etwa 10–20% des Umsatzes von Orania aus.

ORA-NOTEN

DEPONIE UND ABFALLRECYCLING

Bereits 2005 war geplant, das Entsorgungssystem komplett neu zu gestalten. Statt der üblichen Müllkippe, auf der wie fast überall im Land alle Abfälle einfach abgelagert und liegen gelassen werden, sollte Orania eine umweltfreundliche Recyclingstation bekommen. In einem ersten Schritt wurden die Anwohner befragt, ob sie ein solches neues System unterstützen würden. Fast 80 Prozent der Befragten standen den neuen Plänen positiv gegenüber. Der Architekt von Orania, Christiaan van Zyl, entwarf einen Plan für die Recyclingstation. Mitte 2006 startete das Recycling-Projekt.[376] Die Anwohner trennten bereits in den Haushalten den Müll in Wertstoffe (Glas, Papier, Metall und Kunststoff) und Restmüll. Auf der Deponie wurden große Lagerplätze eingerichtet, auf denen die verschiedenen Wertstoffe gesammelt und später zu Recyclinganlagen transportiert wurden. In der Anfangsphase gab es eine intensive Zusammenarbeit mit dem Umweltministerium der Provinz. Das Ministerium finanzierte das Abfallprojekt unter der Bedingung, dass es gemeinsam mit den Nachbargemeinden Hopetown und Vanderkloof durchgeführt wird. Der Gemeinderat von Orania organisierte ein Treffen mit den Vertretern der Nachbargemeinden. Es gab jedoch wenig oder gar kein Interesse, und nicht einmal ein Delegierter aus Hopetown nahm an den Treffen teil. Auch Vanderkloof zeigte kein Interesse.

Damit war die ganze Idee der Zusammenarbeit gescheitert und Orania hatte wieder einmal bewiesen, dass es allein besser geht. Das Projekt wurde dann in kleinerem Rahmen und nur mit Eigenmitteln

376 Volksblad, 8. August 2006, S.14.

gestartet und sukzessive verbessert. Die meisten Bewohner arbeiteten mit, aber die Mülltrennung als Gewohnheit musste in vielen Rundschreiben und Versammlungen durchgesetzt werden. Die Stadtverwaltung von Orania stellte zudem zahlreiche öffentliche Mülltonnen mit unterschiedlichen Einwurföffnungen für die verschiedenen Abfallarten an strategisch günstigen Stellen auf. Für Deutschland längst selbstverständlich, für Südafrika immer noch ungewöhnlich.

ARCHITEKTUR, BAUEN UND WOHNEN

Das Erscheinungsbild Oranias wurde ursprünglich von den unscheinbaren Fertighäusern aus Hartfaserplatten bestimmt, die in den 1960er Jahren vom Department of Water Affairs errichtet worden waren. Sie waren nie als dauerhafte Häuser gedacht. Die Häuser waren oft falsch ausgerichtet und es gab nur drei Typen. Sie sind schlecht isoliert und müssen regelmäßig gestrichen werden. Trotzdem waren die bestehenden Fertighäuser ein Glücksfall, denn an diesem abgelegenen Ort wäre es schwierig und teuer gewesen, neu zu bauen.

Nachdem alle Fertighäuser verkauft waren und nur noch freie Grundstücke zur Verfügung standen, wurden alle möglichen Bauweisen ausprobiert. Orania bietet eine große Vielfalt an Stilen, Methoden und Materialien, die seinen zukunftsorientierten Charakter widerspiegeln. Neben Häusern aus Hartfaserplatten gibt es Strohballenhäuser, die sich zu einer Attraktion entwickelt haben und nirgendwo sonst so verbreitet sind. Auch die traditionelle Ziegelbauweise ist weit verbreitet, sowohl in verputzter als auch in unverputzter Form. Holzhäuser sind besonders in Flussnähe beliebt geworden, um sich in die natürliche, von Bäumen gesäumte Umgebung einzufügen. Es gibt auch ein Haus aus Naturstein. Als die Baukosten stiegen, suchte man nach billigeren Methoden, wie Häuser mit Aluminiumrahmen und Faserzementplatten, Häuser aus Zementguss und Styropor und sogar Häuser aus Frachtcontainern. Es gibt auch einige neu gebaute Wellblechhäuser (keine Hütten).

Fast alle Häuser sind einstöckig, ohne Keller oder Dachboden. Es gibt nur wenige zweigeschossige Häuser, wie z.B. einen Strohballenwohnungskomplex und den Soetdoringkomplex in Kleingeluk.

Um der architektonischen Vielfalt entgegenzuwirken, wurde in einigen Teilen ein einheitlicher Stil vorgeschrieben, wie z.B. der Kapholländische oder der Karoo-Stil in einem Teil von Orania West und in der Robyn Avenue sowie Holzhäuser am Uferpark.

Charakteristisch für Orania ist die Strohballenbauweise, die auch das Interesse der Besucher weckt.

Hervorzuheben ist auch das Earthship (Erdschiff), ein vollständig ökologisch nachhaltiges Haus, das aus Abfallmaterialien wie Dosen, Reifen, Glasflaschen und Sandsäcken gebaut wurde und sich vollständig aus eigenen Ressourcen wie Solarstrom, Regenwasser und einer eigenen Kanalisation versorgt. Wasser wird viermal genutzt, Gemüse und Obst werden im Haus angebaut. In ganz Südafrika gibt es nur ein weiteres Earthship.

Das Wachstum von Orania führte vor allem ab 2010 zu einer Wohnungsnot, da keine Mietwohnungen zur Verfügung standen und nur wenige, oft überteuerte und nicht den Erwartungen entsprechende Häuser zum Verkauf angeboten wurden. Nach und nach begannen Bauprojekte, um die Wohnungsnot zu lindern. Private Investoren errichteten den Wohnkomplex Maranthe, zwei Seniorensiedlungen, die Reihenhaussiedlung Robyn Avenue sowie Containerhäuser im Sonpark, Institutionen wie der Helpsaamfonds bauten mit Unterstützung ausländischer Geldgeber 2012 den Wohnkomplex Nerina für alleinstehende Frauen und ab 2014 die Wohnblöcke Olienhout. Auch die Einzimmerblöcke von Elim wurden zu kompletten Wohnungen ausgebaut.

Der Mangel an Wohnraum hat sich schrittweise verringert, ist aber noch nicht behoben. Ein entscheidender Durchbruch war der Bau des riesigen, bis zu drei Stockwerken hohen Gannabos Wohnblocks mit 101 Wohnungen. Finanziert und errichtet wurde das Projekt im Wert von 42 Millionen Rand von Solidariteit, aber alles von Orania Bauarbeitern gebaut.

LUDWIG EVERSON (3. V.L.), EIGENTÜMER DES EARTHSHIPS UND CAREL BOSHOFF JNR. (GANZ RECHTS) MIT EINER DELEGATION DER PROVINZREGIERUNG VON NORTHERN CAPE BEI DER BESICHTIGUNG DES EARTHSHIPS. 2014

GANNABOS WOHNUNGEN 2017

SPORT UND ERHOLUNG

Extreme Hitze und Kälte machen sportliche Aktivitäten im Freien in Orania schwieriger als anderswo. Die entspannte Atmosphäre der Siedlung und ihre Sicherheit begünstigen jedoch auch hier die gemeinsame Freizeitgestaltung. Trotz des vielfältigen Sport- und Freizeitangebots wird von jungen Großstädtern, die nach Orania kommen, oft kritisiert, dass „hier nichts los ist", d.h. dass es keine organisierte, kommerzielle Unterhaltung wie Einkaufszentren und Kinos gibt.

Beliebte Sportarten sind Badminton, Jukskei und Rugby. Koos und Marinda Le Grange betreiben seit vielen Jahren einen Badminton-Club in der Gemeindehalle. Auch Jukskei, ein echter Volkssport, wird in Orania seit Jahren gespielt. Pieter von Rönge war maßgeblich an der Gründung von Jukskei in Orania beteiligt. Jukskei funktioniert nach dem gleichen Prinzip wie Boule, nur dass statt Bällen nudelholzähnliche Holzstücke (Jukskei) zu einem Stock geworfen werden. Orania veranstaltete auch Turniere und schickte einige seiner Spieler zu Turnieren in andere Städte. Ein junger Oranier, John Sutherland, erwarb sogar Jukskei-Farben und gehört zu den zehn besten Jukskei-Spielern Südafrikas.[377] Rugby, der beliebteste Sport der Buren, hatte Schwierigkeiten, sich zu entwickeln, vor allem weil es nicht genug junge Männer für zwei Mannschaften gab. Unter der Leitung des sportbegeisterten Quintin Diederichs wurde 2012 der Rugby-Club Orania Rebelle gegründet. Es wird zwar

377 Voorgrond, Ausgabe 1, 2016, S. 20.

noch nicht professionell gespielt, aber ein Anfang ist gemacht, und hin und wieder finden Freundschaftsspiele gegen auswärtige Vereine statt.

Ein Tennisplatz ist vorhanden, wird aber wenig genutzt, ebenso ein Netballplatz. Wassersport auf dem Fluss wie Kajakfahren und Angeln sind vor allem in den Sommermonaten beliebt. Auch das Schwimmbad ist ein beliebter Ort zum Entspannen im Freien. Es gibt auch ein Fitnessstudio, das von Regard van Niekerk geleitet wird.

In der Freizeit trifft man sich, wie überall, um gemeinsam zu grillen, DVDs anzuschauen, auswärts zu essen, im Dorf und in der Umgebung spazieren zu gehen oder Rad zu fahren. Seit 2015 gibt es in Orania auch ein Kino in der Ou Karooplaas, und im Einkaufszentrum Stokkiesdraai finden regelmäßig Veranstaltungen wie Musikwettbewerbe oder Konzerte statt.

In den letzten Jahren fanden vermehrt Leichtathletikwettkämpfe der landesweit tätigen christlich-afrikanischen Privatschulinitiative CVO statt, an denen Jugendliche aus ganz Südafrika teilnahmen und so Orania kennenlernen konnten. Auch die Sportanlagen wurden zu diesem Zweck aufgewertet und erweitert, um die große Zahl der Teilnehmer während der Sportwettkämpfe unterbringen zu können.

RADIO ORANIA

Das wahrscheinlich wichtigste Kommunikationsmittel in Orania ist der eigene Radiosender Radio Orania 95.5, der im Rathausgebäude untergebracht ist. Viele Einwohner betreiben den Sender ehrenamtlich, sie kümmern sich um den Sendeplatz, verlesen die Nachrichten und präsentieren ein vielfältiges Programm mit Themen wie Kochen und Backen, Kindererziehung, religiöse Themen, Ankündigungen von Vereinsveranstaltungen, Programme der verschiedenen Institutionen, Geschichte, Reisen, Lesungen und natürlich Musik in allen Variationen usw. Viele Jahre lang hatte der Autor sogar ein Programm mit internationalen Nachrichten. Lokale Nachrichten, die für die Oranier von Bedeutung sind, werden über ein elektronisches schwarzes Brett verbreitet.[378]

378 Interview mit Eleanor Lombard, Informationen aus Voorgrond 20 Jahre Festival Edition und Volkstater.

SOZIALES UND GESUNDHEIT

Der Helpsaamfonds wurde im August 2005 gegründet, um bedürftigen Buren zu helfen.[379] Inzwischen ist er für die meisten sozialen Dienste und Projekte in Orania zuständig.

Ein Kernbedürfnis in Orania ist, wie bereits erwähnt, das Wohnen. Im Laufe der Jahre sind mehrere Wohnprojekte für die Armen entstanden. Das erste Projekt dieser Art war Elim, das 1997 als Wohnheim für alleinstehende Männer gegründet wurde. Im Laufe der Zeit wurde es modernisiert, und die Einzelzimmer wurden in Wohnungen umgewandelt. Im Laufe der Zeit zogen jedoch immer mehr finanziell benachteiligte Familien nach Orania, so dass günstige Mietwohnungen zum Problem wurden. Dank der großzügigen Spende eines pensionierten Lehrers aus den Niederlanden, Marcel Dierckx, der 30.000 Euro (ergänzt durch weitere Spenden) für den sozialen Wohnungsbau spendete, konnte 2010 mit dem Bau von sogenannten Übergangswohnungen zwischen Kleingeluk und der CVO-Schule begonnen werden.[380] Die anfangs sehr einfachen Häuser wurden später vom Helpsaam-Fonds zu modernen, funktionalen Wohnungen umgebaut.

Das nächste Projekt waren die Nerina-Wohnungen für alleinstehende Frauen, die 2011 begonnen und 2013 fertiggestellt wurden. Es wurden acht neue Woh-

379 Volksblad, 26. August 2005, S.17.

380 Boshoff, 2012, S. 397.

nungen gebaut und durch den Umbau eines Wohnhauses kamen drei weitere Wohnungen hinzu.

Im Jahr 2014 startete das Wohnprojekt Soetdoring. In Kleingeluk wurden 12 Wohnungen für Familien gebaut. Die ersten vier Wohnungen wurden Ende 2014 fertiggestellt, der zweite Bauabschnitt mit acht Wohnungen ein Jahr später. Beide Projekte wurden durch das „Stein für Stein Projekt" des Helpsaamfonds finanziert, wobei sich auch der Südtiroler Freundeskreis der Afrikaaner sowohl für Nerina als auch für Soetdoring mit einer namhaften Spende beteiligte.

Neben dem Wohnungswesen wurde auch anderen sozialen Themen Aufmerksamkeit geschenkt. „Die Kleidertonne", ein Kleiderladen, in dem gespendete Kleidung zu sehr günstigen Preisen verkauft wird, wird vom Orania Sozialen Ring (Orania Maatskaplike Raad OMR) betrieben und deckt einen wichtigen Bedarf. Mit Hilfe des OMR wurde auch eine Klinik eingerichtet, in der eine staatliche Krankenschwester die Oranier kostenlos medizinisch versorgt.

Eine Vollzeit-Sozialarbeiterin, Heidi Smit, wird ebenfalls vom OMR finanziert. Sie hilft den Bewohnern bei allen sozialen Problemen. Auch die Kirchen helfen mit Lebensmittelspenden. Außerdem hilft der Helpsaamfonds bei den Schulgebühren.

Auch die Helpende Hand, die Sozialabteilung der Solidaritätsbewegung, hat ein Büro in Orania und hilft bei verschiedenen Projekten.

Im Bereich Gesundheit und Medizin gab es in Orania oft ein Auf und Ab. In jüngster Zeit wurde jedoch eine solide und nachhaltige medizinische Versorgung aufgebaut.

Da eine gute medizinische Versorgung für den weiteren Zuzug nach Orania von großer Bedeutung ist, wurde mit Unterstützung der Gemeindeverwaltung das Oramed-Gebäude im Einkaufszentrum Stokkiesdraai errichtet, in dem verschiedene Ärzte dauerhaft oder auf Besuchsbasis untergebracht sind. Die Hausarztpraxis von Dr. Ethel Bekker ist gut angelaufen und leistet einen wichtigen Dienst. Auch eine Optikerin, Karin Kemp, hat sich dauerhaft niedergelassen.[381] Im Laufe des Jahres hat sich ein Homöopath, Dr. Léon du Plessis, niedergelassen, und es gibt auch eine gute Möglichkeit für einen Zahnarzt, zunächst wöchentlich und bei steigendem Bedarf auch dauerhaft.

Die staatliche Ambulanz wurde vom Stadtrat im ehemaligen Bibliotheksgebäude in Kleingeluk eingerichtet und bietet vor allem Bedürftigen eine kostenlose medizinische Grundversorgung. Zweimal wöchentlich kommt eine staatliche Krankenschwester nach Orania.

Ein Durchbruch war die dauerhafte Niederlassung des Allgemeinmediziners Dr. Phillip Nothnagel mit seiner Familie im Jahr 2018. Auch seine Frau konnte als Apothekerin eine große Lücke in der medizinischen Versorgung schließen. Beide betreiben eine Arztpraxis mit eigener privater und günstiger Krankenversicherung (Niamed) für die Bewohner und haben 2020 sogar eine kleine Klinik eingerichtet.

381 Voorgrond, Ausgabe 1, 2015, S. 9.

FARM VLUYTJESKRAAL 272, DAS BEWÄSSERUNGSSYSTEM UND DIE LANDWIRTSCHAFT

1992 kauften die Orania-Anhänger die benachbarte Farm Vluytjeskraal 272 mit 2.300 Hektar für 480.000 Rand. Das war damals viel Geld, und es war nur eine Schaffarm, aber mit bewässerbarem Land. Durch Vermittlung von Pieter Grobbelaar, einem Unterstützer der Afrikaaner im Westkap und selbst Farmer, konnten etwa 400 Hektar Wasserrechte erworben werden, um die Farm zu verbessern[382]. Im Sinne einer intensiven kleinbäuerlichen Landwirtschaft wurden 40 Bewässerungsparzellen von 2 ha bzw. 10 ha mit jeweils 2 ha bzw. 6 ha Wasserrechten vermessen und zum Verkauf angeboten. Die 10 ha großen Farmen wurden zu je 100.000 Rand angeboten. Die Erschließungskosten beliefen sich auf 3,5 Millionen Rand, damals eine enorme Summe. Es war ein großer Sprung nach vorn und es wurde erwartet, dass die Parzellen eine Einkommensmöglichkeit für etwa 80 Familien bieten könnten.[383]

Das Interesse hielt sich jedoch zunächst in Grenzen. Kaufinteressenten wurden durch die kleinen Parzellen und die fehlende Infrastruktur abgeschreckt. Die Häuser mussten selbst gebaut werden, und die Bewässerungspipeline sollte erst gebaut werden, wenn die Orania Bestuursdienste (OBD) genügend Kapital aus den Verkäufen zusammen hatten. Um den Verkauf anzukurbeln, wurde beschlossen, Geld aufzunehmen und die 4,2 km lange Hauptleitung

382 nach dem Interview mit Pieter Grobbelaar, sowie verschiedene Ausgaben von Voorgrond Zeitschrift.

383 Interview Pieter Grobbelaar; Citizen, 21. Oktober 1996, S. 5; Rapport, 20. Oktober 1996, S. 10; Volksblad, 25. Oktober 1996, S. 8.

mit einem 9 km langen Verteilungsnetz und der Pumpanlage zu bauen. Die Kosten für die Pipeline beliefen sich auf etwa 2,3 Millionen Rand. Es war eines der ersten großen landwirtschaftlichen Pionierprojekte und die Pipeline, die in Eigenarbeit gebaut wurde, war eine solide Ingenieursleistung unter der Leitung von Niek Pieterse. Der Verkauf der Grundstücke verlief jedoch weiterhin schleppend, und die Orania Bestuursdienste standen unter großem finanziellen Druck, da noch ein Kredit zurückgezahlt werden musste. Die Einnahmen aus den Verkäufen reichten zeitweise nur für die Zinsen, nicht aber für die Tilgung.[384]

Mit der Zeit wurden jedoch die meisten Grundstücke verkauft, und die landwirtschaftliche Tätigkeit begann. Plantsaam Bestuursdienste/Management Services von Johan Ferreira wurde gegründet, um den Bedarf an Verwaltung und Pflege von Pekannussparzellen abwesender Eigentümer zu decken. Es wurde versucht, das Arbeitsproblem durch die Gründung eines „Kibbuz" zu lösen. Für die Anhänger des Volksstaates war Israel, zumindest zu jener Zeit, in vielerlei Hinsicht ein Vorbild für die Entwicklung ihres eigenen Territoriums, und es war geplant, junge Afrikaaner anzuziehen. Zu dieser Zeit wurde Elim als ein Heim für alleinstehende Männer gebaut, das implizit für Landarbeiter gedacht war[385]. Zu dieser Zeit suchten viele junge Afrikaaner Arbeit im Ausland, was sich zu einer regelrechten Welle entwickelte. Damals machte der Witz die Runde, dass es nur drei Arten von jungen europäischstämmigen Südafrikanern gäbe: die, die in England sind, die, die schon in England waren, und die, die nach England wollen. Leider kamen nur relativ wenige zum Arbeiten nach Orania, und abgesehen von einigen Idealisten waren es vor allem diejenigen, die es sich nicht leisten konnten, im Ausland zu arbeiten. Trotzdem leisteten sie einen wichtigen Beitrag, und mit einigen Schwierigkeiten gelang es, einen Arbeitskräftepool für die Farm aufzubauen.

Nach Recherchen über Landwirtschaft in einer Halbwüstenregion stellte sich heraus, dass Pekannüsse die ideale Kulturpflanze für die Bedingungen und das Klima in Orania sind. Pekannüsse gedeihen gut in heißen Sommern und kalten Wintern, haben keinen übermäßigen Wasserbedarf, können maschinell geerntet werden und liefern langfristig gute Erträge für ein Produkt, das immer nachgefragt wird und kaum Preisschwankungen unterliegt. Der Nachteil war jedoch, dass es mehrere Jahre dauerte, bis die Bäume Erträge lieferten, und dass insbesondere die lokalen Landwirte nicht einfach Kapital in ihre Parzellen investieren konnten, während sie lange Zeit keine Erträge erzielten.

Es zeigte sich auch, dass es länger als erwartet dauerte, bis die Bäume Erträge lieferten. Statt der veranschlagten fünf Jahre dauerte es in den meisten Fällen sieben Jahre und länger. Bereits 1994 wurden die ersten Bäume gepflanzt. Insgesamt gab es 130 Hektar Pekannussplantagen und einige kleinere für Oliven, Mandeln und Pfirsiche. Nicht wenige Landwirte gaben auf, und ihre Pekannussplantagen wurden leider umgepflügt und durch Pflanzen ersetzt, die sofort Geld einbrachten, wie Luzerne und Mais. Diejenigen, die durchhielten, ernteten jedoch später die Früchte ihrer Ausdauer, als die Preise für Pekannüsse stark anstiegen. Einer der großen landwirtschaftlichen Betriebe, Dendron Boerdery, mit Johan Ferreira als Geschäftsführer und Miteigentümer, überbrückte

384 Interview Pieter Grobbelaar.

385 Rapport, 10. November 1996, S. 12; Volksblad, 31. Januar 1997, S. 9.

die Zeit bis zur ersten Pekannussernte mit dem großflächigen Anbau von Tomaten und Melonen unter Schattennetzen. Diese waren von hoher Qualität und wurden sogar nach Europa exportiert. Nach und nach wurde der Gemüseanbau jedoch zugunsten des Pekannussanbaus aufgegeben.

Das Prinzip der Eigenarbeit wurde auch im Agrarsektor konsequent umgesetzt, was allerdings für viele Landwirte mit Anpassungsschwierigkeiten verbunden war. Der Agrarsektor Südafrikas ist am arbeitsintensivsten und es war ein großer Sprung von einer großflächigen, arbeits- und kapitalintensiven Landwirtschaft zu einer kleinbäuerlichen, intensiven Landwirtschaft.

Ein weiteres Problem waren anfangs die hohen Stromkosten für die Pumpen, die das Wasser aus dem Oranje-Fluss zu den Bewässerungsanlagen befördern. Dann kam die Idee auf, ein Reservoir für das gesamte Bewässerungssystem zu bauen. Nachts und am Wochenende konnte das Wasser zu einem günstigen Tarif in das Becken gepumpt und tagsüber mit geringerer Leistung wieder heruntergepumpt werden. Es war ein großes Projekt, das jedoch von nur zwei Bauunternehmern, Andre van Biljon und Gideon van Zyl, durchgeführt und 2005 abgeschlossen wurde.

1998 hatten Landwirte aus Orania die Idee, das fehlende Einkommen aus der langfristigen Investition in Pekannüsse durch ein sofortiges und regelmäßiges Einkommen zu ersetzen. Als idealer landwirtschaftlicher Betrieb für Orania wurde eine Molkerei ausgewählt. Pieter Grobbelaar, der einzige Milchbauer unter den Farmern in Orania, riet von dem riskanten Geschäft ab, aber die Begeisterung für eine moderne Molkerei in Orania, die die Gemeinde auf ein neues Niveau heben und landesweit bekannt machen würde, war groß. Es wurden Investoren gefunden. Das Unternehmen Bo Karoo Suiwel/Dairy wurde gegründet, und es wurde in großen, hochmodernen Molkereien in Israel, Saudi-Arabien und den USA recherchiert. Die Orania-Molkerei sollte die modernste Molkerei der südlichen Hemisphäre werden, und die Anhänger des Volksstaates im ganzen Land waren von dieser Aussicht begeistert. Orania wollte einen Sprung nach vorne machen und dem Land zeigen, dass hier Großes möglich war. Mit der Clover SA wurde eine Vereinbarung über die Vermarktung der Milch getroffen. Genügend Aktien zu je 50.000 Rand wurden von Orania-Interessenten im ganzen Land gekauft, und das Geschäft konnte beginnen.
In der Nähe des Flugplatzes wurden eindrucksvolle Gebäude errichtet und beim Melken der Kühe wurde computergestützte Technik eingesetzt. Neben der Molkerei wurde Silage angebaut.[386] Ein Liquiditätsproblem trat jedoch auf, als teure Melkausrüstung aus Übersee gekauft werden musste und Bargeld nicht verfügbar war. Eine Bankgarantie war aber bereits gestellt worden. Außerdem musste mehr Vieh gekauft werden, um die Molkerei rentabel betreiben zu können. Ursprünglich waren es 300 Kühe, deren Zahl auf 1000 Kühe aufgestockt werden sollten.
Um die notwendigen Erweiterungen vornehmen zu können, wandte sich Pieter Grobbelaar, damals Abgeordneter der Freiheitsfront, an den damaligen Landwirtschaftsminister Derek Hanekom, um einen Kredit von der Landwirtschaftsbank zu erhalten. Das erste Gesuch wurde abgelehnt. Der zweite Antrag war erfolgreich, und es wurde ein Darlehen in Höhe von 4 Millionen Rand für den Kauf von Vieh und Ausrüstung gewährt. Der Gesamtwert der Molkerei

386 Insig, Juli 1999, S. 21; Landbouweekblad, 6. August 1999, S. 2.

belief sich auf 9 Millionen Rand. Danach wurde die Molkerei in Betrieb genommen und für kurze Zeit stolz als Vorzeigeprojekt von Orania den Besuchern präsentiert. Die Gebäude waren in der Tat beeindruckend und Folgeprojekte wie eine Käserei für 12 Millionen Rand waren geplant. Dazu kam es jedoch nie, und die Milch wurde zur Käseherstellung über Hunderte von Kilometern in die Käserei von NCD nach Wesselsbron in der Provinz Freistaat transportiert. Der Vertrag mit NCD wurde jedoch gekündigt und ein neuer Vertrag mit Rome Dairy in Kimberley geschlossen. Die Wege waren kürzer, der Milchpreis besser. Die Zahl der Kühe stieg stetig an.[387] Mitte 2001 lieferte die Molkerei mit 300 Kühen und 20 Mitarbeitern bereits 200.000 Liter Milch pro Monat.

Doch dann ging es mit der Molkerei bergab. Es war eine Zeit, in der die Bedingungen für die Milchindustrie ungünstig waren, mit steigenden Futtermittel- und Milchpreisen und einem fallenden Rand-Wechselkurs, der den Kauf von Ausrüstung aus Übersee immer teurer machte. Orania hatte auch den Nachteil, weit von den Märkten entfernt zu sein, und die Transportkosten schlugen zu Buche. Die Kapitaldecke war zu dünn, um über längere Zeit Verluste zu tragen. Anfang 2002 musste das Vorzeigeprojekt Orania schließlich Konkurs anmelden – ein schwerer Schlag, denn viele Investoren und Unterstützer verloren ihr Kapital und ihre Begeisterung. Die Molkerei schuldete der Landwirtschaftsbank 4 Mio. Rand, konnte ihren Kredit nicht mehr bedienen und musste die Liquidation beantragen.[388] Im April 2002 versuchte die Landwirtschaftsbank, die Molkerei zu versteigern. Der gebotene Betrag von 2,7 Millionen Rand war jedoch zu niedrig, die Landwirtschaftsbank verkaufte nicht und erklärte die Versteigerung für ungültig. Auch das Vieh und andere bewegliche Güter, die versteigert werden sollten, konnten zum Ärger der Interessenten nicht verkauft werden. Bo-Karoo Dairy wurde liquidiert, nachdem die Schulden gegenüber der Landwirtschaftsbank auf 4,8 Mio. Rand angestiegen waren. Die Molkerei wurde weiter betrieben.[389] Die schlimmsten Befürchtungen, ein kapitalistisches Unternehmen würde sie kaufen und eine Molkerei mit Niedriglohnarbeitern vor den Toren Oranias betreiben, haben sich glücklicherweise nicht bewahrheitet.

Nur einen Monat später keimte neue Hoffnung auf, als der Besitzer der Molkerei Rome in Kimberley, Jaco du Plooy, der bereits Milch von Bo-Karoo Dairy kaufte, nach einer Vereinbarung mit der Landwirtschaftsbank die Kontrolle über die Molkerei übernahm. Die Hoffnung war, dass Bo-Karoo Dairy mit einem neuen, fachkundigen Geschäftsführer wieder auf die Beine kommen und sogar das ursprüngliche Ziel von 1.000 Kühen erreichen würde, für das die Anlage gebaut worden war. Leider führte die neue Wendung zum erneuten Schiffbruch und Du Plooy musste sich auf sein Kerngeschäft in Kimberley konzentrieren und konnte die Molkerei nicht weiterführen. Daraufhin wurde die Molkerei zum Verkauf angeboten.

Ein afrikaanssprachiger Farmer aus Hopetown kaufte die Molkerei, betrieb sie aber nicht weiter und baute die neuen Gebäude und modernen Vordächer nach und nach ab. Was übrig blieb, kaufte OSK. Bis heute ist das Molkereigelände eine Ruine, aber es ist wertvolles Land, das für zukünftige Entwicklungen reserviert ist und zumindest wieder unter der Kontrolle

387 Volkstater, März/April 2000, S.3.

388 Beeld, 22. Februar 2002; Volksblad, 2. März 2002, S. 4.

389 Volkstater, März/April 2002, S. 4.

von Orania steht. Kleinere Molkereien, die nur den lokalen Markt beliefern, sind entstanden, aber die Milchindustrie bleibt ein schwieriges und volatiles Geschäft.

Die Schließung von Bo Karoo Dairy war ein schwerer Schlag für das Selbstbewusstsein von Orania, seiner Bewohner und Unterstützer. Schließlich handelte es sich damals um die größte Investition und ein Leuchtturmprojekt, das viel Aufmerksamkeit auf sich zog. Dass zeitgleich mit der Molkerei in Orania viele andere Molkereien in Südafrika wegen der schlechten Wirtschaftslage schließen mussten, war kein Trost, relativiert aber die Situation.[390]

Man kann sagen, dass die Landwirtschaft in Orania im Allgemeinen erfolgreich ist. Wie in vielen anderen Bereichen auch, musste am Anfang viel „Lehrgeld" bezahlt werden, bis die richtigen Pflanzen und die richtigen Leute mit Erfahrung gefunden waren. Die Pekannüsse bringen jetzt einen beachtlichen Ertrag, und ein Teil wird bereits vor Ort maschinell verarbeitet, in einem Unternehmen, das Francois und Annatjie Joubert 2010 gegründet haben. Auch der Anbau von Luzernen, Mais, Melonen und Weizen läuft auf Hochtouren. Kobus Nel füllt als Lohnunternehmer für den Anbau und die Ernte von Luzerne eine Lücke. Die Olivenplantage von Jozef Henning hat nach einer langen Wachstumsphase begonnen, gute Erträge zu liefern, und Orania produziert sein eigenes Olivenöl und eingelegte Oliven. Es gäbe jedoch noch viele Möglichkeiten, die landwirtschaftlichen Produkte zu verarbeiten.

Die weiten Ebenen der Orania-Farmen werden auch für die Viehzucht genutzt, vor allem für Rinder und Schafe und in geringerem Umfang auch für Emus. Leider hat der Tod von Prinsloo Potgieter verhindert, dass eine Straußenfarm aufgebaut werden konnte.

Neue Siedler, die erfolgreiche Landwirte sind, haben der Landwirtschaft in Orania in den letzten Jahren einen Aufschwung gegeben. Heute umfasst das Gebiet von Orania etwa 10.000 Hektar, von denen ein erheblicher Teil bewässert wird. Rund 500 Hektar Luzerne-, Weizen- und Maisanbau werden mit einer Drehachsenbewässerung, 165 Hektar Pekannussplantagen, 10 Hektar Olivenhaine und 11 Hektar Mandel- und Pfirsichplantagen mit einer Mikrosprühbewässerung versorgt.

BEWÄSSERUNGSANLAGE MIT LUZERNEN

390 Frontnuus, 30. April 2002, S. 13.

KAMBROLANDSKAP KORPORASIE UND DIE LANDERWEITERUNG

In der Anfangsphase von Orania, bis etwa zum Jahr 2000, wurde das ausgewiesene Volksstaatsgebiet prominent vermarktet, und Orania wurde nur als erste Keimzelle vorgeschlagen, mit einem Ausgangspunkt im Osten und einer weiteren im Westen. Prof. Boshoff war die treibende Kraft hinter Orania, aber Dr. Jooste, der andere große Ideator der Volksstaatidee, war der Meinung, dass er sich im Westen des ausgewiesenen Gebietes, in Vredendal, niederlassen sollte. Die drei Bezirke an der Westküste Vredendal, Vanrhynsdorp und Clanwilliam wurden Teil der Provinz Westkap, die auch nach den Wahlen 1994 unter der Kontrolle der Nationalen Partei stand. Es handelte sich um eine schöne und wirtschaftlich entwickelte Region, die überwiegend von gemischtrassigen Südafrikanern bewohnt wurde, aber noch relativ dünn besiedelt war und über eine gut entwickelte Bewässerungslandwirtschaft, insbesondere für Weintrauben, verfügte. Eine bereits etablierte Stadt oder Region mit ihren wirtschaftlichen Verflechtungen und der üblichen Rassen- und Klassentrennung zwischen weißen Arbeitgebern und schwarzen oder gemischtrassigen Arbeitnehmern dazu zu bewegen, sich in Richtung Volksstaatideal zu verändern, war eine weitaus größere Aufgabe, als einen neuen Ort wie Orania zu gründen.

Dr. Jooste lebte zehn Jahre in der Region und versuchte, seine Ideen zu verbreiten. Die überwiegende Mehrheit der Afrikaaner in der Region war abhängig von Niedriglohnarbeit schwarzafrikanischer und gemischtrassiger Südafrikaner und dem bequemen

Leben im fruchtbaren Weinland des Westkaps. Dort waren die Auswirkungen der rauen Winde des neuen, vom ANC kontrollierten Südafrikas noch nicht so stark zu spüren, die Kriminalität noch relativ niedrig und die Nationalpartei und später die linksliberale Demokratische Allianz hielten die Verwaltung aufrecht, sodass die Bewohner auf die Erhaltung des Status quo und nicht auf das langfristige Ideal eines Volksstaates ausgerichtet waren.

Dr. Jooste und seine Frau beschlossen 2001, sich in Orania niederzulassen, weil sie erkannten, dass sie in Vredendal nicht viel bewegen konnten.[391] Die Idee einer zweiten Keimzelle eines Volksstaates starb jedoch nie.

2004 wurde die Kambrolandskap Koperasie (KLK) mit dem Ziel gegründet, Land für die Expansion von Orania zu kaufen. Die Idee der Landbörse, die seit den 1990er Jahren propagiert wurde, ist nun in etwas anderer Form entstanden. Später legte KLK den Grundstein für den Kauf eines Grundstücks an der Westküste mit der Idee, nach und nach eine zweite Keimzelle zu errichten, und zwar als Ferienanlage mit Meerblick. Martin Kemp und Dawie du Plessis waren maßgeblich an diesem Projekt beteiligt. Die Aussicht auf eine Keimzelle an der Westküste begeisterte viele Afrikaaner und machte deutlich, dass die Orania-Idee über die Siedlung Orania hinausging. Bisher wurde an der Westküste jedoch nur eine Farm gekauft, eine zweite ist in Aussicht. In Zukunft soll hier ein Feriendorf entstehen, mit einem anderen Charakter und einer anderen wirtschaftlichen Grundlage als Orania, aber nach den gleichen Prinzipien. Ob diese Initiative Erfolg haben wird, wird die Zukunft zeigen.

391 Interview mit Dr. Jooste.

Die Kambrolandskap Koperasie hat jedoch auch dazu beigetragen, das Gebiet, um die Siedlung Orania zu erweitern. Im Jahr 2004 wurde die Farm Masada, ca. 160 Hektar südlich von Orania, erworben. Ein Jahr später wurden weitere zwei große Farmen, Nooitgedacht und Biesiesbult, mit jeweils ca. 2300 Hektar etwa 25 km südöstlich von Orania gekauft. Die KLK ist weiterhin aktiv auf der Suche nach benachbarten Farmen und hat einige Eisen im Feuer. Der Gründer Lukas Taljard hat sich inzwischen aus Altersgründen zurückgezogen und eine Gruppe jüngerer Leute führt die KLK mit neuer Energie weiter.

In den Reihen der Afrikaaner gab und gibt es eine Debatte darüber, ob der Volksstaat durch eine ländliche oder eine städtische Herangehensweise und Entwicklung geschaffen werden soll. Nachdem die Idee einer zweiten Keimzelle im Westen des ausgewiesenen Volksstaatsgebietes zunächst in den Hintergrund getreten war, dachte Prof. Boshoff an eine Reihe von Siedlungen, die sich um Orania herum in einem Gebiet zwischen Vanderkloof und Hopetown auf einer Länge von etwa 100 km konzentrieren sollten.[392] Die Grundstückskäufe von KLK entsprechen mehr oder weniger dieser Logik. Später, um 2012, griff Frans de Klerk, CEO von Vluytjeskraal Aandeleblok, das Konzept der „Stadt Orania“ oder sogar des Stadtstaates wieder auf und erläuterte die Argumentation in seiner Broschüre „Orania, vom Dorf zur Stadt. Eine neue Strategie“, die 2014 erschien. Einige altgediente Unterstützer sehen darin eine Abkehr vom Ideal des Burenstaates. Laut Frans de Klerk sollte die Stadt jedoch als Kraftzentrum des Volksstaates dienen, und daher sollte alle Energie auf die Errichtung einer städtischen Siedlung gerichtet werden.

392 Volkstater Mai / Juni 2002.

DENKMALPFLEGE UND KULTURELLES ERBE

Die Bewahrung des kulturellen und historischen Erbes der Afrikaaner war immer ein zentrales Anliegen von Orania. Bereits in der Pionierphase wurde unter der Leitung von Fanie Jacobs in einem Flügel des Krankenhausgebäudes das Kulturhistorische Museum eingerichtet. Der Schwerpunkt des Museums liegt auf der Geschichte der Afrikaaner. Eine Sammlung historischer Feuerwaffen wurde im Oktober 1994 von Felix Lategan gestiftet und bildete den Grundstock des Museums.[393] Andere Objekte, wie Erinnerungsstücke aus dem Zweiten Burenkrieg, wurden von Prof. Dr. Andries Raath aus Bloemfontein geliehen. Im Laufe der Jahre wurde das Museum ständig erweitert. Annatjie Boshoff, die Sekretärin von Betsie Verwoerd, richtete im Museum einen Verwoerd Memorial Room ein, der wertvolle Gegenstände des ehemaligen Premierministers enthält, dessen Witwe bis zu ihrem Tod im Jahr 2000 in Orania lebte. Er wurde im September 1997 eröffnet, 31 Jahre nach der Ermordung von Dr. Verwoerd.[394] Betsie Verwoerd und ihre sieben Kinder waren bei der Veranstaltung anwesend. Das vermutlich erste Denkmal, das im Mai 1993 nach Orania verlegt wurde, war eine kleine Statue von Dr. Hendrik Frensch Verwoerd aus dem Overvaal-Resort am Verwoerd-Damm, die dort schon damals als nicht mehr zeitgemäß angesehen wurde. Die Statue wurde auf einem Hügel zwischen dem Gemeindehaus und der Volkskool aufgestellt.

393 Patriot, 14. Oktober 1994, S. 3.

394 Beeld, 8. September 1997, S. 6; Interview mit Annatjie Boshoff.

Nach dem Tod von Betsie Verwoerd im Jahr 2000 wurde ihr Haus von der Familie in ein Verwoerd-Museum umgewandelt. Der Teil, in dem die Krankenschwester wohnte, wurde Dr. Verwoerd gewidmet, während der Teil, in dem Betsie Verwoerd lebte, in seinem ursprünglichen Zustand erhalten blieb. Die Verwoerd-Sammlung aus dem Kulturhistorischen Museum wurde dorthin verlegt, und weitere Objekte, die mit Dr. Verwoerd in Verbindung stehen, wurden im neuen Museum untergebracht. Im Laufe der Zeit fanden auch Büsten aus anderen Teilen des Landes ihren Weg ins Verwoerdhaus, wie die beeindruckende Marmorstatue von Jo Roos, die einst vor dem HF-Verwoerd-Hospital in Pretoria stand und 2006 nach Orania gebracht wurde[395]. Gleichzeitig wurde die Bronzestatue von Dr. Verwoerd vom Denkmalhügel in das Verwoerd-Haus versetzt[396], wobei der gesamte Denkmalhügel vom Orania-Architekten Christiaan van Zyl neu gestaltet wurde.

Es wurden sieben Betonsäulen aufgestellt mit Büsten von afrikaanssprachigen Staatsmännern wie den Premierministern Dr. Hendrik Frensch Verwoerd, Johannes Gerhardus Strijdom, Dr. Daniel François Malan, James Barry Munnik Hertzog und Präsident Paul Kruger.[397] Zwei Säulen standen lange leer. Im Juni 2014 konnte dort eine Bronzestatue von Premierminister Balthazar Johannes Vorster beschafft und aufgestellt werden.[398] Die letzte Säule ist bis heute leer, trotz zahlreicher Versuche, eine passende Büste zu erwerben oder gar anfertigen zu lassen.

Im Juni 2002 traf das Denkmal für die irischen Freiwilligen des Burenkrieges aus Johannesburg in Orania ein. Das Denkmal, bestehend aus vier Betonsäulen, die in einem aufsteigenden Halbkreis gruppiert sind, stand am Fernsehturm von Brixton in Johannesburg, war aber vernachlässigt und zu einem Treffpunkt für Obdachlose geworden. Ein Bauunternehmer wollte das Denkmal abreißen, um dort ein Geschäftshaus zu errichten. Das Denkmal wurde 1975 von Betsie Verwoerd enthüllt und erinnert an die irischen Freiwilligen, die im Zweiten Burenkrieg auf Seiten der Buren gekämpft hatten. Auf Initiative des Autors wurde es nach Orania gebracht und im Dezember 2002 von einer Enkelin von Dr. Verwoerd, Elizabeth van den Berg, enthüllt.

Auf dem Hügel, auf dem sich das Rathaus und das Museum befinden, wurde 2003 ein weißes Kreuz zum Gedenken an die Tausenden von Farmern und ihre Familien errichtet, die bei Überfällen auf Farmen seit 1994 zum großenTeil grausam ermordet worden waren.

IRISCHES MONUMENT, IM HINTERGRUND DER GEMEINSCHAFTSSAAL, 2016

395 Afrikaner, 7. September 2006, S. 3.
396 Beeld, 8. September 2006.
397 Volkstater Juni/August 2004: S. 2.
398 Vordergrund, August 2014: S. 21.

Ein weiteres Denkmal, das Koeksister Monument, wurde 2003 enthüllt. Die Initiative für das Denkmal ging von der „Barfuß Frauengruppe“ unter der Leitung von Lida Strydom aus und sollte die Burenfrauen ehren, die bis heute durch das Backen und den Verkauf von Koeksisters (einer afrikaanischen Süßigkeit) Geld für wohltätige Zwecke sammeln. Der Koeksister ist ebenfalls eine typisch afrikaanse Süßigkeit und das Denkmal zeigt im Gegensatz zu den ernsten Büsten auf dem Hügel, dass das Leben auch heitere Seiten hat. Das Geld für die Errichtung des Denkmals wurde durch die Aktivitäten der „Barfuß-Frauengruppe“ aufgebracht, insbesondere durch das Barfußkonzert, das zu einem festen Bestandteil des Kulturkalenders von Orania geworden ist. Über die Enthüllung des Koeksister-Denkmals im September 2003 durch Anna Boshoff wurde in den Medien ausführlich berichtet und Orania zur Abwechslung einmal von einer entspannten und fröhlichen Seite gezeigt.[399]

ANNA BOSHOFF ENTHÜLLT DAS KOEKSISTERDENKMAL, 2003

Das Archiv und die wissenschaftliche Bibliothek der EPOG entstanden zeitgleich mit dem Umzug der Gemeindeverwaltung in das ehemalige Krankenhaus im Jahr 2010. Den Anfang machte die Büchersammlung des SABRA aus der Oranierbewegung. Bald kamen umfangreiche Schenkungen ehemaliger Professoren hinzu. Pieter von Rönge leistete wichtige Arbeit beim Aufbau der Bibliothek. Später übernahm der Autor die Leitung, und um die Menge der geschenkten Bücher zu bewältigen, legte er den Schwerpunkt auf die Geisteswissenschaften und vor allem auf die afrikaanse Geschichte und Politik, etwas, was heute leider aus allen Universitätsbibliotheken verschwunden ist. Ziel ist es, die Orania, ihre verschiedenen Organisationen und die Geschichte der Afrikaaner zu dokumentieren. Später wurde mit der langsamen Digitalisierung der Dokumente begonnen, um sie auch landesweit verfügbar zu machen. Noch wird die Bibliothek wenig genutzt, aber eine Orania-Universität ist in Planung und der Campus, zunächst für technische Fächer, ist bereits ausgewiesen. Für dieses Buch über Orania waren das Archiv und die Bibliothek der EPOG neben den Erfahrungen aus erster Hand von großem Wert.

399 Pretoria News, 18. September 2003, S. 4; Beeld, 19. September 2003; Daily News, 19. September 2003, 8; Report, 21. September 2003; Huisgenoot, 2. Oktober 2003, S. 18–19.

KUNST, KULTUR UND FESTE

Kunst und Kultur sind in Orania sehr lebendig. Unter der Leitung von Bennie und Maryna van Zyl konnte sich ein Chor etablieren. Hochkarätige Künstler wie die Malerin Marinda Le Grange und die Bildhauerin und Malerin Cornelia Holm leben und arbeiten in Orania, und Kurse werden angeboten, um die Kunst auch bei der Jugend zu fördern.

Die darstellenden Künste sind in Orania sehr lebendig. Es gibt immer wieder kleinere und größere Aufführungen, von Schulkonzerten bis hin zu richtigen Theateraufführungen. Der ehemaliger Einwohner und professioneller Schauspieler, Christiaan van der Merwe, der jetzt in Pretoria lebt, spielt normalerweise die Hauptrolle und verleiht der Aufführung Qualität.

Auch das Barfußkonzert ist zu einer jährlichen Veranstaltung geworden. Es wurde von der Barfuß Frauengruppe unter der Leitung von Lida Strydom ins Leben gerufen, um Geld für Gemeindeprojekte zu sammeln. Beim Barfußkonzert werden bekannte Afrikaans-Sänger auf humorvolle Weise imitiert und bei jedem Konzert ist der Gemeindesaal bis auf den letzten Platz besetzt.

Eine echte afrikaanse Tradition sind die „Volkspele“, die den traditionellen europäischen Volkstänzen ähneln, bei denen aber zu den Liedern gesungen und Figuren getanzt werden und bei denen die traditionelle Voortrekkertracht getragen wird. Bis Mitte des 20. Jahrhunderts war dies vor allem bei Hochzeiten üblich, aber leider ist auch dieser Brauch, wie so viele andere, im Rückgang begriffen. Trotzdem gibt es noch einen landesweit aktiven Volksspiele-Verein. In Oranien gab es immer wieder Versuche, das traditionelle Volksspiel wiederzubeleben und vor allem an die jüngere Generation weiterzugeben. Einige Jahre lang, etwa ab 2006, gab es eine lokale Gruppe aus Jung und Alt mit Nicolene von Rönge und Adelaide Boshoff als Leiterinnen, die sich aber nicht an den landesweiten Volkspiele-Treffen beteiligte, weil die nötige Professionalität fehlte. Es gab auch eine große Fluktuation. Nach dem Tod von Nicolene von Rönge übernahm Adelaide Boshoff die Leitung. Aber erst als Fanus Bekker die Gruppe übernahm und nun vor allem Schüler der CVO-Schule, die zu dieser Zeit stark anwuchs, teilnahmen, kamen die Volkspiele richtig in Schwung. Die Gruppe wuchs so stark, dass sie in zwei Altersgruppen aufgeteilt werden musste. Es bildete sich auch eine Kerngruppe, die später sogar an landesweiten Volkspiele-Treffen teilnahm. So konnte eine fast ausgestorbene Tradition wiederbelebt und vor allem an die jüngere Generation weitergegeben werden.

„VOLKSPELE" (TRADITIONELLER RUNDTANZ MIT GESANG) DARBIETUNG IM GEMEINSCHAFTSSAAL, 2009

Einzigartig ist Orania auch insofern, als es anstelle der heute üblichen südafrikanischen Feiertage, die fast immer einen politischen, meist mit dem ANC verbundenen Bezug haben, eigene afrikaanse Feiertage gibt. Christliche Feste wie Ostern, Weihnachten und Christi Himmelfahrt werden natürlich auch gefeiert.

Der erste Feiertag im Kalender ist jedes Jahr der Majuba-Tag am 28. Februar. An diesem Tag im Jahr 1881 besiegten die freiwilligen Milizen von Transvaal in der Schlacht von Majuba in Natal die britischen Imperialisten und befreiten Transvaal von der britischen Besatzung. Seit einigen Jahren besuchen Gruppen aus Orania unter der Leitung der CVO-Schule das Majuba-Fest am Originalschauplatz in Natal. In Orania selbst wird in der Regel ein Film über Majuba gezeigt und der nahe gelegene Hügel bestiegen oder die Schlacht nachgespielt.

Der Gründungstag am 6. April erinnert an den Tag im Jahr 1652, an dem Jan van Riebeek am Kap der Guten Hoffnung landete, um eine Versorgungsstation für die Ostindien Kompanie zu gründen. Die Landung von Jan van Riebeek wird nachgespielt, indem die Teilnehmer in historischen Kostümen mit selbstgebauten Flößen am Uferpark ankommen. In jüngster Zeit ist es üblich geworden, den Gründungstag mit der Gründung der Orania am 13. April zu feiern, die normalerweise um den Karneval herum stattfindet.

Der 31. Mai ist der Bittereindertag, der Tag, an dem 1902 der Burenkrieg endete. An das schwere Schicksal der Frauen und Kinder in den Konzentrationslagern wird mit einem Besuch der KZ-Gedenkstätte Orange River mit Kranzniederlegung und einer Erzählung von Rina Wild erinnert.

Der Tag der Sprache am 14. August erinnert an die Gründung der Genootskap van Regte Afrikaners – GRA (Gemeinschaft der echten Afrikaaner) im Jahr 1875 die zur Entwicklung von Afrikaans als Literatur- und Wissenschaftssprache und später zur offiziellen Anerkennung als Landessprache neben Englisch führte. Die Veranstaltung findet in der Regel in der Gemeindehalle statt und beinhaltet Aufführungen, Gedichte und Gesang.

Der Heldentag am 10. Oktober erinnert an den Geburtstag von Paul Kruger. An diesem Tag finden Exkursionen zum Schlachtfeld von Magersfontein statt, und das Kulturhistorische Museum veranstaltet einen Tag der offenen Tür mit historischen Ausstellungen.

Das Gelöbnisfest am 16. Dezember ist der größte Feiertag der Buren und erinnert an die Schlacht am Blood River 1838, bei der die burischen Voortrekker im Rahemn des Großen Trek eine riesige Übermacht von Zulu-Kriegern besiegten. Jedes Jahr findet im Uferpark ein Gottesdienst mit Erzählung der Ereignisse statt, gefolgt von einem geselligen Beisammensein mit Picknick. Zu diesem Anlass tragen auch einige Einwohner traditionelle Trachten.

Die Volksstaatskou (Verkaufsmesse) wurde zum ersten Mal im Jahr 2000 veranstaltet und fand rund um die ehemalige Garage hinter der Tankstelle statt. Es gab Stände von Institutionen und Unternehmen aus Orania und von außerhalb, Wettbewerbe, Aufführungen und eine Auktion. Die Volksstaatskou wurde von Jahr zu Jahr größer und Andreas du Plessis hatte die Idee, ein eigenes Messegelände am Eingang zum Industriegebiet zu errichten. Einige Jahre lang fand die Messe dort statt, zusammen mit Autorennen auf der nahegelegenen Rennstrecke. Der Termin der Messe wurde mehrmals geändert, und ist entweder im Herbst (März/April) oder im Frühling (September/Oktober).

Die Messe (und später der Karneval) wurde jeweils mit einem Umzug eröffnet. Anlässlich des 20-jährigen Bestehens von Orania im Jahr 2011 wurde die Messe durch den ersten Karneval ersetzt, der eher den Charakter eines Volksfestes als einer Messe hatte. Der Karneval fand auf dem Rugby-Feld statt, und

INFORMELLES ZUSAMMENSEIN MIT KUCHEN UND INGWERBIER NACH DEM OFFIZIELLEN TEIL DES GELOFTEDAG (TAG DES GELÜBDES) AM 16. DEZEMBER 2014 AM UFERPARK. IN DER MITTE: ADELAIDE BOSHOFF (MIT GRÜNEM KLEID), ANNATJIE BOSHOFF (MIT HELLBLAUEM KLEID) UND MARTIN KEMP, 2016.

aufgrund des großen Erfolgs wurde beschlossen, den Karneval jedes Jahr im April um den Gründungstag herum zu veranstalten. Das Messegelände wurde dadurch überflüssig und in ein begehrtes Gewerbegebiet umgewandelt.

Sehr beliebt ist die Versteigerung, bei der jeder nicht mehr benötigte Gegenstände zu Geld machen kann. Sie findet jeden ersten Samstag im Monat statt und ist eine gemütliche, typisch burische Veranstaltung, bei der man Schnäppchen machen, sich von Überflüssigem trennen, mit Bekannten plaudern und Pfannkuchen essen kann.

Auf Initiative von Francois und Annatjie Joubert, die damals in Pretoria lebten, wurde im Jahr 2000 ein Wissenschaftsfestival ins Leben gerufen, das bis 2010 jedes Jahr im Oktober zwei Wochen lang stattfand. Die Idee war vor allem, Kinder und Jugendliche, aber auch Erwachsene für die Naturwissenschaften zu begeistern und den Erfinder- und Unternehmergeist zu fördern. Während des Wissenschaftsfestivals entstanden zahlreiche Unikate, von denen einige sogar Preise bei landesweiten Schülerolympiaden gewannen. Professoren und Experten auf ihrem Gebiet boten regelmäßig Vorlesungen an, außerdem gab es Wissenschaftsspiele, bei denen eher praktische Aufgaben wie der Bau von Katapulten, Raketen oder Brücken gelöst werden mussten. Neben den klassischen naturwissenschaftlichen Fächern wie alternative Energien, Computertechnik und Robotik wurde das Angebot später auch auf Gartenbau, Käseherstellung und Filmanalyse ausgeweitet.

SICHERHEIT

Orania liegt in einer dünn besiedelten ländlichen Gegend, in der die Kriminalität an sich gering ist. Die Siedlung selbst ist besonders sicher, da die Einwohner, anders als im übrigen Südafrika, meldepflichtig sind. Dennoch ist auch Orania, wie überall auf der Welt, nicht frei von Kriminalität, wobei vor allem Diebstähle, Schlägereien und Vandalismus vorkommen. Hinzu kommt eine Bedrohung von außen durch Banden, die von Zeit zu Zeit bestimmte ländliche Gebiete heimsuchen.

Da sich die Sicherheitslage in Südafrika zunehmend verschlechtert, wurden auch in Orania präventive Maßnahmen ergriffen. Schließlich ist Sicherheit für viele der Hauptgrund, nach Orania zu ziehen. In Zusammenarbeit mit der Solidariteit-Bewegung wurde ein gut ausgestattetes Sicherheits- und Notfallzentrum mit Überwachungskameras und einer Aufklärungsdrohne errichtet. Es gibt eine kleine bezahlte Kerngruppe, die für Notfälle ausgebildet und ausgerüstet ist, sowie zahlreiche Freiwillige, die Patrouillen durchführen.

TIROL,
SÜDAFR

ORANIAS 2017

ÜDTIROL UND KA

UNBEKANNTE HISTORISCHE BERÜHRUNGSPUNKTE

CHRISTOPH VON ACH

Die Gründung des Vereins Südtiroler Freundeskreis der Afrikaaner im Jahr 2010 gab den Ausschlag, die Beziehungen zwischen Südtirolern und der afrikaanssprachigen Minderheit in Südafrika auf vielerlei Art zu pflegen und zu beleben – über aktuelle Minderheitensituation, die Südtiroler und Afrikaaner vereint, gab es jedoch bereits früher Berührungspunkte zwischen Tirolern und Südafrika. Im nachstehenden Beitrag sollen diese -durchaus bedeutsamen historischen Beziehungen kurz dargestellt werden.. Das größte Problem bei einer solchen Aufgabe ist die Quellenlage: da die Burenvereine nicht Vereine im zivilrechtlichen Sinne waren, existieren keine Unterlagen im Tiroler Landesarchiv. Als einzige Primärquelle können zeitgenössische Zeitungen herangezogen werden sowie einzelne Publikationen aus neuerer Zeit, die sich aber nur sehr oberflächlich und sporadisch der von 1899 bis 1904 so dominanten „Bureneuphorie" der Tiroler widmen. Zusätzlich konnte in späteren Publikationen einzelne Begebenheiten rekonstruiert werden. Die im Nachfolgenden geschilderten historischen Ereignisse bilden einen wichtigen Bezugsrahmen für die Tätigkeit des Südtiroler Freundeskreises der Afrikaaner und unserer südafrikanischen Partnerorganisationen.

Der südafrikanische Vielvölkerstaat geht in seinen Ursprüngen auf die erste Landung eines europäischen bzw. niederländischen Schiffes im Jahr 1652 zurück – dies war die Grundlage der Einwanderung von europäischen Siedlern. Die Europäer stammten zwar in der Mehrzahl aus den Niederlanden, es gab aber auch eine starke Minderheit an französischen und deutschen Einwanderern - darunter auch Tiroler. Historisch belegt ist Nikolaus Vogtmann. Der Meraner wanderte im Jahr 1660 in das damalige Kapland aus und heiratete eine Bürgerstochter aus Kapstadt. Unter dem Namen Claas Vegtmann wurde er ein freier Bürger („Vryburger") und Landwirt.

Die napoleonischen Kriege warfen ihren Schatten auch auf Afrika. 1795 besetzte Großbritannien das Kapland aus strategischen Gründen und schloss es nach dem Wiener Kongress mit Zustimmung der europäischen Großmächte dem britischen Empire an. Die Briten versuchten die eingesessenen Afrikaaner schrittweise zu anglisieren: 1820 wurden 5.000 englische Veteranen im Kapland angesiedelt, 1828 Afrikaans als Amtssprache und 1832 als Gerichtssprache verboten. Aus Protest dagegen zogen deshalb ab 1834 Tausende von Afrikaanern als so genannte „Voortrekker" mit ihren schweren Planwagen in das Landesinnere, um in Freiheit ihre Kultur und Sprache leben zu können. Dabei trafen sie auf schwarzafrikanische Bantuvölker, die zum Teil schon seit Jahrhunderten, zum Teil erst seit kurzem in das Hinterland des

heutigen Südafrika eingewandert waren. Die kriegerischen Auseinandersetzungen zwischen Voortrekkern und den Bantus begleiteten die Gründung mehrerer „Burenrepubliken", die ab 1843 entstanden. Dazu zählten die Republiken Stellaland, Goshen, Nieuwe Republik, Vryheid und Natalia, die jedoch bis 1885 vom britischen Empire unterworfen wurden.

Die Briten waren bestrebt, ein durchgehendes Kolonialreich von Ägypten bis nach Kapstadt zu errichten, um den afrikanischen Kontinent zu kontrollieren. Die größten der Burenrepuliken Oranje-Freistaat und Transvaal (offiziell Südafrkanische Republik genannt) konnten sich erfolgreich einer britischen

CAREL BOSHOFF (SNR.), GRÜNDER VON ORANIA

DIE HISTORISCHEN BURENREPUBLIKEN: STELLALAND UND GOSHEN, NATALIA, VRIJHEID, ORANJE UND SÜDAFRIKANISCHE REPUBLIK (TRANSVAAL). BIS AUF ORANJE UND TRANSVAAL WURDEN ALLE REPUBLIKEN ZWISCHEN 1854 UND 1885 VOM BRITISCHEN EMPIRE ANNEKTIERT

Einflussnahme erwehren und standen den britischen Kolonialambitionen im Wege.

Insbesondere der britische Finanzier, Industrielle und Visionär Cecil Rhodes träumte von einer britischen Kolonie zwischen Kairo und dem Kap der Guten Hoffnung. Schließlich brach im Oktober 1899 der offene Krieg aus. Die Buren waren der Weltmacht Großbritannien militärisch hoffnungslos unterlegen, dennoch gelang es ihnen in der ersten Phase des Krieges den Briten empfindliche Niederlagen zuzufügen. Die Siege der Buren wurden in Europa begeistert gefeiert. Obwohl sich die europäischen Staaten offiziell neutral verhielten, war die öffentliche Meinung in Österreich-Ungarn, Frankreich, Deutschland, Belgien und natürlich den Niederlanden parteienübergreifend vom Freiheitswillen der kleinen Burenrepubliken beeindruckt und unterstützte diesen mit Solidaritätsbekundungen und Spendensammlungen, auch bis weit über das Ende des Krieges am 31. Mai 1902 hinaus.

Nachstehend eine kleine Auswahl von Personen und Vereinigungen, deren Engagement für die historischen Beziehungen zwischen Tirolern und Buren besonders hervorstach.

BRITISCHES KONZENTRATIONSLAGER BEI BLOEMFONTEIN, 1901

EIN OPFER DER STRATEGIE DER „VERBRANNTEN ERDE".
DIE ERST 7 JÄHRIGE LIZZIE VAN ZYL STARB 1901 UND WURDE ZUM
ZUM SYMBOL FÜR DIE GRAUSAMKEIT DER BRITISCHEN KRIEGFÜHRUNG

ALFRED LILL VON LILIENBACH – VÖLKERRECHTSEXPERTE ZUM BURENKRIEG

In Tirol wurde dem Krieg im Tausende Kilometer entfernten Südafrika auch deshalb besondere Aufmerksamkeit gewidmet, da man sich an den Freiheitskampf Andreas Hofers 1809 erinnert fühlte. In beiden Fällen stand ein kleines, bäuerlich geprägtes Volk gegen eine Großmacht, in beiden Fällen war die Ursache für den Freiheitskampf der Widerstand gegen einen imperialistischen Herrschaftsanspruch.

So erschien bereits im März 1900 in Meran eine Denkschrift des späteren Bezirkshauptmanns von Kitzbühel Alfred Lill Rastern von Lilienbach, in dem aus völkerrechtlicher Sicht die britische Aggression scharf verurteilt wurde. Das Büchlein erlebte mehrere Auflagen und war in akademischen Kreisen ausgesprochen populär.

Vor allem Intellektuelle aller Lager setzten sich mit dem Krieg auseinander: der bayrische Volksschriftsteller Ludwig Thoma gab gemeinsam mit namhaften Künstlern, darunter Franz von Defregger, die Publikation „Der Burenkrieg“ heraus, in der mit Grafiken, Gedichten und Kurzgeschichten für die burische Sache geworben wurde. Es war die zweite Veröffentlichung des Autors der „Lausbubengeschichten“. Defregger spielte darüber hinaus eine herausragende Rolle bei der Unterstützung des burischen Freiheitskampfs.

Franz von Defregger (1835-1921) gilt als einer der bedeutendsten Vertreter der deutschen Landschafts- und Historienmalerei und als der wohl größte Tiroler Maler. Der Osttiroler Bauernsohn studierte an der

FRANZ VON DEFREGGER

LUDWIG THOMA

DIE BEIDEN INTELLEKTUELLEN VERÖFFENTLICHTEN GEMEINSAM DAS BUCH „DER BURENKRIEG", ES WAR LUDWIG THOMAS ZWEITE VERÖFFENTLICHUNG

Das

Recht der Buren

und die

britische Vormacht

von

Alfred Lill v. Lilienbach.

Der Erlös ist für die Hinterbliebenen gefallener Buren bestimmt.

Preis: 1 Krone.

MERAN.
F. W. Ellmenreich's Verlag.
1900.

CECIL RHODES, DIE TREIBENDE KRAFT HINTER DER BRITISCHEN AGGRESSIONSPOLITIK GEGENÜBER DEN BURENREPUBLIKEN, IN EINER EINER KARIKATUR DER ENGLISCHEN SATIREZEITSCHRIFT „PUNCH"

FRANZ VON DEFREGGER – KÜNSTLER UND BURENFREUND

Münchner Kunstakademie und avancierte nach Studienaufenthalten in Paris und ersten Erfolgen als Maler historischer Bilder zum Professor für Historienmalerei an der Kunstakademie München. Seine bekanntesten Werke sind die zeitlosen Gemälde zum Tiroler Freiheitskrieg von 1809 („Die Heimkehr der Sieger"; „Das letzte Aufgebot") sowie detailreiche und ausgefeilte Gemälde des Tiroler Volkslebens.

Heute kaum mehr bekannt ist sein philantropisches Engagement, das Defregger ab 1900 in den Dienst der „Deutschen Centrale für Bestrebungen zur Beendigung des Burenkrieges" stellte. Dieser Dachverband von Sympathisanten der Burenrepubliken war in erster Linie bestrebt, durch Information und Aufklärung über die grausame britische Kriegführung die Weltöffentlichkeit wachzurütteln und der Eskalation des Krieges in Südafrika Einhalt zu gebieten. Bereits im Juni 1900, 8 Monate nach Ausbruch des Krieges, wurden unter der Schirmherrschaft Defreggers und weiterer namhafter Persönlichkeiten wie dem Schriftsteller Ludwig Thoma und dem ersten deutschen Nobelpreisträger Theodor Mommsen, 200.000 Unterschriften für eine Petition zur Beendigung des Krieges gesammelt. Die Grundausrichtung der „Centrale" war dabei dem Pazifismus Bertha von Suttners verbunden. 1901 gründete die „Deutsche Centrale" gemeinsam mit französischen, niederländischen und italienischen Sympathisanten die „Internationale Burenliga", um die Anliegen der Burenrepubliken auf internationalem Parkett stärker zu akzentuieren.

FRANZ VON DEFREGGERS „BURENKARTE“ GREIFT DIE BRUTALE KRIEGFÜHRUNG DER BRITISCHEN ARMEE IM BURENKRIEG AUF

DAS MÜNCHNER KÜNSTLERHAUS NEBEN DER SYNAGOGE IN EINER ZEITGENÖSSISCHEN DARSTELLUNG

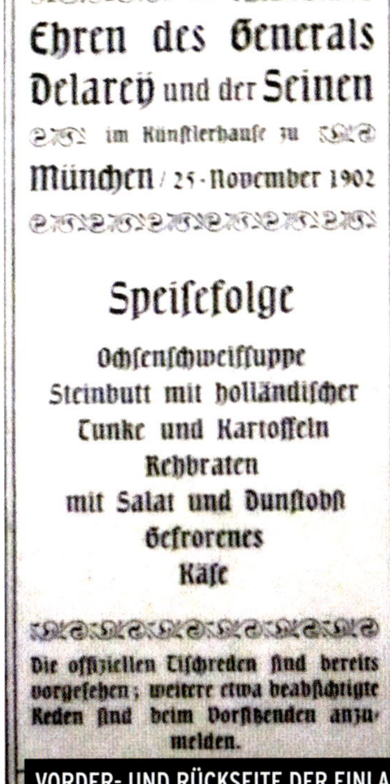

Festmahl

zu

Ehren des Generals Delarey und der Seinen

im Künstlerhause zu

München / 25. November 1902

Speisefolge

Ochsenschweifsuppe
Steinbutt mit holländischer Tunke und Kartoffeln
Rehbraten mit Salat und Dunstobst
Gefrorenes
Käse

Die offiziellen Tischreden sind bereits vorgesehen; weitere etwa beabsichtigte Reden sind beim Vorsitzenden anzumelden.

VORDER- UND RÜCKSEITE DER EINLADUNGSKARTE UND SPEISENFOLGE DES „FESTMAHLS“ AM 25. NOVEMBER 1902. RECHTS AUF DER RÜCKSEITE DIE EIGENHÄNDIGE UNTERSCHRIFT FRANZ VON DEFREGGERS

Durch die brutale Kriegführung der britischen Armee, die unter den Schlagwörtern „Scorched earth“ (Verbrannte Erde) und „concentration camps“ (Konzentrationslager) einen bis dahin ungekannten Krieg gegen die Zivilbevölkerung entfesselte, stand die burische Bevölkerung noch während des Krieges vor der völligen Vernichtung.

Franz von Defregger griff dies auch künstlerisch auf und schuf eine Postkarte zum Burenkrieg, deren Verkaufserlös der „Deutschen Centrale für Bestrebungen zur Beendigung des Burenkrieges“ zufloss. Die Postkarte Defreggers wurde ein außerordentlicher Erfolg: einer Meldung vom 31.12.1901 in den *Bozner Nachrichten* zufolge, wurde eine neue Auflage vorbereitet, da die Karte restlos ausverkauft sei. Die erste Auflage betrug den *Bozner Nachrichten* zufolge 10.000 Exemplare – eine für die damalige, aber auch die heutige Zeit unvorstellbare Höhe.

Im deutschen Raum tat sich die „Deutsche Centrale“ vor allem durch die Gründung des „Deutschen Burenhilfsfonds“ hervor. In diesem Fonds flossen die bei Versammlungen, Reden, Vorträgen und Wohltätigkeitsveranstaltungen eingenommenen Spendengelder ein, die später für einen Wiederaufbau der Burenrepubliken dienen sollten.

Auch Defregger beteiligte sich an diesen Aktivitäten, auch nach dem Krieg, als die Burenrepubliken durch die Übermacht des britischen Empire schließlich besiegt wurden. Am 25. November 1902 gab Defregger eine Einladung zu einem „Festmahl zu Ehren des Generals De la Rey und der Seinen“ im Münchner Künstlerhaus.

Anwesend war dabei auch die Gattin des sich noch in britischer Kriegsgefangenschaft befindlichen Generals, wie die noch erhaltene Einladung mit Speisenfolge beweist.

Franz von Defregger war damit einer der engagiertesten Tiroler Intellektuellen, die sich für eine Beendigung des Burenkrieges und eine menschenwürdige Behandlung der Buren einsetzten.

DER JUNGTIROLER DICHTER ANTON RENK

ANTON RENK – PAZIFIST UND „HEROLD" DES BURENKRIEGES

Der Innsbrucker Dichter, Heimatforscher und Schriftsteller Anton Renk (1871-1906) fühlte sich in besonderem Masse dem Freiheitskampf der Afrikaaner gegen die britischen Imperialisten verbunden. Er galt als bedeutender Vertreter der Jungtiroler Lyrik und wurde als Erstbesteiger des Alten Mannes und der Kuppkarlesspitze in den Ötztaler Alpen auch als Bergsteiger bekannt. Sein soziales Engagement fand unter anderem in der Gründung des Akademischen Friedensvereins Innsbruck seinen Ausdruck – nach dem früh verstorbenen Lyriker ist die Anton-Renk-Hütte in den Ötztaler Alpen benannt.

1901 veröffentlichte er den Gedichtband „Tiroler und Buren" in dem er die Parallelen zwischen Tiroler Freiheitskampf und Burenkrieg hervorhob.

Tiroler

und

Buren.

Von

Anton Renk.

Den Brüdern in Afrika gewidmet.

DER SCHERER

ER GAB IM RADIKALLIBERALEN SCHERER-VERLAG IN INNSBRUCK DIE GEDICHTSAMMLUNG „TIROLER UND BUREN" HERAUS

Tiroler und Buren

Anton Renk

Die Herrschsucht lächelt vom
gold'nen Thron
Und sah die Bäche rothen
Blutes fließen
Und welterobernd kam
Napoleon
Und deutsche Fürsten
krochen ihm zu Füssen.
Du mein Tiroler Volk,
erhobst die Hand,
es war dir fremd die Feigheit
und die Bitte

Für's Vaterland den Stutzen von der Wand
Und für die Freiheit, für die eigne Sitte.
Die Bürger und die Bauern zogen aus – die Diplomaten
nannten sie Rebellen – und wo ein Herz verquoll im
Schlachtengraus, erblühen blutige Brunellen.
...

Und heute steht die Habsucht Englands da
Und will von Kapstadt nordwärts an die Syrthen,
ein neues Weltreich will sie: Afrika!
Doch für die Freiheit kämpft ein Volk von Hirten.
Die Burghers und die Buren ziehen aus, wie wir dereinst
von aller Welt verlassen
Und mahnen Deutschland, dass der Völkerbraus des neuen
Leipzig es soll nicht verpassen.
Und sie gedenken an Majuba Hill wie ihr, dass ihr am
Iselberg geschlagen!
Und Recht-begeistert hört man „Wie Gott will!" wie euch,
in Afrika, die Buren sagen.

DIE VERLASSENEN ARBEITERQUARTIERE (SPÄTER CVO-SCHULE), 1991

ANTON VON GOLDEGG (PFEIL) NACH SEINER RÜCKKEHR IM KREISE UNBEKANNTER BURENFREUNDE. DIESE TRAGEN ZUM ZEICHEN DER SOLIDARITÄT DEN „BURENHUT“

FREIWILLIGE AUS ALLER HERREN LÄNDER AUF SEITEN DER BUREN. FINNISCHES FREIWILLIGENBATALLION IN TRANSVAAL

ANTON VON GOLDEGG - EIN TIROLER BURENKOMMANDANT

Anton von Goldegg und Lindenburg, ehemaliger Oberleutnant der k.u.k. Ulanen, begab sich im Jänner 1900 in Begleitung seiner Schwester Emma über Schleichwege nach Pretoria und trat als Freiwilliger in die Milizarmee der Südafrikanischen Republik ein, während seine Schwester sich dem Deutschen Roten Kreuz als Krankenpflegerin anschloss. Ungewöhnlich war dieser Schritt nicht: die verbreitete Sympathie für die Burenrepubliken zog tausende Freiwillige aus Europa an, die aus unterschiedlichen Motiven gegen den britischen Imperialismus kämpften.

DER RUSSISCHE OBERST MAXIMOFF MIT EINEM BURENKÄMPFER

Deutsche, Iren, Skandinavier, Franzosen, Italiener und Russen stellten Freikorps auf und selbst die neutralen Schweizer beteiligten sich mit einem Feldlazarett auf Seiten der Afrikaaner.

Anton von Goldegg kam also als einer von vielen Freiwilligen nach Südafrika und es gelang ihm aufgrund seiner militärischen Fähigkeiten innerhalb kürzester Zeit, vom einfachen Kundschafter zum Anführer einer eigenständigen Einheit aufzusteigen. Das „Kommando Goldegg" (auch „Österreichisches Freikorps" genannt) bestand im Sommer 1900 aus ca. 150 Mann.

Besondere Verdienste erwarb sich diese österreichische Einheit unter Tiroler Führung bei der Schlacht von Dalmanutha im August 1900. In exponierter Stellung an vorderster Front hielten die österreichischen Freiwilligen gemeinsam mit einer Einheit aus Johannesburger Polizisten starken britischem Artilleriebeschuss stand und sicherten bei fortgesetzten Infanterieangriffen den Abzug der burischen Armee.

Comte de Villebois-Mareuil

PROCLAMATION
du Colonel de VILLEBOIS-MAREUIL
aux Légionnaires
qui combattent au Transvaal.

Officiers, sous-officiers et soldats,

Je sais que vous ne m'avez pas oublié et que nous nous comprenons mutuellement, et c'est pourquoi je vous adresse cet appel.

Il y a ici un peuple d'hommes de valeur que l'on veut dépouiller de ses droits, de ses biens et de ses libertés pour donner, par sa chute, satisfaction à quelques capitalistes. Le sang qui coule dans les veines de ce peuple est en partie du sang français.

La France, par conséquent, lui doit une manifestation généreuse d'assistance.

Vous êtes des hommes que leur tempérament de soldat, en dehors de toutes les grandes obligations de nationalité, a réunis sous le drapeau de ce peuple. Puisse ce drapeau porter dans ses plis le triomphe de la plus juste des causes : celle de l'indépendance d'un peuple et de la liberté du monde!

Vous êtes pour moi le type accompli d'une troupe qui attaque et qui ne connaît pas la retraite!

Camarades, en avant!

VILLEBOIS-MAREUIL

AUFRUF AN DIE FRANZÖSISCHEN FREIWILLIGEN IN TRANSVAAL VON KOMMANDANT DE VILLEROIS-MAREUIL, DER 1901 FIEL.

Der österreichische Historiker und Univ. Prof. Dr. Erwin A. Schmidl berichtet in seiner 1984 erschienen Dissertation über die Schlacht:

„Mit bewundernswerter Tapferkeit hielten sie (die Polizisten und Österreicher, Anm.) den ganzen Tag über schwerstem Geschützfeuer stand; als sie gegen 15 Uhr aber doch die Position räumen mussten, ließen sie 14 Tote und 19 Verwundete zurück, lediglich 35 Mann konnten sich zu den dahinter liegenden Linien der Buren durchschlagen." (Schmidl, Österreicher im Burenkrieg, phil. Diss., Wien 1984)

Als die Briten nach der Besetzung der beiden Hauptstädte Pretoria und Bloemfontein die beiden Burenrepubliken staatsrechtlich zum Teil des britischen Empire erklärten, änderte sich die Situation der ausländischen Freiwilligen auf burischer Seite schlagartig. Bisher waren sie Soldaten zweier unabhängiger Republiken gewesen und somit bei Gefangennahme durch die Briten vom Kriegsvölkerrecht geschützt. Nun bestand die Gefahr, dass die Briten die ausländischen Freiwilligen als Rebellen behandeln würden, die im Falle einer Gefangennahme mit sofortiger Hinrichtung zu rechnen hatten.

Goldegg und seine Einheit wichen deshalb in die portugiesische Kolonie Mozambique aus und traten von dort die Heimkehr an. Goldegg wurde vom Bozner Burenverein am 6. Jänner 1901 ehrenvoll empfangen und hielt später Vorträge über seine Erlebnisse im Burenkrieg. Er starb 1926 in Partschins. Sein Grab befindet sich gleich neben demjenigen des bekanntesten Partschinsers Peter Mitterhofer, dem Erfinder der Schreibmaschine.

DAS GRAB DES BURENKOMMANDANTEN ANTON VON GOLDEGG UND LINDENBURG AM PARTSCHINSER FRIEDHOF (PFEIL), NUR KNAPP NEBEN DER GRABSTÄTTE PETER MITTERHOFERS, DES ERFINDERS DER SCHREIBMASCHINE

Bozner Nachrichten

und Allgemeiner Anzeiger.

Nr. 276 | Sonntag, 2. December 1900 | Jahrg. 7

Von den Goldeggs aus Südafrika. Folgender Brief des ehemaligen Oberlieutenants Anton v. Goldegg, der in Südafrika das österreichisch-ungarisch-deutsche Korps befehligt hatte, wird dem „Frembbl." mitgetheilt: „Lourenzo-Marques, 2. Okt. 1900. Trotzdem ich nun schon sechs Tage hier bin, komme ich zu keiner freien Stunde, um ausführlicher schreiben zu können, denn die Hilflosigkeit der Ausländer ist enorm, und wenn nicht der Kommandant des italienischen Korps, Capitano Richiardi, und ich uns so kräftig eingesetzt hätten, würde man wohl Alle einfach ihrem Schicksale überlassen haben. Nach langen Bemühungen gelang es uns, für ca. 450 Mann, Amerikaner, Holländer, Deutsche, Oesterreicher, Russen, Italiener &c., freie Fahrt via Triest in die jeweilige Heimat und eine Barmittelbetheilung von zehn Pfund pro Kopf zu erwirken, von welcher Summe 30 Shilling hier, der Rest in Triest auszuzahlen ist. Subalternoffiziere erhielten nebst der freien Fahrt II. Klasse in die Heimat zwanzig, Kommandanten die Fahrt I. Klasse und fünfzig Pfund in Gold. Heute mittags fährt die „Styria", ein österreichischer Lloyddampfer, welcher Mehl hierhergebracht hatte, nach Triest ab. Der Dampfer hat alle Ausländer an Bord, welche nicht durch irgend welche Angelegenheiten hier noch gebunden sind. Ich schreibe in größter Eile nur einige Zeilen, da es bis zur Abfahrt der „Styria" noch eine Menge zu thun gibt. So gilt es auch noch, meinen allzeit treuen Begleiter, den akademischen Wiener Porträtmaler Strauch und Herrn Jansen, welche von den Portugiesen noch immer als Gefangene behandelt werden, die Befreiung zu erwirken, damit sie des Vortheils, noch heute in die Heimath abreisen zu können, theilhaftig werden. Ich bin hier Gast des österreichischen Oberlieutenants Duczek, welcher den Posten eines Direktors der hiesigen, sehr prosperierenden Eisfabrik mit einem Jahresgehalte von ca. 9000 fl. bekleidet. Ich erwarte hier das Eintreffen meiner Schwester aus Johannesburg, worauf wir mit dem Wunsche, das herrliche Transvaal nicht für immer zu verlassen, die Heimreise nach Meran antreten werden. Anton v. Goldegg." — Ebenfalls im Fremdenbl." finden wir das II. Kapitel der unter dem Schlagwort: „Erlebnisse einer österreichischen Dame in Südafrika" erscheinenden Schilderungen von Frau Emma von Goldegg, diesmal Johannesburg, 16. September, datiert. Am Schluß theilt genanntes Blatt mit, daß Frau v. Goldegg, wie sie in einem Schreiben aus Bloemfontein vom 13. Okt. mittheilt, sich via East-London auf dem Wege nach Lourenzo-Marques befindet, da das Kommando ihres Bruders, nach dem letzten regulären Gefecht des Krieges bei Komatifort den weiteren Kampf als zwecklos erkennend, das Gebiet Transvaals verlassen habe und sich seit dem 16. Sept. in Lourenzo-Marques befindet, um sich in die Heimat einzuschiffen.

ARTIKEL AUS DEN „BOZNER NACHRICHTEN" VOM 2. DEZEMBER 1900 ÜBER DEN RÜCKZUG GOLDEGGS NACH MOZAMBIQUE, DANEBEN EIN FOTO VON ANTON UND UND EMMA VON GOLDEGG UND LINDENBURG (EIGENE ZUSAMMENSTELLUNG)

DAS BRUNECKER BURENLAGER UND ANTON LIENSBERGER

Auch in Bruneck fand sich ein Kreis von Unterstützern der Burenrepubliken zusammen, die im bekannten Hotel Post und im Gastahus Fuchs ihre Versammlungen abhielten.

POSTKARTE DES „BRUNECKER BURENLAGERS" AUS DEM JAHR 1901

Der muntere Kreis der Brunecker Burenfreunde unterstützte den gebürtigen Brunecker Anton Liensberger, der im Frühjahr 1900 bis zum Fall Pretorias als Freiwilliger unter anderem unter Anton v. Goldegg gedient hatte. Die lebhafte Vereinstätigkeit fand Berichterstattung im Pustertaler Boten und zeigt, dass das Brunecker Burenlager bis Ende 1903 als Verein aktiv war und sich vor allem mit Spendensammlungen für burische Kriegsgefangene und die Opfer der britischen Konzentrationslager einsetzte.

DER BOZNER BURENVEREIN

In Bozen bildete sich schon im Dezember 1899 eine lockere Runde, die bald als „Bozner Burenecke" von sich reden machte. Der kleine Verein tat sich vor allem durch Vorträge, Teilnahme an Kundgebungen und Spendensammlungen hervor. Über das rege Vereinsleben berichteten damals ausführlich vor allem die „Bozner Nachrichten", allerdings war der Burenkrieg für alle Blätter, unabhängig ihrer Ausrichtung, ein Anliegen ersten Ranges. Wesentliche Unterschiede bei der Bewertung des Krieges waren dabei, trotz aller weltanschaulichen Differenzen zwischen den Zeitungen, kaum auszumachen. Den Bozner Burenfreunden gelang es dabei sogar, überregional Aufsehen zu erregen.

Im Februar 1901 erschien die damals sehr populäre Wiener Zeitung „Das interessante Blatt" mit einer fotografischen Darstellung des Burenvereins. Das war insofern eine Besonderheit, da um die Jahrhundertwende Zeitungen keine Fotografien druckten, bzw. das „Interessante Blatt" war eine der ersten Zeitungen der k.u.k. Monarchie, die dieses Stilmittel einsetzte. Die folgende Aufnahme der „Boeren-Ecke in Bozen" ist aus diesem Grunde eine besondere Rarität – damals wie heute. Der Artikel erschien in der Ausgabe Nr. 7 vom Februar 1901; der Text lautet folgendermassen:

*„**Die Boeren-Ecke in Bozen.** Noch immer wütet der Krieg; Wenn er auch nicht mehr officiell als solcher gilt, in Südafrika, heldenmüthig wehren sich die Boeren gegen die englische Übermacht … Gleich bei Beginn des*

südafrikanischen Krieges bildeten sich in vielen Städten Deutschlands und auch in unserer Monarchie Gesellschaftsgruppen, welche in der Achtung für die Boeren das gemeinsame Band hatten. Auch in der südlichsten deutschen Stadt Tirols, in Bozen, entstand eine Tischgesellschaft, die den Namen „Bozner Boeren, Walther von der Vogelweide" führt und warme Sympathien für das tapfere Boerenvolk fühlt und dessen Erfolge und Missgeschicke mit warmer Antheilnahme verfolgte. Dieselbe hat ihren Sitz in den bekannten Hotel „Walther von der Vogelweide". Ein hübsches Souterrainlocal ist der Versammlungsort, das jetzt bereits zu einem land- und stadtbekannten Stelldichein für alle Boerenfreunde von Nah' und Ferne geworden ist. Das mit unzähligen Ansichtskarten, die der Gesellschaft von lieben Freunden gespendet wurden, geschmückte Heim hat unter seinen Besuchern auch illustre Namen aufzuweisen die am Boerentische saßen und die Thaten der wackeren Boeren besprachen. Die Wände der Stammtische zieren Erinnerungen an den Boerenkrieg und selbstverständlich fehlt das Bild des Präsidenten Krüger nicht. Unser heutiges Bild zeigt die Boerenecke, die Vorstehung des Vereins und in der Mitte den von Afrika zurückgekehrten Boeren-Commandanten Anton von Goldegg."

Dieses Zitat beschreibt wahrscheinlich am besten, was es mit den so genannten „Burenvereinen" auf sich hatte: es waren Zusammenschlüsse von Gleichgesinnten, die für einen tausende Kilometer entfernten Konflikt Interesse zeigten und diesen Konflikt zum Gegenstand einer breiten gesellschaftlichen Diskussion machten. Man könnte diese Gruppen – „Vereine" im zivilrechtlichen Sinne waren es im seltensten Fall – als zivilge-

Die Boeren-Ecke in Bozen.

DAS INTERESSANTE BLATT, „DIE BOERENECKE IN BOZEN", FEBRUAR 1901.

ZEITGENÖSSISCHE ANSICHT DES HOTELS „WALTHER VON DER VOGELWEIDE" AM BOZNER WALTHERPLATZ sellschaftliche Organisationen betrachten, wobei diese alle gesellschaftlichen Schichten umfassten.

Das Zentrum der Bozner Burenfreunde war das Hotel „Walther von der Vogelweide“ am Bozner Waltherplatz (*heute der Sitz der Banca nazionale del lavoro*) und der Spiritus rector der „Bozner Buren“ war der Inhaber des Hotels, Anton Kamposch. Der tüchtige Geschäftsmann machte sich wohl auch die verbreitete Sympathie für die Buren zu Nutze, um einen geschäftlichen Nebeneffekt zu erzielen: die Bozner Burenfreunde verkehrten im „Kamposch“ und zogen aus ganz Europa Gesinnungsfreunde an. Bereits die erste schriftliche Erwähnung der „Bozner Burentischgesellschaft“ in den *Bozner Nachrichten* vom 30.01.1900 – der Krieg war erst im Oktober 1899 ausgebrochen – zeigt, dass Kamposch über die politischen Beweggründe hinaus durchaus auch ein wirtschaftliches Interesse mit den Bozner Buren verband.

Dennoch entwickelte der Verein ein Eigenleben, das weit über einen bloßen Stammtisch hinausging. Schon im Februar 1900 nahm der Bozner Burenverein an der großen Kundgebung zu Gunsten der Buren am 9. Februar 1900 in den Stadtsälen in Innsbruck teil. Der Erfolg dieser Massenkundgebung bestärkte den Verein und führte zu einer organisatorischen Verfestigung.

So wurden ab Mitte des Jahres 1900 regelmäßig „Burenabende“ veranstaltet, bei denen Spenden für den Burenhilfsfonds mit Sitz in München gesammelt wurden. Die Kontakte zu Burenfreuden in ganz Tirol wurden gepflegt durch gemeinsame Veranstaltungen mit dem Brunecker Burenlager oder der Burenschützengesellschaft Wilten. Aber die Kontakte der Bozner Burenfreunde waren auch international:

Nr. 33 „Bozner Nachrichten“ 15

Der ersten Bozner Buren-Tischgesellschaft

Sitz Kamposch's „Hotel Walther“

gewidmet vom Mitgliede Wilhelm Pan.

Heil Burenvolk, du treues,
Wie stolz erklingt dein Lied!
Wo deine Banner flattern
Und deine Flinten knattern
Der brit'sche Leu entflieht!

Es ist aus schnöder Habsucht
Der Feind in's Land gedrungen;
Nur über uns're Leichen
Wird er den Sieg erreichen
Wird Transvaal nur bezwungen!

Hörst nicht den Trommelwirbel?
Der Tanz beginnet schon?
Schlagt an die treue Wehre!
Ob uns'res Landes Ehre!
Der Tod ist Feindeslohn!

Nun flugs die Höh' erklommen!
Ein jeder sei ein Held!
Doch thun wir nicht in Haufen
Dem Feind entgegenlaufen;
Doch auf was wir zielen, fällt!

Seht dort in rothen Röcken,
Die brit'sche Infanterie!
Heil! Transvaals Schützen feuert!
Dem Feinde zugesteuert,
Wir Buren weichen nie!

Die britschen Officiere
Sind unser liebstes Ziel;
So mancher ist gefallen,
Konnt' kaum „Victoria“ lallen;
Im schaudernden Gewühl.

Ob Gatacre, Methuen, Warren,
[illegible] Buller
Ob Feindes dröhnende Lydit,
Ja! auch unsere Kanonen
Thun's Brüllen nicht verschonen
Und spei'n nach Ladysmith!

Auch von der Feindesseit'n
Ist's Lob am Platze ja!
Sie machen mit den Flinten
Den Vorstoß oft nach hinten,
Auch nach Pretoria.

Der unbezwung'nen Festung
Dient oberhalb ein Fluß,
Wir werden hoch ihn dämmen
Und Ladysmith überschwemmen,
Dem Feinde zum Verdruß.

Und ist es uns gelungen,
Dann dringe tosend ein;
Schwemm' fort die rothen Röcke,
Dring' in John Bull's Köpfe
Ersäufe Groß und Klein!

Viele Feinde wir schon fiengen
Im englischen Natal,
Doch thun wir sie nicht knechten,
Und richten stets nach Rechten,
Wie's Brauch ist im Transvaal!

Der Feind, der sich's vermessen,
Er kannt' uns Buren nicht,
Wo deutsche Fäust' sich ballen,
Wo seine Schüsse fallen,
Entflieht der frechste Wicht!

Des Krieges hartes Schicksal
Gab manchem schon den Tod;
Den Vater oder Brüder
Streckten Feindeskugeln nieder,
Lies Weib und Kind in Noth!

Doch hoffen wir zum Gotte,
Der Rechtlichkeit nur kennt,
Er muß und wird uns hören,
Des Feindes Macht zerstören
Der Allmächt'ge ohne End!

Geht dann mit Feuerscheine
Die Friedenssonne auf,
Dann Brüder brav und bieder,
Knie't euch am Grabe nieder
Und weinet Thränen drauf!

Denn die gefall'nen Theueren,
Die tapferen Helden all,
Sie starben sonder Zähren
Für Vaterlandes Ehren
Und die Freiheit von Transvaal!

Heil! Burenvolk, du treues!
Wie stolz erklingt dein Lied!
Wo deine Banner flattern
Und deine Flinten knattern,
Der brit'sche Leu entflieht!

„DER ERSTEN BOZNER BUREN-TISCHGESELLSCHAFT“, GEDICHT VON WILHELM PAN AUS BOZNER NACHRICHTEN VOM 11.02.1900

In Kamposch's

Pilsner und Münchner Bierhalle.

Untere Localitäten

Heute Montag: 83

Burentischgesellschaft-Abend

mit fideler Buren-Musik.

ERSTE ERWÄHNUNG DER „BOZNER BUREN“ IN DER ZEITUNG BOZNER NACHRICHTEN VOM 30.01.1900 so wurde im Dezember 1901 ein „außerordentliches Mitglied“ aus Südrußland aufgenommen und die Berliner Mitglieder spendeten im selben Jahr eine Bozner Burenstandarte. Es entspann sich auch eine gelebte vereinsinterne Solidarität: als im Jahr 1901 ein mittelloses Mitglied der Bozner Buren verstarb, wurde ihm auf dem damaligen städtischen Friedhof ein Gedenkstein errichtet, der bedauerlicher Weise, trotz aller Nachforschungen, unauffindbar ist.

Durch die Herausgabe von eigenen Postkarten, auf denen der Sohn des Hoteliers Kamposch mit der Fahne Transvaals abgebildet ist, konnten weitere Spender erreicht werden.

Aber nicht nur Geld wurde zur Verfügung gestellt: zur Jahreswende 1901/1902 organisierte der Bozner Burenverein auch eine Bücherspende für die kriegsgefangenen Buren, die von Bozen aus nach Ceylon verschickt wurde.

Ein besonderer Coup gelang den Bozner Burenfreunden aber bereits im Dezember 1900, als man eine Solidaritätsadresse an den Präsidenten der Südafrikanischen Republik Paulus Kruger verfasste und in Bozen zur Unterschrift auflegte. Es unterschrieben mehr als 300 Personen. Erstunterzeichner waren der damalige Bozner Bürgermeister Julius Perathoner und der Gemeinderat und Weingroßhändler Heinrich Lun. Die Solidaritätsadresse wurde dem Gesandten der Republik Transvaal in Holland überreicht und ist bis heute im Kruger House Museum in Pretoria ausgestellt. Hier der Inhalt:

„An den hochedlen Staatspräsidenten der Südafrikanischen Republik, S.I.P. Krüger.

Herr Präsident! Seit mehr als Jahresfrist, mit dem Beginne des Kampfes, der Ihrem Volke gegen die Übermacht der Engländer aufgezwungen wurde, verfolgt die Bevölkerung der südlichsten deutschen Stadt Europas mit

Erste Burentisch-Gesellschaft Walther v. d. Vogelweide,
In ANTON KAMPOSCH'S Hotel und Café, Bozen.

Correspondenz-Karte.

REVERSSEITE DER NEBENSTEHENDEN POSTKARTE DES BOZNER BURENVEREINS (MIT FREUNDLICHER GENEHMIGUNG VON FRAU DR. CHRISTIANE BECKER, BERLIN)

POSTKARTE DER „BOZNER BUREN WALTHER VON DER VOGELWEIDE“, PEPERL KAMPOSCH, DER SOHN DES HOTELIERS, TRÄGT DIE VIERKLEUR-FAHNE TRANSVAALS (MIT FREUNDLICHER GENEHMIGUNG VON FRAU DR. CHRISTIANE BECKER, BERLIN)

An den
hochedlen
Staats Präsidenten der Südafrikanischen Republik
S. J. P. Krüger.

Herr Präsident!

Seit mehr als Jahresfrist mit dem Beginn des Kampfes, der Ihrem Volke gegen die Übermacht der Engländer aufgedrungen wurde, verfolgt die Bevölkerung der südlichsten deutschen Stadt Europas mit staunender Bewunderung die Heldenthaten Ihres Volkes. Der Kampf, den Ihr Volk gegen die Bedrücker führt, erinnert uns in allen seinen Phasen an das blutige Ringen, welches unseren wehrhaften Tiroler Bauern zu Anfang dieses Jahrhunderts, anno 1809 gegen den Übermuth Napoleon's aufgezwungen war.

Um so besser verstehen wir den grossen Kampf, um so besser wissen wir die Kraft und den Heldenmuth zu schätzen, mit dem Ihr Volk für seine Existenz kämpft, mit dem es Gut und Blut opfert für die heimische, sauer erworbene Scholle. In Bewunderung der Heldengrösse Ihres Volkes, in Bewunderung Ihrer persönlichen Eigenschaften, welche selbst der Feind schätzen muss, zeichnen sich unter Versicherung der unauslöschlichen Sympathie:

BOZNER BURENDEKLARATION 1900

staunender Bewunderung die Heldenthaten Ihres Volkes. Der Kampf, den Ihr Volk gegen die Bedrücker führt, erinnert uns in allen seinen Phasen an das blutige Ringen, welches unsere wehrhaften Tiroler Bauern zu Anfang dieses Jahrhunderts, anno 1809 gegen den Übermuth Napoleons aufgezwungen war. Um so besser verstehen wir die Kraft und den Heldenmuth zu schätzen, mit dem Ihr Volk für seine Existenz kämpft, mit dem es Gut und Blut opfert für die heimische, sauer erworbene Scholle. In Bewunderung der Heldengröße Ihres Volkes und in Bewunderung Ihrer persönlichen Eigenschaften, welche selbst der Feind schätzen muss, zeichnen sich unter Versicherung der unauslöschlichen Sympathie:

Dr. Julius Perathoner, Bürgermeister
Heinrich Lun, Gemeinderath"

Auch in der „Bozner Burendeklaration" wird die Verbindung zwischen dem Tiroler Freiheitskampf und dem Krieg in Südafrika hervorgehoben, die ganz offensichtlich die Tiroler damals besonders berührte. Die Unterzeichnerinnen und Unterzeichner stammten aus allen Bevölkerungsschichten: vom Handwerker über die „Serviermaid" bis zum Industriellen und Weinhändler unterzeichneten Bozner Bürgerinnen und Bürger – an der Spitze der damalige Bozner Bürgermeister Julius Perathoner und sein politischer Widersacher Heinrich Lun – auch dies ein Zeichen der parteiübergreifenden Solidarität, die der Bozner Burenverein zu stiften imstande war. Bereits am 5. Jänner 1901 – so der Bericht in den Bozner Nachrichten – traf im Bozner Rathaus ein Dankschreiben von Präsident Paulus Kruger ein.

Die Aktivitäten der „Bozner Buren" wurden von den Bozner Nachrichten am ausführlichsten geschildert. Dies legt den Schluss nahe, dass der zuständige Redakteur selbst Mitglied oder zumindest Sympathisant des Bozner Burenvereins war.

Am 6. Juni 1902, eine Woche nach dem Friedensschluss von Vereeniging, der den Burenkrieg beendete, veranstalteten die Bozner Burenfreunde eine Friedensfeier auf Schloss Runkelstein, mit der ein einstweiliger Abschluss der Vereinsaktivitäten verbunden war.

Trotzdem bestanden die „Bozner Buren" auch nach 1902 noch weiter: als am 10. Oktober 1903 der exilierte Präsident des Oranje-Freistaates Marthinus Steyn auf Durchfahrt in Bozen war, wurde er von einer Delegation des Bozner Burenvereins begrüßt. Steyn bedankte sich für die Unterstützung, die vom Bozner Verein geleistet wurde.

Die zeitgenössischen Zeitungen berichten noch bis zur Jahreswende 1906/1907 über das rege Vereinsleben, ab dem Jahr 1907 scheint der Verein seine Tätigkeit eingestellt zu haben.

JAN CHRISTIAAN SMUTS – EIN FREUND SÜDTIROLS

Der Dank für die Hilfe und Solidarität, die die Afrikaaner auch aus Tirol erfuhren, sollte Jahrzehnte später in einem für Südtirol entscheidenden Moment von Seiten eines prominenten Afrikaaners erstattet werden.

Noch bevor der II. Weltkrieg in Europa zu Ende ging, verfolgten in Südtirol die Gegner des Nationalsozialismus mit Kanonikus Michael Gamper an der Spitze das klare Ziel, Südtirol nach Kriegsende wieder mit Österreich zu vereinen. Der wichtigste „Alliierte" bei diesem Unterfangen war der südafrikanische Ministerpräsident und ehemalige General des Burenkrieges, Feldmarschall Jan Christiaan Smuts.

Smuts verlangte bereits am 8. August 1945 auf einer Konferenz der britischen Dominions Kanada, Neuseeland, Australien und Südafrika, dass die

„YOU BELIEVE STILL IN JUSTICE?" - DER AFRIKAANER JAN CHRISTIAAN SMUTS (1870-1950), EIN VERLÄSSLICHER FREUND SÜDTIROLS BEI DER ENTSCHEIDENDEN VERHANDLUNG ÜBER DEN PARISER VERTRAG 1946

Rückkehr Südtirols zu Österreich als Forderung des britischen Empire an Italien gestellt werden sollte. Selbstverständlich war diese Haltung nicht: in den Monaten nach Kriegsende wurden ca. 15 Millionen Deutsche aus ihrer Heimat vertrieben, mindestens 3 Millionen kamen ums Leben. Und ausgerechnet eine kleine deutsche Volksgruppe im Norden Italiens stellte Forderungen. Smuts hielt trotz dieser aussichtslosen Lage an der Unterstützung der Südtiroler fest: als er seine Position zwar in der Dominionkonferenz durchsetzen konnte, aber an den realpolitischen Ränkespielen der alliierten Verbündeten Sowjetunion und USA scheiterte, drängte er auf eine Autonomielösung für Südtirol ohne das Trentino und zählte zu den verlässlichsten Verbündeten der jungen Südtiroler Volkspartei und der österreichischen Delegation.

Der Südtiroler Teilnehmer an der Friedenskonferenz, der ehemalige KZ-Häftling, Antifaschist und Dableiber Dr. Friedl Volgger erinnert sich:

„Er (Smuts, Anm.) erzählte uns, wie er während der Burenkriege die Lebensbeschreibung Andreas Hofers gelesen und daraus immer wieder Mut für die Verteidigung seines Volkes gegen die Engländer geschöpft habe. … Der Marschall riet uns dringend, in Ergänzung des provisorischen Wortlautes des Art. 10 des Friedensvertragsentwurfs mit Italien, welcher nur den freien Personen- und Warenverkehr zwischen Nord- und Osttirol beinhalte, noch einen Absatz hinzufügen zu lassen, der eine Selbstverwaltung des Landes unter internationaler Kontrolle und Garantie vorsehe. Wir ließen natürlich so schnell nicht locker und beriefen uns immer wieder auf die internationale Gerechtigkeit und die Atlantik-Charta. Der weise alte Herr sah uns bei diesen Äußerungen etwas mitleidig an und fragte schließlich: You believe still in justice – Ihr glaubt noch an Gerechtigkeit?“ (Volgger, Mit Südtirol am Scheideweg, Bozen 1984, S. 162f)

Insbesondere legte Smuts Wert darauf, dass eine Art Freihandelszone zwischen Nord- und Südtirol geschaffen werde. Diese Bestimmung fand schließlich auch Eingang in das so genannte „Gruber-Degasperi-Abkommen“ und bildete die Grundlage für die später „Accordino“ genannte wirtschaftliche Zusammenarbeit Südtirols mit Österreich. Mit einem konnte sich Smuts aber nicht durchsetzen: Südtirol wurde die Autonomie nur im Verbund mit dem Trentino zugesprochen. Der südafrikanische Ministerpräsident, der übrigens der einzige Staatsmann war, der die Friedensverträge nach beiden Weltkriegen für Südafrika unterzeichnete, hatte mit seiner Befürchtung Recht behalten: der politische Ausgleich kam erst Jahrzehnte später, nach der fakti-

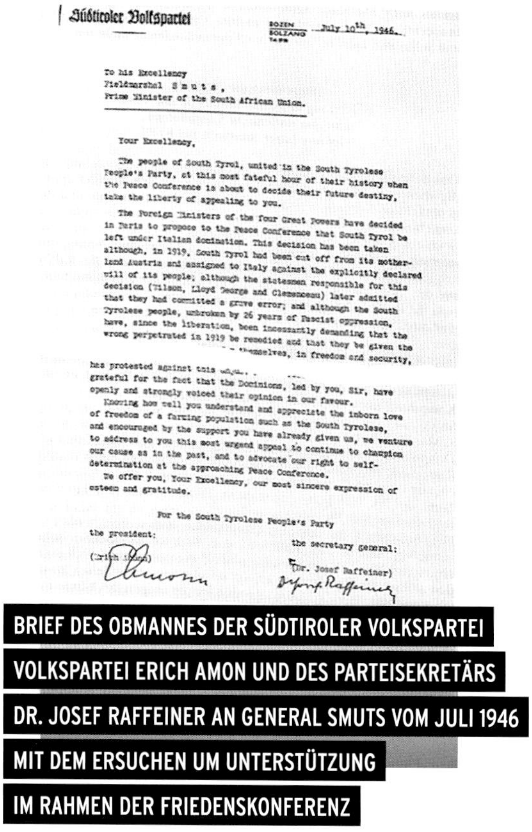

Südtiroler Volkspartei

BOZEN / BOLZANO, July 10th, 1946.

To his Excellency
Fieldmarshal S m u t s ,
Prime Minister of the South African Union.

Your Excellency,

The people of South Tyrol, united in the South Tyrolese People's Party, at this most fateful hour of their history when the Peace Conference is about to decide their future destiny, take the liberty of appealing to you.

The Foreign Ministers of the four Great Powers have decided in Paris to propose to the Peace Conference that South Tyrol be left under Italian domination. This decision has been taken although, in 1919, South Tyrol had been cut off from its motherland Austria and assigned to Italy against the explicitly declared will of its people; although the statesmen responsible for this decision (Wilson, Lloyd George and Clemenceau) later admitted that they had committed a grave error; and although the South Tyrolese people, unbroken by 26 years of Fascist oppression, have, since the liberation, been incessantly demanding that the wrong perpetrated in 1919 be remedied and that they be given the [illegible] themselves, in freedom and security,

has protested against this [illegible]
grateful for the fact that the Dominions, led by you, Sir, have openly and strongly voiced their opinion in our favour.

Knowing how well you understand and appreciate the inborn love of freedom of a farming population such as the South Tyrolese, and encouraged by the support you have already given us, we venture to address to you this most urgend appeal to continue to champion our cause as in the past, and to advocate our right to self-determination at the approaching Peace Conference.

We offer you, Your Excellency, our most sincere expression of esteem and gratitude.

For the South Tyrolese People's Party

the president: (Erich Amon)

the secretary general: (Dr. Josef Raffeiner)

BRIEF DES OBMANNES DER SÜDTIROLER VOLKSPARTEI VOLKSPARTEI ERICH AMON UND DES PARTEISEKRETÄRS DR. JOSEF RAFFEINER AN GENERAL SMUTS VOM JULI 1946 MIT DEM ERSUCHEN UM UNTERSTÜTZUNG IM RAHMEN DER FRIEDENSKONFERENZ schen Trennung der beiden Provinzen Trentino und Südtirol zu Stande.

Das Abkommen zwischen Italien und Österreich aber, das einen Bestandteil des Friedensvertrages zwischen den alliierten Siegermächten und Italien bildet, ist bis heute die internationale Grundlage der Selbstverwaltung Südtirols und damit ein Eckpfeiler unserer heutigen Autonomie.

An ihrem Entstehen war auch Jan Christian Smuts beteiligt.

Ein Afrikaaner, dem bewußt war, dass gerade in schwierigster Stunde eine kleine Volksgruppe Freunde braucht.

LITERATURAUSWAHL

Thomas Pakenham, The Boer War, London 1979.

Erwin A. Schmidl, Österreicher im Burenkrieg, phil. Diss., Wien 1984.

Hermann Giliomee, The Afrikaners – Biography of a people, Kapstadt 2003.

Helga Kostka (Hg), Seiner Zeit, Graz 2007.

Steffen Bender, Der Burenkrieg und die deutschsprachige Presse, Paderborn 2009.

Friedl Volgger, Mit Südtirol am Scheideweg, Bozen 1984.

Helmut Golowitsch/Walter Fierlinger, Kapitulation in Paris, Nürnberg 1989.

Michael Gehler, Verspielte Selbstbestimmung?, Innsbruck 1996.

Irmgard Plattner, Fin de Siècle in Tirol: Provinzkultur und Provinzgesellschaft um die Jahrhundertwende, Innsbruck 1999.

Österreichisches Biographisches Lexikon, Defregger, Franz von, Band 1, S. 174, Wien 1957.

Ulrich Kröll, Die internationale Burenagitation 1899-1902, Regensburg 1973.

Reimmichls Volkskalender, Bozen 2012.

Südtirol hilft Südafrika, Mitteilungen des Südtiroler Freundeskreises der Afrikaaner, Bozen 2010, 2012, 2014, 2016, 2018.

Bozner Nachrichten, Jahrgänge 1899-1910.

Pustertaler Bote, Jahrgänge 1899-1910.

Das Symbol des Südtiroler Freundeskreises der Afrikaaner stellt einen orangefarbenen Kreis dar, in dem eine Schleife in den Farben Tirols (weiß-rot) in jene der Vryheids-Flagge (blau-weiß-orange mit grünem Masteck) übergeht, im Hintergrund ist die stilisierte Silhouette des afrikanischen Kontinents zu sehen.

Getreu der volksgruppenübergreifenden Ausrichtung unseres Vereins ist die Vereinsbezeichnung viersprachig in den drei Südtiroler Landessprachen Deutsch, Italienisch und Ladinisch sowie in Afrikaans, der Muttersprache der Afrikaaner.

Orange gilt als die Farbe der ersten niederländischen Siedler am Kap, bzw. des in den Niederlanden regierenden Hauses Oranje-Nassau.

Die Tiroler Farben sind ein Verweis auf unsere Heimat und Vryheids-Flagge gilt als die inoffizielle Fahne der Afrikaaner und wird auch bei der internationalen Organisation UNPO (Unrepresented Nations and Peoples Organization) verwendet.

Entwurf: Lorenz Puff

[Süd]tiroler [Freun]deskreis der [Afrik]aaner

VEREINSCHRONIK 2010 – 2025

Den eigentlichen Anstoß zur Gründung des Vereins gab der Besuch der beiden Vertreter der afrikaanssprachigen Volksgruppe, adv. Rian Genis und Frans de Klerk, Anfang April 2010 in Südtirol. Dem Besuch waren wochenlange, intensive Vorbereitungen vorausgegangen, um die südafrikanischen Gäste den im Landtag vertretenen Parteien und weiteren Vertretern des öffentlichen Lebens vorzustellen. Im Rahmen dieses Besuchs fand im Buschenschank „Dürerschänke" in Salurn ein außerordentlich gut besuchter Vortrag statt, bei dem die Herren Genis und de Klerk auf die Situation der Afrikaaner im heutigen Südafrika aufmerksam machten und die aktuelle Lage schilderten.

Beeindruckt vom Selbstbehauptungswillen der Afrikaaner und besorgt über die alarmierende Entwicklung des Minderheitenschutzes in Südafrika, wurde wenig später im Bozner Batzenhäusl von mehreren Teilnehmern dieses Vortrages der Südtiroler Freundeskreis der Afrikaaner gegründet.

Das Ziel, das der Freundeskreis verfolgt, ist es, die Bestrebungen der Afrikaaner um den Erhalt ihrer Kultur und ihrer Identität zu unterstützen. Dieses Anliegen ist Ausdruck der Solidarität zwischen Angehörigen von Minderheiten. Explizit verurteilt der Freundeskreis daher jede rassisch oder ethnisch motivierte Unterdrückung und jede Form von Rassismus, durch die gerade in unserer Heimat großes Leid hervorgerufen wurden.

Bereits im Gründungsakt wurde ausdrücklich festgestellt, dass der Freundeskreis sich an Interessierte aller drei in Südtirol lebenden Volksgruppen richtet, denn die Aufgabe, die wir uns gestellt haben, kann nur gemeinsam angegangen werden – und zu ihrem Gelingen ist die Absage an jede Form von Diskriminierung eine Voraussetzung.

Auf den nachfolgenden Seiten wollen wir einen kleinen Einblick in die Vereinsaktivitäten in den vergangenen 15 Jahren geben – dabei hat der Südtiroler Freundeskreis im Sinne der eigene Satzung eine vielfältige Tätigkeit entwickelt. Vereinsleben, internationale Kontakte, Projektarbeit und Öffentlichkeitsarbeit zählen dazu. Lassen Sie sich überraschen!

DIE GRÜNDUNGSVERSAMMLUNG IM BOZNER BATZENHÄUSL 2010

DIE GRÜNDER IM JAHR 2022

RIAN GENIS BEI SEINEM IMPULSREFERAT

VEREINSLEBEN

Am 1. April 2010 fand mit dem Vortrag von Rian Genis und Frans de Kerk, zweier Delegierter aus Orania/Südafrika, in der Dürerschänke in Salurn die erste, noch „inoffizielle“ Aktivität unseres Vereins statt, der am 13. April desselben Jahres die Vereinsgründung in Bozen folgte.

Das Vereinsleben entfaltet sich schnell und unser Verein gewann in kurzer Zeit volksgruppenübergreifend eine erfreulich große Anhängerschaft – dies auch dank einer intensiven Vereinstätigkeit.

Orania und das Schicksal der Afrikaaner (Buren) im heutigen Südafrika

Einführung:

Dr. Christoph von Ach

„Buren und Tiroler: Berührungspunkte zwischen Burenkrieg und Pariser Vertrag“

*****

Referat von Herrn Frans de Klerk und Rechtsanwalt Rian Genis von der Orania Bewegung

„Orania und das Schicksal der Afrikaaner (Buren) im heutigen Südafrika“

Powerpoint Präsentation

*****

Diskussion

*****

Datum: Donnerstag (Gründonnerstag), 01. April 2010

Beginn: 20:00 Uhr

Ort: Dürerschänke, Salurn, Kindergartenstraße 2

*****

Alle Interessierten sind herzlich eingeladen. Der Eintritt ist frei.

3

DIE EINLADUNG ZUM VORTRAG

AFRIKAANERFREUNDE-FRÜHSCHOPPEN IN MARIA HIMMELFAHRT AM 4. SEPTEMBER 2010

UNSERE „AFRIKAANERFREUNDE-FRÜHSCHOPPEN" – EINE JÄHRLICHE FESTVERANSTALTUNG

Bereits im September 2010 fand der erste unserer Frühschoppen statt – mit enormem Erfolg. Über 80 Gäste konnten wir begrüßen, die uns in den folgenden Jahren immer wieder die Ehre gaben und durch ihre Spenden zum Gelingen unserer Projekte beigetragen haben. Die Beliebtheit dieser geselligen Veranstaltungen zog in den Folgejahren bis zu 100 Mitglieder, Freunde und Unterstützer an. Die liebgewordene Tradition wurde leider durch die Covid-Pandemie im Jahr 2019 unterbrochen.

DIE GRÜNDUNGSVERSAMMLUNG IM BOZNER BATZENHÄUSL 2010

AFRIKAANERFREUNDE-FRÜHSCHOPPEN IN MARIA HIMMELFAHRT AM 8. OKTOBER 2011

AFRIKAANERFREUNDE-FRÜHSCHOPPEN AM 25. AUGUST 2012 IN MARIA HIMMELFAHRT

FRANS DE KERK, DIREKTOR DER ORANIA-BEWEGUNG, HÄLT DIE FESTREDE

4. AFRIKAANERFRÜHSCHOPPEN AM 31. AUGUST 2013, BEI DEM DIE ERSTEN FILMAUFNAHMEN FÜR DEN DOKUMENTARFILM „SÜDTIROL UND DIE BUREN – EINE JAHRZEHNTELANGE FREUNDSCHAFT“ GEMACHT WURDEN.

DER 5. AFRIKAANERFREUNDE-FRÜHSCHOPPEN AM 26. JUNI 2014 IN MARIA HIMMELFAHRT MUSSTE IN DAS MAXIMOFF-HAUS VERLEGT WERDEN – DER REGEN TRÜBTE DIE GUTE LAUNE ABER NICHT.

AM 6. AFRIKAANERFRÜHSCHOPPEN AM 24. MAI 2015 KONNTEN WIR EINE DELEGATION AUS ORANIA ANGEFÜHRT VON CAREL BOSHOFF UND JACO KLEYNHANS BEGRÜSSEN.

AB 2016 FAND DER AFRIKAANERFREUNDE-FRÜHSCHOPPEN IM SCHÜTZENHEIM JENESIEN STATT, ERSTMALS AM 30.08.2016.

UNSER FRÜHSCHOPPEN AM 27.08.2017 IN JENESIEN WURDE AUCH VON DR. KLAUS BARON VON DER ROPP BESUCHT, EINEM DER BESTEN KENNER DER SÜDAFRIKANISCHEN POLITIK UND ZEITGESCHICHTE IM DEUTSCHEN SPRACHRAUM.

2018 WURDE DER FRÜHSCHOPPEN ERSTMALS UND BISHER LETZTMALIG IN KLOBENSTEIN VERANSTALTET.

DIE VOLLVERSAMMLUNGEN

Unsere Vollversammlungen waren erfreulicherweise immer sehr gut besucht – regelmäßig wird darauf Wert gelegt, diese mit Fachvorträgen prominenter Gastreferenten zu verbinden. Dabei kam auch die Geselligkeit nicht zu kurz.

1. VOLLVERSAMMLUNG AM 13.11.20210 IM SCHÜTZENHEIM GRIES IN BOZEN, FESTREDNER DR. KARL RAINER SPRICHT ZUR SÜDTIROL-AUTONOMIE.

VOLLVERSAMMLUNG AM 29.12.2023 MIT FESTREDNER LANDESHAUPTMANN A. D. DR. LUIS DURNWALDER.

DIE VOLLVERSAMMLUNG AM 23.02.2012 MIT FESTREDNER DR. ALEXANDER VON EGEN UND AM 28.12.2018 MIT EINEM IMPULSREFERAT VON LANDTAGSABGEORDNETEN CARLO VETTORI.

DIE WEITEREN VERANSTALTUNGEN

Es gab und gibt eine Reihe von Vereinsveranstaltungen, um die Ziele unseres Vereins bekannt zu machen – diese waren regelmäßig seht gut besucht und wurden auch in der Öffentlichkeit breit rezipiert.

VORTRAGSVERANSTALTUNG MIT LH A. D. DR. LUIS DURNWALDER IM BOZNER BATZENHÄUSL AM 15.12.2015.

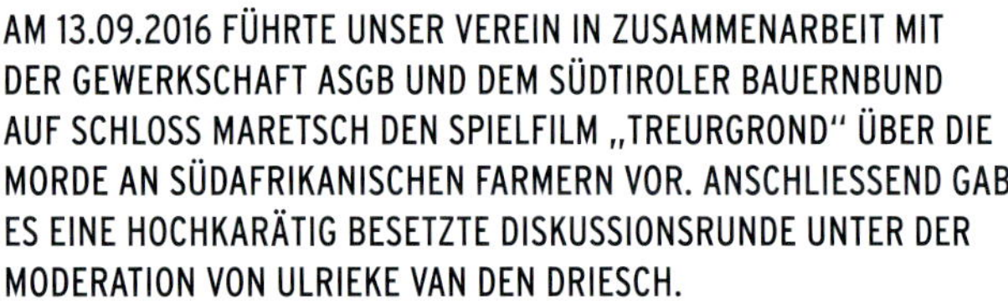

AM 13.09.2016 FÜHRTE UNSER VEREIN IN ZUSAMMENARBEIT MIT DER GEWERKSCHAFT ASGB UND DEM SÜDTIROLER BAUERNBUND AUF SCHLOSS MARETSCH DEN SPIELFILM „TREURGROND" ÜBER DIE MORDE AN SÜDAFRIKANISCHEN FARMERN VOR. ANSCHLIESSEND GAB ES EINE HOCHKARÄTIG BESETZTE DISKUSSIONSRUNDE UNTER DER MODERATION VON ULRIEKE VAN DEN DRIESCH.

IM SPÄTSOMMER 2016 VERBRACHTE DANIE BRINK MIT SEINER FAMILIE EINEN MEHRWÖCHIGEN AUFENTHALT IN SÜDTIROL. UNSERE VEREINSMITGLIEDER KLAUS VON ACH UND EVI REGELE SOWIE WEITERE MITGLIEDER BETREUTEN BRINK

UNSER 10 (+2) JÄHRIGES JUBILÄUM UND DIE BOZNER BURENDEKLARATION 2022

Unsere für das Jahr 2020 geplante Festveranstaltung zum 10-jährigen Bestehen des Südtiroler Freundeskreises der Afrikaaner musste pandemiebedingt mehrmals verschoben werden und konnte am 10. Juni 2022 endlich stattfinden. Der Höhepunkt war die Unterzeichnung der Bozner Burendeklaration in Erinnerung an jene Solidaritätsadresse, die von Bozner Bürgern im Jahr 1900 während des Burenkrieges an den südafrikanischen Präsidenten Paul Kruger gesandt wurde. Wir konnten zu diesem Anlass Gäste aus Österreich, Deutschland, Ungarn, Schweden und eine große Delegation aus Südafrika begrüßen.

FEST-PROGRAMM 10.-12. Juni 20

Freitag, 10. Juni:	19.00	**Festakt auf Schloss Maretsch** »10 (+2) Jahre Südtiroler Freundeskreis der Afrikaaner«
	22.30	Ausklang im Sudwerk Batzenhäusl
Samstag, 11. Juni:	11.00	Treffpunkt auf dem Walther-Platz in Bozen
	12.00	Führung in Schloss Runkelstein
	13.30	Mittagessen in der Schlossschänke
	19.00	Abendessen im Batzenhäusl
Sonntag, 12. Juni:	10.00	Treffpunkt bei der Rittner Seilbahn zum Ausflug auf das Rittner Horn
Venerdì, 10 giugno:	19.00	**Cerimonia a Castel Mareccio** «10 (+2) anni del Circolo degli Amici Sudtirolesi del popolo Afrikaaner»
	22.30	Conclusione nel Sudwerk del Ca' de Bezzi
Sabato, 12 giugno:	11.00	Ritrovo in piazza Walther a Bolzano
	12.00	Visita guidata nel Castel Roncolo
	13.30	Pranzo alla taverna del castello
	19.00	Cena al Ca' de Bezzi
Domenica, 13 giugno:	10.00	Punto d'incontro alla funivia del Renon per l'escursione sul Corno del Renon
Friday, 10 June:	7.00 p.m.	**Ceremony** „10 (+2) anniversary of the association South Tyrolean friends of the Afrikaaners" at Maretsch Castle
	10.30 p.m.	Get-to-gether Sudwerk@Batzenhäusl
Saturday, 11 June:	11.00 a.m.	Meeting Point at the Walther-Square
	12.00 a.m.	Guided visit of Runkelstein Castle
	1.30 p.m.	Lunch at the Schlossschänke of Runkelstein Castel
	7.00 p.m.	Dinner at Batzenhäusl
Sunday, 12 June:	10.00 a.m.	Meeting Point at the Cable Car Ritten/Renon for the trip to Rittner Horn-Mountain
Vrydag, 10 Junie:	19.00	**Viering van die vereniging** "Suid-Tiroolse Vriende van die Afrikaner" se 10de (+2) bestaansjaar by Maretsch-kasteel
	22.30	Napartytjie by Sudwerk/Batzenhäusl
Saterdag, 11 Junie:	11.00	Ontmoetingspunt by die Walther monument op Walther-ple
	12.00	Begeleide toer aan Runkelstein-kasteel
	13.30	Middagete by die Schlossschänke van Runkelstein-kasteel
	19.00	Aandete by Batzenhäusl
Sondag, 12 Junie:	10.00	Ontmoeitingspunt by die kabelkar Ritten/Renon vir 'n uitstappie op die "Rittner Horn" berg

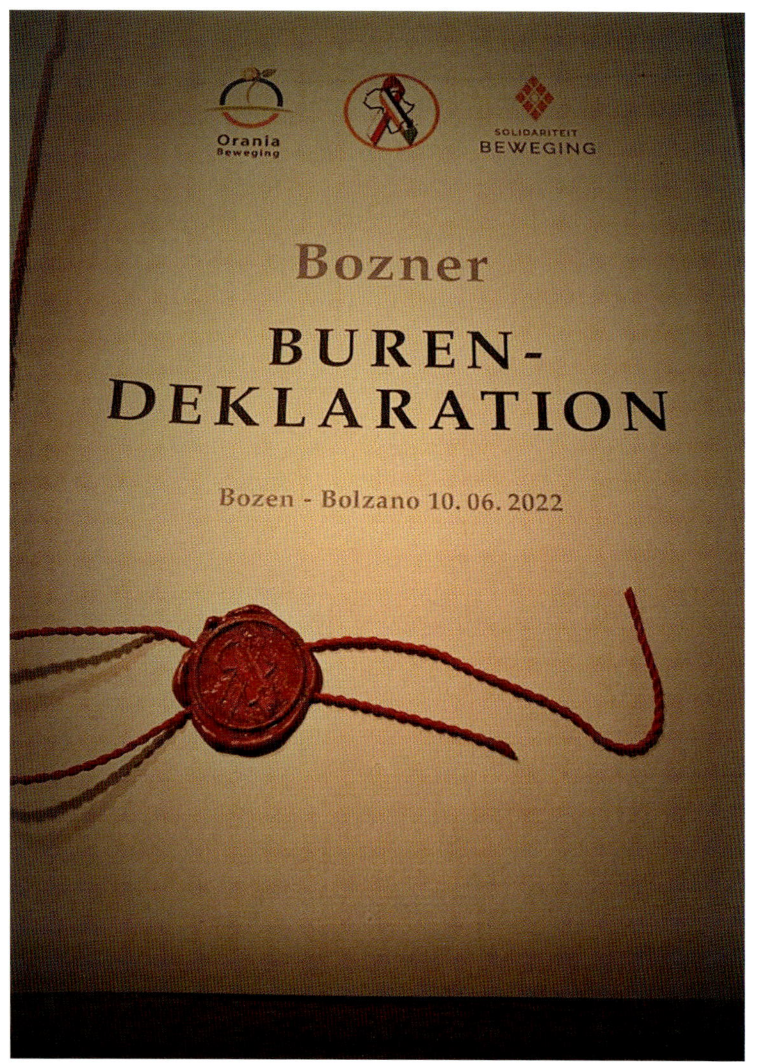

BURENDEKLARATION

Im Jahr 1900 wurde in Bozen eine Deklaration unterzeichnet, in der die Unterstützung der Tiroler Bevölkerung für den Freiheitskampf der Afrikaaner gegen den britischen Imperialismus zum Ausdruck gebracht wurde.

122 Jahre nach dieser historischen Deklaration und eingedenk der Verantwortung, die die europäischen Völker gegenüber dem Volk der Afrikaaner haben und im Bewusstsein, dass ein friedliches Zusammenleben aller Völker in Südafrika unverzichtbar für eine gedeihliche Entwicklung dieses großartigen Landes ist, beschließen die unterfertigten Vereine folgende Erklärung:

- Die Afrikaaner sind seit mehr als 350 Jahren Teil der afrikanischen Völkerfamilie und ein unverzichtbarer Bestandteil der kulturellen Identität des südlichen Afrika;
- Die Afrikaaner sind als Volk lange vor dem heutigen südafrikanischen Staat entstanden und haben eine wechselvolle Geschichte erlebt.
- Die geographische und demographische Vielfalt des südlichen Afrikas macht die Aufrechterhaltung eines südafrikanischen Einheitsstaates als einheitliche Nation nicht nur praktisch undurchführbar, sondern auch undemokratisch und unregierbar.
- Die Afrikaaner haben das unveräußerliche Recht, ein freies, selbstbestimmtes Leben unter Achtung Ihrer Sprache und Kultur zu führen;
- Die Afrikaaner haben entscheidend zur historischen, geistigen und wirtschaftlichen Entwicklung Südafrikas beigetragen und diese Leistung soll weder geschmälert noch verschwiegen werden;
- Das Selbstbestimmungsrecht der Afrikaaner als kulturelle und sprachliche Gemeinschaft im südlichen Afrika verdient Anerkennung und soll der Leitfaden unseres Handelns sein.

Unter Berücksichtigung dieser gemeinsamen Überzeugungen und der aktuellen Situation in Südafrika stellen wir fest:

- Die Afrikaaner haben das Recht auf Anerkennung und Überleben als kulturelle Gemeinschaft, mit Institutionen, in denen sie ihre Kultur ohne Rassismus und Diskriminierung ausleben und an die nächste Generation weitergeben können.
- Die Zukunft der Afrikaaner in ihrer angestammten Heimat kann nur gesichert werden, wenn der afrikaanssprachigen Jugend Ausbildung in ihrer Sprache und ein diskriminierungsfreier Zugang zum Arbeitsmarkt geboten wird, frei von Rassegesetzen;
- Trotz der Tatsache, daß in Südafrika verfassungsrechtlich definierte Räume für kulturelle Autonomie in einem kulturellen Kernland in der Praxis blockiert und nicht nutzbar sind, haben Afrikaner nach internationalem Recht und moderner Staatenpraxis dennoch ein gleiches Recht auf ein kulturelles Kernland und kulturelle Autonomie wie die anderen Gemeinschaften im südlichen Afrika.

- Die praktische Verwirklichung der kulturellen Autonomie der Afrikaaner ist eine Bedingung für echte Demokratie in Südafrika, wo nicht nur die Mehrheit aufgrund ihrer Bevölkerungszahl frei ist.
- Die vorurteilsfreie Information der europäischen Öffentlichkeit über die Situation der Afrikaaner ist heute notwendiger denn je, um den berechtigten Anliegen und Bestrebungen der Afrikaaner Nachdruck zu verleihen;
- Die Zusammenarbeit aller Vereine, die sich die Unterstützung der Afrikaaner zum Ziel gesetzt haben, soll zu einer europaweiten Vernetzung führen;
- Die enge Abstimmung mit unseren südafrikanischen Partnern sowie den Vertretern der Afrikaner-Organisationen ist für unsere Arbeit grundlegend und unerlässlich.

Aus diesen Gründen vereinbaren die unterzeichnenden Vereine:

- Die Zusammenarbeit zwischen dem Südtiroler Freundeskreis der Afrikaaner, dem Österreichischen Freundeskreis der Afrikaaner, dem Deutsch-Afrikaans Interessenforum, Stichting Afrikanerkind (Niederlande), Solidariteit Beweging Vlaanderen, Hungarian Southern African Friendship Association sowie der Solidariteit Beweging und der Orania Beweging wird dauerhaft etabliert.
- Dazu zählen die gegenseitige Information über die eigenen Initiativen, die Abstimmung bei gemeinsamen Aktivitäten und das gegenseitige Gastrecht bei den eigenen Veranstaltungen.
- Die unterzeichnenden Vereine erklären, als Ansprechpartner für die eigenen Heimatländer für die Solidariteit Beweging und die Orania Beweging zur Verfügung zu stehen, sowie sich gegenseitig bei Initiativen und Aktivitäten zu unterstützen. Dies betrifft auch die Verbreitung und Information über die jeweiligen Initiativen eines Vereins durch die anderen Vereine mittels sozialer Medien.
- Sie werden die Afrikaaner in ihren Bemühungen unterstützen, das gesamte Spektrum kultureller Autonomie auf legale und demokratische Weise aufzubauen.
- Die Unterstützung von sozialen Projekten zugunsten der Afrikaaner steht im Zentrum unserer Bemühungen. Durch die Bündelung dieser Bemühungen auch auf europäischer Ebene durch die unterfertigten Vereine sollen Synergien geschaffen werden.

Gegeben zu Bozen, am 10. Juni 2022

INTERNATIONALE KONTAKTE

Seit der Gründung war es für den Südtiroler Freundeskreis der Afrikaaner selbstverständlich, dass die Vereinstätigkeit nur in engster Zusammenarbeit mit unseren Partnerorganisationen in Südafrika erfolgreich sein kann. Deswegen war uns die Kontaktpflege mit den afrikaanssprachigen Organisationen – in erster Linie der Orania Bewegung und der Gewerkschaft Solidariteit – sehr wichtig. Die Organisation von Delegationsbesuchen aus Südafrika in Südtirol dienen dieser Kontaktpflege, sind aber auch sehr wichtig, um das Anliegen unserer südafrikanischen Partner in Südtirol bekannt zu machen.

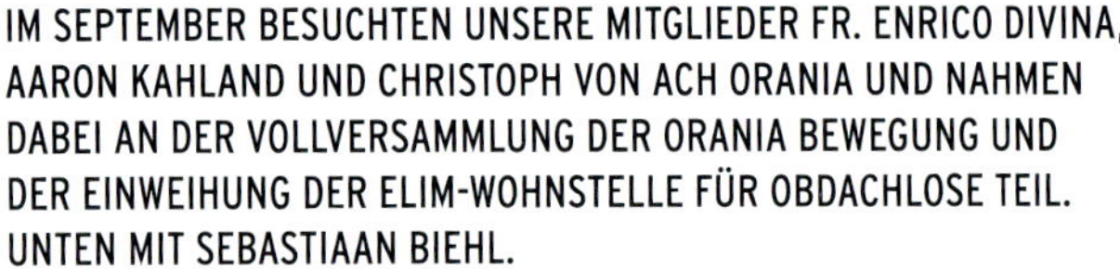
IM SEPTEMBER BESUCHTEN UNSERE MITGLIEDER FR. ENRICO DIVINA, AARON KAHLAND UND CHRISTOPH VON ACH ORANIA UND NAHMEN DABEI AN DER VOLLVERSAMMLUNG DER ORANIA BEWEGUNG UND DER EINWEIHUNG DER ELIM-WOHNSTELLE FÜR OBDACHLOSE TEIL. UNTEN MIT SEBASTIAAN BIEHL.

DELEGATIONSBESUCH APRIL/MAI 2013: EINE ZAHLREICHE GRUPPE GEFÜHRT VON JACO KLEYNHANS UND CAREL BOSHOFF TRAFEN IN BOZEN MIT VERTRETERN DER LANDTAGSPARTEIEN UND SOZIALPARTNERORGANISATIONEN ZUSAMMEN8 – OBEN BEIM EMPFANG BEI DER SÜDTIROLER VOLKSPARTEI MIT LH DR. LUIS DURNWALDER UND LTABG.ER DR.IN MARTHA STOCKER, UNTEN NACH DEM TREFFEN IN DER HANDELSKAMMER BOZEN.

IM RAHMEN DER FILMAUFNAHMEN ZUM FILM „DIE BUREN UND SÜDTIROL – EINE JAHRZEHNTELANGE FREUNDSCHAFT" WAR UNSER OBMANN GINO BENTIVOGLIO IN BEGLEITUNG DES VORSTANDSMITGLIEDS LORENZ PUFF IN SÜDAFRIKA UND FÜHRTE DORT GESPRÄCHE MIT VERTRETERN DER SAN-MINDERHEIT BEI ORANIA, AUCH EIN BESUCH DER VON DER SOLIDARITEIT-BEWEGUNG GEFÜHRTEN BERUFSSCHULE SOL-TECH STAND AUF DEM PROGRAMM.

DER DELEGATIONSBESUCH 2015 FÜHRTE ERSTMALS VERTRETER DER GEWERKSCHAFT SOLIDARITEIT UND DER ORANIA BEWEGUNG GEMEINSAM NACH SÜDTIROL – OBEN BEIM BESUCH IM SÜDTIROLER LANDTAG MIT MARIA HOCHGRUBER KUENZER, UNTEN BEIM BESUCH DES TIROLER LANDTAGES IN INNSBRUCK UND LANDTAGSPRÄSIDENT DDR. HERWIG VAN STAA MIT FLIP BUYS UND DIRK HERMANN (BEIDE SOLIDARITEIT).

IM OKTOBER 2015 BESUCHTE HINGEGEN EINE DELEGATION AUS SÜDTIROL SÜDAFRIKA. MIT DABEI WAREN VERTRETER DES ASGB UND LH A. D. LUIS DURNWALDER, DER DIE FESTREDE BEIM ZUKUNFTSKONGRESS DER SOLIDARITEIT-BEWEGUNG HIELT.

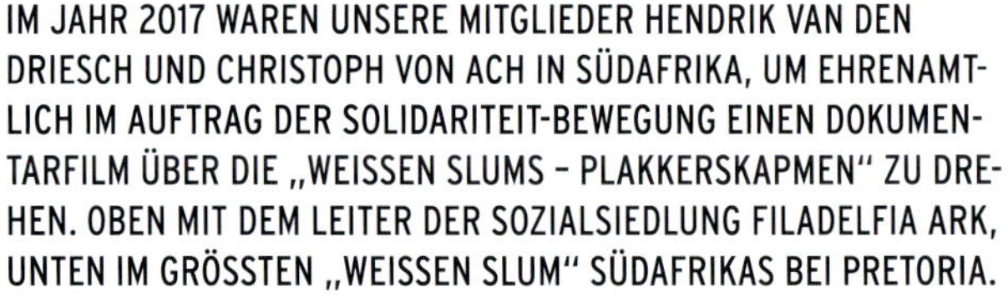

IM JAHR 2017 WAREN UNSERE MITGLIEDER HENDRIK VAN DEN DRIESCH UND CHRISTOPH VON ACH IN SÜDAFRIKA, UM EHRENAMTLICH IM AUFTRAG DER SOLIDARITEIT-BEWEGUNG EINEN DOKUMENTARFILM ÜBER DIE „WEISSEN SLUMS – PLAKKERSKAPMEN“ ZU DREHEN. OBEN MIT DEM LEITER DER SOZIALSIEDLUNG FILADELFIA ARK, UNTEN IM GRÖSSTEN „WEISSEN SLUM“ SÜDAFRIKAS BEI PRETORIA.

IM APRIL 2018 BEGRÜSSTEN WIR EINE SCHÜLERGRUPPE AUS ORANIA UNTER DER FÜHRUNG VON JACO KLEYNHANS UND WILLY UND YOLANDA NEL IN SÜDTIROL – HIER IN SALURN IN DER DÜRERSCHÄNKE UND AUF DER HADERBURG.

AB 2016 FAND DER AFRIKAANERFREUNDE-FRÜHSCHOPPEN IM SCHÜTZENHEIM JENESIEN STATT, ERSTMALS AM 30.08.2016.

DIE SPITZEN DER SOLIDARITEIT-BEWEGUNG BESUCHTEN SÜDTIROL 2019 AUCH IM HERBST, ANGEFÜHRT VON FLIP BUYS, DESSEN ANWESENHEIT AUCH VON DER HEIMISCHEN PRESSE REZIPIERT WURDE. OBEN DIE DELEGATION IM SÜDTIROLER LANDTAG MIT UNSEREM MITTLERWEILE VERSTORBENEN MITGLIED HELMUTH RENZLER, UNTEN FLIP BUYS IM INTERVIEW MIT VIDEO33.

IM APRIL 2022 HATTEN WIR EINE DELEGATION JUGENDLICHER MITARBEITERINNEN UND MITARBEITER DER SOLIDARITEIT-BEWEGUNG ZU GAST, OBEN BEIM ABENDESSEN MIT LH A. D. LUIS DURNWALDER, UNTEN BEI DER BESICHTIGUNG DER CHURBURG.

IM NOVEMBER 2022 BESUCHTEN UNSERE MITGLIEDER PAUL DECARLI UND KRISTOF HEITMANN SÜDAFRIKA – OBEN VOR DEM VOORTREKKER-DENKMAL IN PRETORIA, UNTEN MIT JOOST STRYDOM AM DENKMALBERG IN ORANIA.

IM AUGUST 2023 WURDE EINE ABORDNUNG VON AFRIKAANSSPRACHIGEN JOURNALISTINNEN UND JOURNALISTEN IN SÜDTIROL EMPFANGEN, SIE BESUCHTEN DIE LANDTAGSFRAKTIONEN, DIE SOZIALPARTNER UND WEITERE POLITISCHEN VERTRETER – AUCH DIE GESELLIGKEIT KAM NICHT ZU KURZ.

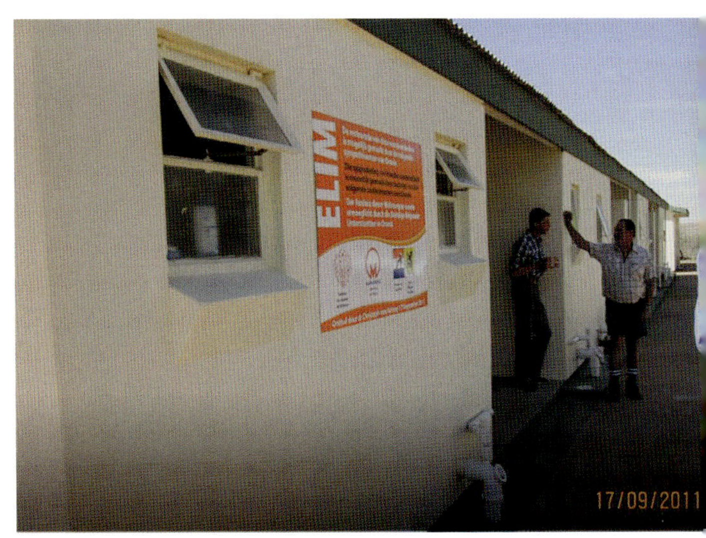

DAS ELIM-WOHNHEIM FÜR OBDACHLOSE IN ORANIA WAR UNSER ERSTES SOZIALPROJEKT, DAS BEREITS 2011 REALISIERT WERDEN KONNTE.

UNSERE PROJEKTE

Der Zweck des Südtiroler Freundeskreises der Afrikaaner besteht darin, die afrikaanssprachige Minderheit in Südafrika zu unterstützen – dies wollen wir auf so breiter Basis wie möglich tun, durch Spendensammlungen zu Gunsten von Sozialprojekten, wobei das Problem der Obdachlosigkeit in Südafrika besonders drückend ist, durch Stipendienvergabe und durch Unterstützung bedürftiger Südafrikanerinnen und Südafrikaner. Nachstehend eine kleine Auswahl der in den vergangenen 15 Jahren umgesetzten Hilfsprojekte unseres Vereins, der sich dabei ausschließlich auf private Spenden stützte.

IM JAHR 2012 KONNTEN WIR EINEN ENTSCHEIDENDEN BEITRAG ZUR ERÖFFNUNG DES NERINA-WOHNKOMPLEXES IN ORANIA FÜR OBDACHLOSE FRAUEN MIT KINDERN LEISTEN. UNTEN DIE ERSTE EINWOHNERIN DES NEUEN WOHNHEIMES.

IM JAHR 2013 ÜBERBRACHTEN UNSERE VORSTANDSMITGLIEDER HENDRIK VAN DEN DRIESCH, LORENZ PUFF UND GINO BENTIVOGLIO EINEN SCHECK IN DER HÖHE VON 3.700 € FÜR SCHULPROJEKTE IN ORANIA.

IM JAHR 2014 ERMÖGLICHTEN WIR DEM AFRIKAANSSPRACHIGEN STUDENTEN CAREL BOSHOFF EINEN MEHRMONATIGEN AUFENTHALT IN SÜDTIROL. DABEI LERNTE ER MINDERHEITENEXPERTEN WIR PROF. CHRISTOPH PAN, NAMHAFTE POLITIKER UND WISSENSCHAFTLER WIE HANS HEISS UND FRANCESCO PALERMO SOWIE DIE SÜDTIROLER GESELLSCHAFT KENNEN. UNTEN BEI DER LANDESGEDENKFEIER DES SÜDTIROLER SCHÜTZENBUNDES MIT UNSEREM MITGLIED FLORIAN VON ACH.

IM JAHR 2015 WURDE AN UNSEREN VEREIN EIN SOZIALER HÄRTEFALL HERANGETRAGEN: EIN ERST 14-JÄHRIGER SCHÜLER VERLOR SEINE ALLEINERZIEHENDE MUTTER BEI EINEM UNFALL, SEINE NÄCHSTEN VERWANDTEN HATTEN KEINEN KONTAKT ZU IHM. DA ER IN ORANIA DIE SCHULE BESUCHTE, ÜBERNAHM UNSER VEREIN DAS SCHULGELD FÜR IHN – AUCH WENN IHM DIESES VON DER SCHULLEITUNG ERLASSEN WORDEN WÄRE. WIR WOLLTEN DAMIT EINEN BEDÜRFTIGEN JUNGEN MENSCHEN UND ZUGLEICH DIE SCHULE UNTERSTÜTZEN.

2015 UND 2017 UNTERSTÜTZTE UNSER VEREIN MIT 2.000,00 € DIE SELBSTVERWALTETE SOZIALSIEDLUNG FILADELFIA ARK BEI PRETORIA, IN DER OBDACHLOSE AFRIKAANERINNEN UND AFRIKAANER EIN NEUES LEBEN BEGINNEN KÖNNEN. WEITERE 5.000,00 € WURDE FÜR EIN HAUS FÜR EHEMALIGE BEWOHNER VON FILADELFIA IN ORANIA GESPENDET. 2017 BESUCHTE EINE REISEGRUPPE UNSERES VEREINS DIE SIEDLUNG UND DEREN LEITER DIRK VAN VUUREN.

EIN BESONDERES ANLIEGEN SIND UNSEREM VEREIN DIE OBDACHLOSEN AFRIKAANER UND IHRE FAMILIEN, DIE WEGEN DER DISKRIMINIERENDEN ARBEITSMARKTPOLITIK DER SÜDAFRIKANISCHEN REGIERUNG KEINE ARBEIT FINDEN – SEIT 2017 UNTERSTÜTZ UNSER VEREIN DESHALB DIE HILFSORGANISATION HELPENDE HAND MIT SPENDEN, DIE UNMITTELBAR BETROFFENEN FAMILIEN ZU GUTE KOMMEN.

ÖFFENTLICHKEITSARBEIT

Tue Gutes und sprich darüber – so lautet ein deutsches Sprichwort. Es war uns immer ein Anliegen, unsere Arbeit transparent und öffentlichkeitswirksam zu gestalten, auch um über die Situation in Südafrika aufzuklären und Bewusstseinsbildung zu betreiben.

Besondere Sensibilität bewies diesbezüglich die Südtiroler Tageszeitung Dolomiten, die seit jeher eine große Sensibilität in Minderheitenfragen lebt.

Aber auch eigene Projekte konnten wir verwirklichen – unter anderem mehrere Filme, die Dank der maßgeblichen Mithilfe unseres Vorstandesmitglieds Hendrik van den Driesch verwirklicht werden konnten.

„SÜDTIROL UND DIE BUREN – EINE JAHRZEHNTELANGE FREUNDSCHAFT"- DER DOKUMENTARFILM

Ein lang gehegtes Projekt wurde 2013 verwirklicht: der Dokumentarfilm über die historischen und gegenwärtigen Beziehungen zwischen Südafrika und Tirol/Südtirol. Bei diesem Projekt der RAI Südtirol war unser Verein stark eingebunden, von der Ausarbeitung des Drehbuchs bis zu Reenactment-Szenen und der Vermittlung von Drehorten und Interviewpartnern in Südafrika.

REGISSEUR HENDRIK VAN DEN DRIESCH
BEI DREHARBEITEN IN ORANIA.
DIE HAUPTDARSTELLER GINO BENTIVOGLIO
UND LORENZ PUFF AM SET IN SÜDAFRIKA.

LORENZ PUFF UND GINO BENTIVOGLIO MIT DEM DAMALIGEN STV. MINISTER FÜR LANDWIRTSCHAFT PIETER MULDER AM VOORTREKKERDENKMAL IN PRETORIA.
DIE INOFFIZIELLE PREMIERE DES FILMS IM SCHÜTZENHEIM GRIES AM 28.11.2013.

DOKUMENTARFILM „FÖDERALISMUS“ VON AFRIFORUM

ERNST ROETS UND ERNST VAN ZYL VON DER SÜDAFRIKANISCHEN BÜRGERRECHTSBEWEGUNG AFRIFORUM DREHTEN IM JAHR 2023 EINEN DOKUMENTARFILM ÜBER FÖDERALISTISCHE SYSTEME WELTWEIT – MIT STARKEM BEZUG ZU SÜDTIROL. UNSER VEREIN WAR BEHILFLICH, DREHORTE UND INTERVIEWPARTNER ZU ORGANISIEREN, DARUNTER NAMHAFTE WISSENSCHAFTLER DER EURAC SOWIE POLITISCHE VERTRETER DER DEUTSCHEN UND ITALIENISCHEN SPRACHGRUPPE.

LH A. D. DR. LUIS DURNWALDER UND LANDTAGSABGEORDNETER CARLO VETTORI GABEN AUSFÜHRLICH AUSKUNFT ÜBER DIE SÜDTIROLER AUTONOMIE UND DEREN FUNKTION FÜR DEN SCHUTZ DER VOLKSGRUPPEN IN SÜDTIROL.

AUSGEWÄHLTE PRESSESTIMMEN 2010 - 2022

The Everlasting Afrikaaner

As the Football World Cup kicked off in South Africa in June, media attention turned once more to the post-Apartheid reality of the black South African population. But here's a story that didn't receive much press: disenfranchised white Afrikaaners are pushing to create their own autonomous state.

By the turn of the 20th century in South Africa, the Afrikaaners' negotiation with British imperialism and fear of domination by an ever-growing black-African population engendered the notorious segregation policies of the white-dominated National Party known as 'apartheid' (Editor's note: see the box "The History of the Afrikaaner"). But after decades of internal protests, activism and insurgency by the black community's political movement the African National Congress (ANC) and its allies, the National Party government took the first steps towards dismantling apartheid in 1984.

The events are now a part of the global collective consciousness. Legendary leader of the ANC, Nelson Mandela, was released from prison after twenty-seven years' incarceration. A negotiation process began with the governing National Party. The government repealed apartheid legislation. The ANC won the country's first multi-racial elections in 1994. It has been in power ever since.

The Wheel of Life Turns

Despite these widely-celebrated developments, as a result of the changes in South Africa, the formerly ruling Afrikaaner have now become systematically sidetracked in education, all economic spheres, government communication and, in particular, discriminated against in the labour market by the ANC governments. Many Afrikaaner live today in absolute poverty, without any government aid. Furthermore, farmers, mainly Afrikaaner, have frequently been the target of murders. Numerous Afrikaaners have gone into self-exile, mainly to Australia and the United Kingdom. These problems are in fact as serious and permanent as the negatives of Apartheid were for the black community.

Such problems for the Afrikaaner people had been foreseen long before the end of Apartheid by a group of Afrikaaners lead by Carel Boshoff, the son-in-law of former South African Prime Minister Henrik Verwoerd. Thus, in December 1990, about 40 Afrikaaner families, headed by Boshoff, bought a dilapidated town in the Caroo desert, in the region of Northern Cape. A former construction camp for workers of a nearby embankment dam project, the Afrikaaners restored it completely and renamed it 'Orania'. The town is privately owned by the 'Vluytjeskraal Aandeleblok' company, whose statute provides that Afrikaaner people can buy shares and thereby obtain the right to stay on and work a piece of ground within the property of the company. The shareholders thus own the company, which in turn owns the property.

Boom Town

The purpose of Orania is to create a town where the preservation of Afrikaanerdom's cultural heritage is the principal aim. Furthermore, Orania propagates Afrikaaner *selfwerksaamheid* ('self-reliance'), which means that Afrikaaners should not let other people work for them (as during the Apartheid era), but do all work themselves. Thus, in order to create an island where the Afrikaaner culture can survive, all jobs, from management to manual labour, are filled only by Afrikaaners. In particular, Orania is intended to be the starting point for the creation of a democratic, autonomous Afrikaaner region within the South African Republic.

With respect to the recent economic development of Orania, it is evident that farming is still an important part of Orania's economy, the most recent project being a massive pecan nut plantation. However, Orania's tourism industry is showing rapid development as well, with the completion of a luxury river spa and boutique hotel complex in 2009. Orania Toere (Orania Tours), Orania's first registered tour operator, was also launched in 2009. As of 2010, thirteen independent hospitality businesses were operating in the town, including self-catering flats, rooms, hotel and guest-houses, making tourism the second most important pillar of Orania's economy.

In April 2004, Orania launched its own monetary system, called the Ora, based on the idea of discount shopping vouchers. The Orania local banking institution, the *Orania Spaar en Krediethoöperatief* – Orania Savings and Credit Co-operative, is in charge of this initiative.

Step Forward, Not Back

Surprisingly enough, the Orania project has met with a great deal of sympathy, in South Africa and abroad. In 1995 Nelson Mandela visited the town to have tea with Betsie Verwoerd, widow of former Prime Minister Henrik Verwoerd. Furthermore, the ANC governments of Jacob Zuma recognised in 2009 that the approach of the Afrikaaner to set up their own autonomous region could be an enrichment of the South African "Rainbow Nation", since the Afrikaaner are part of the South African Nation and their cultural heritage is an important part of South African identity. Even Julius Malema, leader of the far left-wing and militant ANC youth movement, stated in 2009 that the Afrikaaner shall have the opportunity to find their place in the new South African society and that they should be given the opportunity to create a homeland where they can live and preserve their culture. Beside these official statements, Orania had initially faced harsh criticism by European and Anglo-Saxon media, which feared that Afrikaaner extremists would establish in Orania a base for the restoration of the Apartheid system in South Africa. However, given the explicit rejection of Apartheid by the Orania movement and their approach of Afrikaaner self-reliance, which is by nature completely different from such ideology, the international media changed their mind and several positive articles about Orania have been published during the last years in leading international newspapers and media. Ultimately, the Orania movement follows an ideal of an Afrikaaner community which is not closed in a 'corral' but of an open society which is in continuous dialogue with their black, coloured, English and Malay fellow citizens.

In 2010, a delegation from Orania visited South Tyrol to meet with representatives of the European Academy, the South Tyrolean People's Party (SVP), the Liberals (Freiheitliche) and the South Tyrolean Freedom Movement (Südtiroler Freiheit) in order to study the South Tyrolean autonomy model. The members of the delegation were highly impressed by the huge degree of autonomy which South Tyrol has gained over the last decades and the economic, social and political development which were enabled by the autonomy statute. It can be expected that further discussions and negotiations will be launched by the Afrikaaner in order to obtain a similar statute for Orania, although there will be a long and hard road to travel before such project will be realised.

Christoph von Ach
christoph_von_ach@hotmail.com

Born in 1975 in Bozen/Bolzano, **Christoph von Ach** acquired a degree in law and political science and later a doctorate in law (University of Innsbruck). His main interests are minority issues, federalism and cultural history. Since 2008 he has been working for the Office of Cabinet Affairs of the Autonomous Province of Bozen - Bolzano/South Tyrol. In April 2010 he co-operated with EURAC on the visit of the delegation from Orania in South Tyrol.

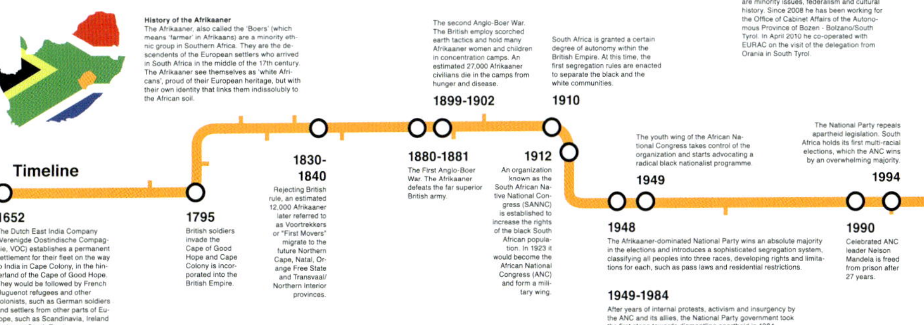

38 ACADEMIA #53 3/2010

ACADEMIA #53 3/2010 39

ACADEMIA – SCIENCE MAGAZINE OF THE EUROPEAN ACADEMY BOZEN/BOLZANO, AUGUST 2010

Volkskunde

„Anton von Goldegg **(im Bild mit Schwester Emma)** gelang es, vom Kundschafter zum Anführer einer eigenständigen Einheit aufzusteigen."
Alexandra von Goldegg

Vom Nationalbewusstsein der Vryburger

Die Vryburger hatten bald ein eigenes Nationalbewusstsein: 1707 sagte der erst 17-jährige Sohn eines Vryburgers, in einem Gerichtsverfahren dem Landrichter: „Ich lasse mich nicht verjagen, ich bin ein Afrikaaner, selbst wenn der Herr Richter mich totschlägt oder ins Gefängnis steckt, werde ich nicht schweigen."

Südafrika und Südtirol – eine Spurensuche

VEREIN: „Südtiroler Freundeskreis der Afrikaaner" will den Buren in Südafrika helfen – Es gibt eine Reihe von Berührungspunkten

Von Christoph von Ach

Die Weltmeisterschaft 2010 in Südafrika zog für vier Wochen alle Sportbegeisterten in ihren Bann. Vor 110 Jahren waren es hingegen die historischen und politischen Ereignisse in Südafrika, die die Schlagzeilen der Tiroler Zeitungen beherrschten.

Eine Verbindung über Berge und Meere: Diese Ansichtskarte zeigt einen Buren und einen Tiroler. Archiv Christoph von Ach

Der „Burenkrieg" zwischen weißen Afrikaanern (auch „Buren" genannt, vom Niederländischen „boer" für Bauer) und der Weltmacht Großbritannien erinnerte viele Tiroler an den 90 Jahre zurückliegenden Freiheitskampf Andreas Hofers, entsprechend groß waren die Sympathien für die Buren. Doch es gab auch früher Berührungspunkte zwischen Tirolern und Südafrika.

In Südafrika leben mehrere Volksgruppen. Neben schwarzafrikanischen Völkern sind es Inder, Malaien, gemischtrassige Menschen und Südafrikaner europäischer Abstammung. Die Einwanderung von Europäern begann Mitte des 17. Jahrhunderts. 1652 landete ein holländisches Expeditionsschiff am Kap der Guten Hoffnung, um eine Versorgungsstation zu errichten. Die Niederlassung zog europäische Siedler an, die mit der Khoisan-Bevölkerung im Wechselspiel aus friedlichem Handel und kriegerischen Auseinandersetzungen lebten. Die meisten Europäer stammten zwar aus den Niederlanden, es gab eine Minderheit an französischen und deutschen Einwanderern – darunter Tiroler.

Beleg ist Nikolaus Vogtmann. Der Meraner wanderte 1660 in Kapland ein und heiratete eine Bürgerstochter aus Kapstadt. Unter dem Namen Claas Vegtmann wurde er ein freier Bürger („Vryburger"). Die Vryburger waren freie Bauern und Bürger, ein Umstand der die Europäer verschiedener Abstammung bald ein eigenes Nationalbewusstsein ausbilden ließ.

Die napoleonischen Kriege warfen ihren Schatten nach Afrika. 1795 besetzte Großbritannien Kapland und schloss es nach dem Wiener Kongress dem britischen Empire an. Die Briten versuchten, die Afrikaaner zu anglisieren: 1820 wurden 5000 englische Veteranen angesiedelt, 1828 Afrikaans als Amtssprache und 1832 als Gerichtssprache verboten. Aus Protest zogen Tausende von Afrikaanern als so genannte „Voortrekker" ins Landesinnere, um in Freiheit Kultur und Sprache leben zu können. Dabei trafen sie auf schwarzafrikanische Bantuvölker. Kriegerische Auseinandersetzungen begleiteten die Gründung mehrerer „Burenrepubliken" ab 1843. Großbritannien war diesen unabhängigen Burenrepubliken feindlich gesinnt.

Die Briten waren bestrebt, ein Kolonialreich von Ägypten bis Kapstadt zu errichten. Die beiden Burenrepubliken Oranje und Transvaal standen im Wege. Schließlich brach im Oktober 1899 der offene Krieg aus. Die Afrikaaner waren Großbritannien militärisch hoffnungslos unterlegen, dennoch gelang es ihnen zunächst, den Briten empfindliche Niederlagen zuzufügen. Die Siege der Afrikaaner wurden in Europa begeistert gefeiert. Obwohl sich die europäischen Staaten neutral verhielten, war die öffentliche Meinung in Österreich-Ungarn, Frankreich, Deutschland und Italien vom Freiheitswillen der Burenrepubliken beeindruckt und unterstützte diesen.

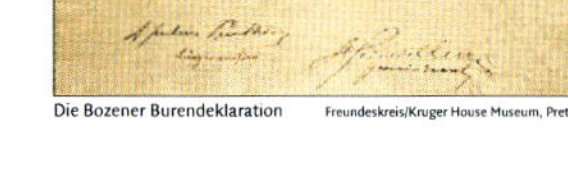

Staats-Präsidenten der Südafrikanischen Republik
S. J. P. Krüger.
Herr Präsident!

Die Bozener Burendeklaration Freundeskreis/Kruger House Museum, Pretoria

1809-1899: Tiroler und Buren

In allen Teilen der Monarchie wurden „Burenvereine" gegründet; auch in Bozen bildete sich im Dezember 1899 eine Runde von Burenfreunden. Der kleine Verein hatte sein Quartier im Hotel „Walther von der Vogelweide" am Waltherplatz (heute Sitz der Banca nazionale del lavoro). Im Dezember 1900 verfasste der Verein eine Solidaritätsadresse an den Präsidenten der Südafrikanischen Republik, Paulus Kruger, und legte sie zur Unterschrift auf. Es unterschrieben mehr als 300 Personen. Erstunterzeichner war der damalige Bozner Bürgermeister Julius Perathoner. Diese „Bozner Burendeklaration" ist heute im Kruger House Museum in Pretoria ausgestellt. Der Bozner Burenverein hielt Kontakt zu jenem Südtiroler, der den Burenkrieg miterlebte: Anton von Goldegg aus Partschins im Vinschgau.

Ein Tiroler Burenkommandant

Der ehemalige k.u.k. Oberleutnant Anton von Goldegg und Lindenburg begab sich im Jänner 1900 mit seiner Schwester Emma nach Pretoria und trat als Freiwilliger in die Milizarmee Transvaals ein, während sich seine Schwester dem Roten Kreuz als Krankenpflegerin anschloss. Ungewöhnlich war dieser Schritt nicht: Die verbreitete Sympathie für die Burenrepubliken zog tausende Freiwillige an.

Anton von Goldegg gelang es aufgrund seiner militärischen Fähigkeiten innerhalb kürzester Zeit, vom einfachen Kundschafter zum Anführer einer eigenständigen Einheit aufzusteigen. Das „Kommando Goldegg" oder „Österreichisches Freikorps" erwarb sich bei der Schlacht von Dalmanutha im August 1900 besondere Verdienste. An vorderster Front hielten die österreichischen Freiwilligen starkem britischen Artilleriebeschuss stand und sicherten bei fortgesetzten Infanterieangriffen den Abzug der burischen Armee. Als die Briten nach herben Anfangsverlusten im Dezember 1900 die Burenrepubliken militärisch niederrangen, wichen Goldegg und seine Einheit in die portugiesische Kolonie Mozambique aus und traten von dort die Heimkehr an. Goldegg hielt später Vorträge über seine Erlebnisse und starb 1926 in Partschins. Sein Grab befindet sich neben dem von Peter Mitterhofer.

Der Krieg in Südafrika wütete weiter: Die Buren gingen zum Guerillakrieg über. Der britische Oberbefehlshaber Kitchener befahl eine Politik der verbrannten Erde. Die Todesrate war erschreckend: Insgesamt 28.000 Menschen starben in ersten „Konzentrationslagern" des 20. Jahrhunderts. Zahlenmäßig unterlegen und unter immer stärkerem Druck durch die brutale britische Kriegführung, mussten die Buren 1902 kapitulieren.

Jan Christiaan Smuts – ein Freund Südtirols

Der Dank für die Hilfe und Solidarität aus Tirol, sollte Jahrzehnte später in einem entscheidenden Moment von einem prominenten Buren erstattet werden. Noch bevor der II. Weltkrieg in Europa zu Ende ging, verfolgten in Südtirol die Gegner des Nationalsozialismus mit Kanonikus Michael Gamper an der Spitze das Ziel, Südtirol mit Österreich zu vereinen. Der wichtigste „Alliierte" war der südafrikanische Ministerpräsident und ehemalige General des Burenkrieges, Jan Christiaan Smuts. Er verlangte am 8. August 1945 auf einer Konferenz der britischen Dominions, dass die Rückkehr Südtirols zu Österreich als Forderung des britischen Empire an Italien gestellt werden sollte. Smuts konnte seine Position zwar in der Dominionkonferenz durchsetzen, scheiterte aber an politischen Ränkespielen der alliierten Verbündeten Sowjetunion und USA. Als Realpolitiker drängte er auf eine Autonomielösung und zählte zu den verlässlichsten Verbündeten der der österreichischen Delegation.

Smuts konnte sich nur teilweise durchsetzen: Im Pariser Vertrag wurde Südtirol die Autonomie nur im Verbund mit dem Trentino zugesprochen. Der südafrikanische Ministerpräsident hatte mit seiner Befürchtung Recht behalten: Der politische Ausgleich kam erst Jahrzehnte später, nach der Trennung der beiden Provinzen Trentino und Südtirol. Das Abkommen zwischen Italien und Österreich, das einen Bestandteil des Friedensvertrages zwischen den alliierten Siegermächten und Italien bildet, ist die internationale Grundlage der Selbstverwaltung Südtirols.

Südtiroler Freundeskreis der Afrikaaner

Nach der Abschaffung des Unrechtsregimes der Apartheid wurde Südafrika zu einem weltweit bewunderten Beispiel eines friedlichen Machtwechsels. Möglich gemacht hatten diesen friedlichen Übergang nach jahrzehntelanger rassistischer Unterdrückung die Südafrikaner aller Hautfarben. Nelson Mandelas Credo von der „Regenbogennation" sollte dem Land neue Hoffnung geben. Leider hat sich seit 1994 gezeigt, dass nicht alle Südafrikaner beteiligt werden: Die Buren, als Hauptverantwortliche für die Apartheid in der Weltöffentlichkeit diskreditiert, wurden von der neuen Regierung unter Druck gesetzt.

Eine diskriminierende Arbeitsmarktpolitik („Black economic empowerment") schloss die Buren vom Arbeitsmarkt aus, vertrieb zehntausende Fachkräfte und führte zu einer Verarmung. Heute schätzt man, dass sich die Armutsverhältnisse zwischen schwarzen und weißen Südafrikanern angeglichen haben: Mehr als ein Zehntel der Buren lebt in „weißen" Slums und hat keine Chance: Da ihre Muttersprache Afrikaans durch die ANC-Regierungen unter den Nachfolgern Nelson Mandelas diskriminiert wird – mehr als die Hälfte der afrikaanssprachigen Schulen wurde geschlossen, drei von vier Universitäten gezwungen, nur auf Englisch zu unterrichten – sieht sich die autochthone Volksgruppe in ihrer Existenz gefährdet. Hinzu kommt ausufernde Kriminalität – seit 1994 wurden mehr als 3500 burische Farmer ermordet.

Einige Südtiroler haben sich, angeregt durch den Besuch einer Delegation von Buren in Südtirol, zum „Südtiroler Freundeskreis der Afrikaaner" zusammengeschlossen. Das Ziel des Freundeskreises ist es, verarmte Buren zu unterstützen und einen Beitrag zur kulturellen Vielfalt zu leisten. Explizit verurteilt der Freundeskreis jede ethnisch oder rassisch motivierte Diskriminierung und jede Form von Rassismus – die Hilfe soll im Zeichen der Solidarität mit einer bedrohten Volksgruppe geleistet werden und dafür ist die Absage an jede Form der Diskriminierung eine Voraussetzung.

Der Freundeskreis sammelt Spenden, um sich an einem Wohnbauprojekt für verarmte burische Arbeiterfamilien zu beteiligen, um ihnen eine menschenwürdige Existenz zu ermöglichen. Wer sich für die Arbeit des Freundeskreises interessiert, ist herzlich willkommen!

Anton von Goldegg ist neben Peter Mitterhofer begraben. C.v.Ach

DOLOMITEN, 7./8. DEZEMBER 2010

Südtiroler Hilfe bei Schulbau

SÜDAFRIKA: Afrikaaner sind Minderheit – Film über historische Verbindungen

BOZEN/ORANIA. In diesen Tagen befindet sich eine Südtiroler Delegation des Vereins „Freundeskreis der Afrikaaner" in der Siedlung Orania in Südafrika.

Im Rahmen einer Feierstunde übergaben Vorsitzender Gino Bentivoglio und Vorstandsmitglied Lorenz Puff einen Spendenscheck über 3700 Euro, mit dem Schulprojekte in Orania gefördert werden. Jaco Kleynhans, der Vorsitzende der Orania-Bewegung, betonte, dass die autochthone Volksgruppe der Afrikaaner (Buren) sehr dankbar für die Hilfe aus Südtirol ist. Als Minderheit im heutigen Südafrika sind die Afrikaaner unter immer größeren Opfern darum bemüht, ihre Identität und Sprache zu bewahren. Die Hilfe von anderen Minderheiten ist dabei ein wichtiges Zeichen der Solidarität. Begleitet werden Bentivoglio und Puff von einem Filmteam der Ebner Film GmbH mit Rik van den Driesch, Christian Gasser, David Runer und Richard Gasser, die an einem Dokumentarfilm über die historischen Verbindungen zwischen Südtirol und Südafrika arbeiten.

Gino Bentivoglio und Lorenz Puff überreichen Jaco Kleynhans (rechts) einen Scheck für 50.000 südafrikanische Rand. Die umgerechnet 3700 Euro aus Südtirol fließen in die Finanzierung eines Schulbaus in Orania.

DOLOMITEN, 13. NOVEMBER 2013

BESUCHSPROGRAMM

Buren touren durch Südtirol

BOZEN (ih). Auf dem Südtirol-Programm der Orania-Bewegung stand natürlich ein Besuch bei Landeshauptmann Luis Durnwalder. Daneben informierten sich die Buren aber auch bei verschiedenen Wirtschafts- und Interessenverbänden, darunter etwa der Südtiroler Bauernbund, über das Zusammenleben und die Strukturen in Südtirol. Wie schafft man es als Minderheit, seine Sprache und Kultur zu bewahren, diese Frage trieb die Delegation dabei am meisten um. Was man mitnimmt: „In Südtirol haben wir gesehen, wir man mit Freude und Stolz seine Kultur leben kann", berichtet Jaco Kleynhans.

Erster Ziegelstein für neues Südafrika

BURENDELEGATION: Vertreter der Orania-Bewegung zu Gast in Südtirol – „Suchen keinen Konflikt, wollen nur unsere Kultur retten"

BOZEN (ih). Sie zeichnen kein gutes, ja noch nicht einmal ein hoffnungsvolles Bild vom neuen Südafrika: Kriminalität und Armut nehmen zu, die Schulbildung nimmt ab. Und die Buren fühlen sich bedroht. Die Burendelegation, die derzeit durch Europa tourt und dieser Tage Station in Südtirol macht, hat eine eigene Idee für einen Ausweg entwickelt: Orania.

Sie haben eine eigene kleine Gemeinschaft aufgebaut, irgendwo im Nirgendwo in Südafrika, in einer verlassenen Arbeitersiedlung. Dort entsteht ein eigenes kleines Dorf mit eigener Schule, eigener Landwirtschaft, Tourismus, Handwerkbetrieben und Baugewerbe. „Und das ohne billige schwarze Arbeitskräfte, sondern mit unserer eigenen Hände Arbeit", berichten Anje Boshoff, Rian Genis, Carel Boshoff und Jaco Kleynhans. Rund 1000 Einwohner hat dieses Orania mittlerweile - „es ist die einzige Möglichkeit, unsere Kultur, unsere Sprache zu retten. Nur hier können wir sie auf Dauer leben", ist Jaco Kleynhans überzeugt. Denn, so fügt Rian Geris hinzu, in Südafrika findet ein schleichender Prozess der Verdrängung statt: „Ortsnamen, Straßennamen, überall verschwindet Africaans."

Auch den anderen Volksgruppen geht es nicht besser. „Wir haben mittlerweile elf offizielle Landessprachen: Indem man viele zulässt, setzt man tatsächlich eine durch: Englisch", so Geris. „Wir Buren haben in der Vergangenheit viele Fehler gemacht", gibt Genis zu. Heute schämten sich viele dafür. Der neue Weg soll ein friedlicher sein. „Wir wollen mit niemandem in Konflikt geraten, deshalb haben wir Orania gegründet. Wir wollen eine funktionierende Gemeinschaft in und für Südafrika sein, ein Beispiel für andere Gemeinschaften, sozusagen der erste Ziegelstein", erklärt Carel Boshoff. Und berichtet stolz von einem Abkommen mit einer Xhosa-Gemeinschaft zur gegenseitigen Unterstützung. Das sei so wichtig, weil „Südafrika nur als Gemeinschaft von Gemeinschaften eine Zukunft hat", ist er überzeugt.

Christoph von Ach („Südtiroler Freundeskreis der Afrikaaner"; links) begleitet die Buren-Delegation durch Südtirol; die „Dolomiten" sprachen mit (v.li.) Jaco Kleynhans, Carel und Anje Boshoff sowie Rian Geris. DLife/DA

DOLOMITEN, 7. MAI 2013

„Wir sind hier, um zu bleiben“

SÜDAFRIKA: Zukunftskongress der Buren mit Südtiroler Beteiligung – Altlandeshauptmann Luis Durnwalder hält Festrede

PRETORIA/BOZEN. Die Zukunft der einheimischen weißen Minderheit Südafrikas sieht düster aus: ein schleichender Verdrängungsprozess bedroht die einheimische Volksgruppe der Buren, die auch als „einziger weißer Stamm Afrikas“ bezeichnet werden. Ein Zukunftskongress sollte mögliche Visionen für das Überleben der Minderheit ausloten. Die Festrede hielt dabei Alt-Landeshauptmann Luis Durnwalder.

Über Vermittlung des Südtiroler Freundeskreises der Afrikaaner wurde eine Delegation des ASGB sowie Altlandeshauptmann Durnwalder zum Zukunftskongress der afrikaanssprachigen Volksgruppe (Buren) eingeladen, um sich vor Ort ein Bild von der Lage dieser einheimischen Minderheit zu machen.

In Pretoria wurden die Südtiroler von der Gewerkschaft Solidariteit empfangen, die die Interessen der afrikaanssprachigen Weißen und Gemischtrassigen in einem immer schwierigeren Umfeld vertritt. Die Gewerkschaft mit mehr als 300.000 Mitgliedern ist die größte Organisation, die sich für die Rechte der afrikaanssprachigen Südafrikaner einsetzt. In ihrem Umfeld agiert auch die Bürgerrechtsbewegung AfriForum, die im Rahmen der Selbsthilfe unter anderem Bautrupps zum Straßenausbau organisiert, Strom- und Wasserleitungen reparieren lässt sowie für einen zivilen Sicherheitsdienst sorgt, da diese Aufgaben vom Staat wenn überhaupt, dann nur sehr schlecht wahrgenommen werden. Steigende Kriminalität, die Verdrängung der einheimischen Sprache Afrikaans durch Englisch und eine grassierende Korruption sind die Probleme Südafrikas, die angesprochen und diskutiert wurden.

Luis Durnwalder übergibt eine geschnitzte Andreas-Hofer-Figur an den Vorsitzenden der Gewerkschaft Solidariteit, Flip Buys.

Höhepunkt des Besuches war der Zukunftskongreß unter dem Motto „Wir sind hier, um zu bleiben“. Eine Anspielung darauf, dass bereits viele Buren aus ihrer Heimat Südafrika ausgewandert sind. Die Hauptrede hielt Altlandeshauptmann Durnwalder.

Er erläuterte die Geschichte Südtirols und stellte den 2700 Teilnehmern die Südtirol-Autonomie vor. Durnwalder betonte, dass nur mit großer Geduld und Ausdauer Minderheitenfragen einer zufriedenstellenden Lösung zugeführt werden können. „Minderheiten sind hier, um zu bleiben – aber nicht um still zu bleiben“, so Durnwalders Schlussworte, die mit stehendem Applaus bedacht wurden. Anschließend überreichte Durnwalder dem Vorsitzenden der Gewerkschaft Solidariteit, Flip Buys, eine geschnitzte Figur des Volkshelden Andreas Hofer als Symbol für Freiheits- und Selbstbehauptungswillen.

Der Auftritt Durnwalders wurde von der südafrikanischen Öffentlichkeit mit großem Interesse zur Kenntnis genommen und in der lokalen Presse sowie in Radio und Fernsehen ausführlich kommentiert und gewürdigt.

„Wie während des Faschismus“

SÜDAFRIKA: Altlandeshauptmann Durnwalder über seinen Besuch bei den Buren – „Situation beklemmend“

PRETORIA/BOZEN (lu). „Ich bin schockiert. Die Situation für die weiße Minderheit ist beklemmend. Mit einer Gebietsreform wurden sie majorisiert wie wir im Faschismus. Zudem liegt im Parlament ein Gesetz auf, das die Enteignung von 50 Prozent des Landes der Farmer vorsieht.“ Altlandeshauptmann Luis Durnwalder hat auf Einladung der Buren, der afrikaanssprachigen Volksgruppe, jüngst einen Vortrag zum Minderheitenschutz gehalten und 11 Tage Südafrika bereist.

Gefragter Interviewpartner: Altlandeshauptmann Luis Durnwalder bei Radio Pretoria. Er erinnerte auch daran, dass sich Jan Christiaan Smuts als Premierminister der Südafrikanischen Union 1948 in Paris für das Selbstbestimmungsrecht für Südtirol eingesetzt habe.

„D“: Herr Landeshauptmann, welche Rolle war Ihnen bei diesem Kongress zugedacht?

Luis Durnwalder: Den Menschen Hoffnung zu geben, dass es mit Zusammenhalt und Hartnäckigkeit gelingen kann, Sprache, Kultur und Tradition zu erhalten. In Südafrika gibt es noch 8 Prozent, sprich 4 Mio. Weiße bei 80 Prozent Schwarzen und 11 Prozent Farbigen. Über eine Million Weiße sind bereits ausgewandert. Dabei sagte bereits Nelson Mandela, dass die Buren, die sich 1650 am Kap der Guten Hoffnung niederließen, die einzigen weißen Afrikaner sind.

„D“: Dann müssen die Weißen jetzt büßen, was die Generationen vor ihnen während der Apartheid den Schwarzen angetan haben?

Durnwalder: Die jungen Leute sagen, was können wir dafür, wenn die Leute vor uns Fehler gemacht haben. Aber wenn Jacob Zuma, der Präsident der Republik Südafrika sagt, ‚einer Mehrheit mehr Rechte, einer Minderheit weniger‘, dann sagt das viel aus. Den Weißen wird es sehr schwer gemacht.

„D“: Inwiefern?

Durnwalder: Es wird überall bei der Stellenbesetzung der staatliche Proporz angewandt, selbst wenn in einem gewissen Gebiet die Weißen nicht nur 8, sondern 20 Prozent ausmachen. Und wer diesen nicht einhält, kriegt keinen Beitrag. Auch burische Schulen kriegen keine Unterstützung.

DOLOMITEN, 21. OKTOBER 2015

„Südafrika, um dich steht es schlecht“

FILM: „Der Tod im Maisfeld“ ein Film über Mord und Gewalt – Grausame „Plaasmoorde“, planmäßige Ermordung von Landwirten in Südafrika

VON HELMUT GROSCHUP

Südafrika gilt als gelungenes Beispiel für die friedliche Beseitigung von Rassendiskriminierung und Apartheid. Doch das so gern gepflegte Bild einer harmonischen „Regenbogennation“ hat sich in den vergangenen 20 Jahren nicht nur zum Positiven verändert.

BOZEN. Wir sind ja an Gewalt gewöhnt gerade wegen Kinofilmen, und da es Gewalt real gibt, ist sie Teil der Wirklichkeitsabbildung. Die Hauptkommissarin Helena Schoeman – wunderbar dargestellt von Jana Strydom (Golden Horn Award für die beste Darstellerin) – ist diese Gewalt gewöhnt, sonst könnte sie ihren Job nicht meistern, aber ihr Adjudant Morena, der sich auf forensische Fotografie spezialisiert hat, verliert Mut und Magen.

Ja, es ist zum Kotzen mit der Gewalt in Südafrika, egal gegen wen sie gerichtet ist. Der Film „Treurgrond“ von **Darrell Roodt** ist einerseits gehalten wie ein südafrikanischer Tatort, und andererseits erzählt er uns vom Leben der Afrikaans nach der Abschaffung der Apartheid. Der Film stellt Afrikaans als sympathische Minderheit dar, die immer noch über Grund und Boden verfügen und somit auch Afrikanern Arbeit geben können, ein Dach über den Kopf zur Verfügung stellen und sich um die Bildung ihrer Kinder kümmern. Aber der Revanchismus ist an allen Ecken und Enden zu spüren und treibt auch Blüten, die ein Zusammenleben von Schwarz und Weiß im Sinne von friedlichem Zusammenleben von Menschen unterschiedlicher Herkunft verunmöglicht.

Überall lauern Gefahren, Rachegelüste schwängern die hitzegetränkte Luft, und trotzdem wird eine unglaubliche Idylle vermittelt, die selbst in unseren Breiten nicht zu finden ist. Die verschiedenen Episoden werden durch die Darlegung der moralischen Grundsätze verknüpft, und so wird der Zugang zu den Beziehungsbenen erleichtert. Und manchmal hat man so das Gefühl Schwarz und Weiß sind nicht so weit auseinander, nur die Besitzverhältnisse, die sind Grund für jene Unversöhnlichkeit, die den Boden für Gewalt und Totschlag nähren.

Die Farmerfamilie Van Staden wird als Musterfamilie dargestellt, die der Integration nicht viel in den Weg stellt, und trotzdem wird sie institutionell und privat bedroht. Der Hauptakteur Lukas Van Staden (Steve Hofmeyr) ist ein vorbildlicher Spätkolonialist mit sympathischen Charaktereigenschaften, dem es aber sichtlich schwerfällt, mit der neuen Gesellschaftsordnung zu recht zukommen, was auch sein Schicksal besiegelt.

Der Film ist actionmäßig gestylt mit furchterregendem Soundtrack, aber hat etwas, das man bei uns als „independent“ bezeichnet und nimmt politisch nicht offen Stellung. Es ist der „gute“ Weiße, der büßen muss, und dem „guten“ Wilden wird dabei schlecht.

Insofern ein schwarz/weiß Film in unendlichem Blut getränkt. Nix für schwache Nerven, aber man kann ja die Augen schließen.

PS: Der Titel stammt aus dem Munde der Lehrerin auf dem Gutshof der Van Staden.

■ Termin:

Filmvorführung „Treurgrond“ – Tod im Maisfeld,
heute, 19.30 Uhr Schloss Maretsch, Bozen
Anschließend Diskussion mit LH a. D. Luis Durnwalder, Bernhard Burger (SBB), Alexandra Egger (ASGB) Gino Bentivoglio (Afrikaanerfreunde).
Moderation: Ulrieke van den Driesch.
Eintritt frei.

DOLOMITEN, 13. SEPTEMBER 2016

Buren stehen immer stärker unter Druck

THEMA: Organisierte Morde an Afrikaans sprechenden Landwirten erschüttern Südafrika – Filmvorführung

BOZEN. Um auf Missstände aufmerksam zu machen und den Opfern Gehör zu verschaffen, organisierte der Südtiroler Freundeskreis der Afrikaaner mit Beteiligung des Autonomen Südtiroler Gewerkschaftsbundes und des Bauernbundes am 13. September auf Schloss Maretsch die Vorführung des Films „Treurgrond“, der von organisierten Morden an afrikaanssprachigen Landwirten in Südafrika handelt.

Der Schlosshof von Maretsch war voll besetzt.

Freundeskreis-Mitglied Christoph von Ach stellte in seiner Einführungsrede fest, dass die Opfer dieser Mordserie fast ausschließlich der afrikaanssprachigen Volksgruppe der Buren angehören, die als Minderheit in Südafrika großem politischen Druck ausgesetzt ist. Die Farmermorde seien dabei nur der offensichtlichste Ausdruck einer minderheitenfeindlichen Grundausrichtung, die zu den negativsten Aspekten in der gegenwärtigen politischen Situation der so genannten „Regenbogennation“ zählten. Von Ach wusste auch über die historischen Bezugspunkte zwischen Südtirolern und Buren zu berichten, die vor 70 Jahren beim Abschluss des Pariser Vertrages besondere Bedeutung erhielten.

Während des Filmabspanns blickte man in erschütterte Gesichter. Dies war einerseits der Darstellung der Bauernmorde geschuldet, andererseits aber auch der Tatsache, dass der Inhalt nicht Fiktion ist, sondern Realität ist.

Im Rahmen der anschließenden Podiumsdiskussion – unter fachkundiger Moderation von Ulrieke van den Driesch – mit Altlandeshauptmann Luis Durnwalder, Bernhard Burger vom Südtiroler Bauernbund, Alexandra Egger vom ASGB, Gino Bentivoglio vom Freundeskreis der Afrikaaner sowie Danie Brink aus Südafrika, Direktor der Hilfsorganisation „Helfende Hand“, wurde die problematische Situation der Landwirte und der afrikaanssprachigen Minderheit vertieft.

Hilfsprojekte abgewiesen

Dabei kam auch die soziale Lage der Buren zur Sprache. Altlandeshauptmann Durnwalder, der bereits persönlich in Südafrika war und sich ein Bild von der Situation machen konnte, erzählte, er habe aufgrund der schockierenden Situation und der Unterdrückung der Buren bereits Hilfsprojekte eingereicht, die unverständlicherweise jedoch abgewiesen worden seien.

Danie Brink berichtete von den Sozialprojekten seiner Hilfsorganisation „Helfende Hand“, die auf großes Interesse im Publikum stießen. Unter anderem werden 4000 Schulkinder in Südafrika von der Organisation täglich mit einer Mahlzeit versorgt. Am Ende der Diskussion waren sich Podium und Zuschauer einig: Minderheiten müssen anderen Minderheiten helfen.

DOLOMITEN, 3. OKTOBER 2016

reportage

Im Oktober 2015 besuchte eine Südtiroler Delegation mit Luis Durnwalder Südafrika

Viele Buren leben in erbärmlichen Verhältnissen am Rande der Gesellschaft

Alt-Landeshauptmann Luis Durnwalder berichtete auf Einladung des Vereins von seinen Reiseeindrücken im Batzenhäusl

Der Südtiroler Freundeskreis der Afrikaaner

von
Andreas Raffeiner

2010 wurde der Südtiroler Freundeskreis der Afrikaaner als sprachengruppenübergreifender Verein gegründet. Als Hauptgrund wurde die Besorgnis über die alarmierende Entwicklung des Minderheitenschutzes in Südafrika angeführt. Dies betrifft besonders die einheimische Volksgruppe der Afrikaaner, in Europa auch Buren genannt. Das Ziel ist es, die Bestrebungen der Afrikaaner um den Erhalt ihrer Kultur und Identität tatkräftig und nach bestem Wissen und Gewissen zu unterschützen.

Südafrika wird oft auch als „Regenbogennation" bezeichnet. Dies spielt auf die ethnische Vielfalt des Landes an, in dem nicht nur Schwarzafrikaner leben, sondern auch Menschen mit asiatischen, gemischtrassigen und europäischen Wurzeln. Letztere sind vor allem Buren oder Afrikaaner, wie sie sich selbst bezeichnen. Diese Volksgruppe siedelt seit dem 17. Jahrhundert in Südafrika und stammt von niederländischen, deutschen und französischen Auswanderern ab. Im 18. Jahrhundert bildeten sie eine eigene Sprache aus, das Afrikaans. Es handelt sich um die jüngste germanische Schriftsprache der Welt. Diese gilt bis heute als eigentliche Umgangssprache Südafrikas. Die „weiße" Minderheit stellt heute etwa acht Prozent der Bevölkerung und hat eine wechselvolle Geschichte hinter sich. Das bäuerlich geprägte Volk gründete im 19. Jahrhundert unabhängige Republiken im Zentrum des heutigen Südafrika, die von 1899 bis 1902 im so genannten „Burenkrieg" von Großbritannien erobert wurden. Der Burenkrieg war der erste „moderne" Krieg des 20. Jahrhunderts. Zum ersten Mal in der Geschichte wurden Konzentrationslager gegen die Zivilbevölkerung eingerichtet.

In diese ersten Konzentrationslager sperrte die imperialistische britische Großmacht die burische Zivilbevölkerung. Mehr als 28.000 Frauen und Kinder starben dabei. Der Burenkrieg wurde in Europa aufmerksam verfolgt. Die Sympathien der europäischen Öffentlichkeit lagen dabei auf den Seiten der Buren. Dies änderte sich in der zweiten Hälfte des 20. Jahrhunderts, als in Südafrika das System der Rassentrennung, die „Apartheid", eingeführt wurde. Dieses Unrechtsregime, das 1994 überwunden wurde, wird immer noch mit den Afrikaanern in Verbindung gebracht. Zu oft wird allerdings vergessen, dass es die weißen Mitbürger Südafrikas waren, die in der Volksabstimmung vom 17. März 1992 mit einer satten Zweidrittelmehrheit die Aufhebung der diskriminierenden Apartheidsgesetze beschlossen hat. Den Südtirolern ist es bewusst, dass die Afrikaaner deswegen nach wie vor einen besonders schweren Stand haben. Das ist nicht

„Solidarität“-Funktionäre zu Besuch

BOZEN. Eine Delegation leitender Funktionäre der „Solidarität“, der Selbsthilferorganisation der Buren – Gewerkschaft, Universität mit Fernstudium auf Afrikaans sowie technischer Hilfsdienst, da in Südafrika fast nichts mehr funktioniert – war gestern in Südtirol zu Besuch. Die Gruppe wurde im Landhaus und vom Bozner Bürgermeister Renzo Caramaschi empfangen und bei ihrem Südtirol-Besuch vom Verein Südtiroler Freundeskreis der Afrikaaner und dem ASGB betreut. Auch dem Haus Athesia statteten die „Solidarität“-Funktionäre einen Besuch ab (Bild). Angeführt wurde die Gruppe von **Daniel Johannes Langner**, CEO Federatie Afrikaans Cultuur organisaties (2. von links), **Jaco Kleynhans**, International liaison Solidariteit (8. von links) und **Rizelle Botha**, Solidariteit Beweging (9. von links). Begleitet wurden sie von **Christoph von Ach** vom Südtiroler Freundeskreis der Afrikaaner (3. von links). Begrüßt wurden sie von **Günther Heidegger**, Chefredakteur-Stellvertreter der „Dolomiten“ (5. von links); **Walter Anich** (4. von rechts) hat ihnen das Haus Athesia gezeigt.

DOLOMITEN, 24. MAI 2019

„Wir sind überall nur eine kleine Minderheit“

SÜDTIROL/SÜDAFRIKA: Interview mit Buren-Delegation auf Besuch – Morde an Farmern und Pläne für entschädigungslose Enteignungen größte Probleme

BOZEN. In Südtirol gibt es seit 2009 den Verein „Südtiroler Freundeskreis der Afrikaaner“, der auf Lebensumstände dieser Minderheit aufmerksam macht und Sozialprojekte für in Not Geratene unterstützt. Dabei arbeitet der Verein mit der Gewerkschaft „Solidariteit“ zusammen. Die „Dolomiten“ haben mit den Gewerkschaftsvertretern Daniel Johannes Langner, Jaco Kleynhans und Rizelle Botha bei einem Besuch in Südtirol gesprochen.

„Dolomiten“: Seit einigen Jahren gibt es einen lebendigen Austausch zwischen den Buren und Südtirol mit regelmäßigen, wechselseitigen Besuchen. Was sind die Parallelen und was sind die Unterschiede in Sachen Minderheitsrechte?
Rizelle Botha: Die wichtigste Gemeinsamkeit ist, das wir als Buren auch eine Minderheit sind und heute in Südafrika ähnlich diskriminiert werden, wie es die Südtiroler nach dem Ersten Weltkrieg wurden, als sie wie Fremde im eigenen Land behandelt wurden und Diskriminierung auf vielen Ebenen erlitten. Seit 1994 sind 120 diskriminierende Gesetze durch die südafrikanische Regierung erlassen worden, was eine neue Form der Rassendiskriminierung bedeutet.

Jaco Kleynhans: Während die deutschsprachige Minderheit in Südtirol selbst eine Mehrheit darstellt, wohnen die Buren über ganz Südafrika verstreut und sind überall nur eine kleine Minderheit. Das führt zu ernsthaften Problemen beispielsweise mit dem Weiterbestehen von afrikaanssprachigen Schulen und dem Erhalt unserer Sprache und Kultur.

„D“: Es gibt auch kritische Stimmen, die die heutige Behandlung der Buren in Südafrika rechtfertigen mit der unrühmlichen Rolle, die sie zur Zeit der Apartheid gespielt haben.
Langner: Die Apartheid war ein Fehler, und die Buren und ihre Organisationen wie „Solidariteit“ gestehen dies ohne jeden Zweifel ein. Die südafrikanische Geschichte ist allerdings komplex. Die Apartheid war ein Versuch, nach Jahrzehnten der britischen Unterdrückung eine sichere Zukunft für die Buren zu schaffen. Es artete allerdings in ein System aus, das Menschen anderer Hautfarbe diskriminierte und benachteiligte, und das ist unannehmbar. Ein System der Rassendiskriminierung kann allerdings nicht durch ein anderes System der Rassendiskriminierung ersetzt werden.

„D“: Spannungen in Südafrika führen zu Morden an Farmern, zudem machen südafrikanische Politiker Druck, Grund und Boden ohne Entschädigung zu enteignen. Wie ist die Lage?
Botha: Die Sicherheitslage auf den Farmen ist äußerst kritisch. Seit 1994 wurden schon mehr als 3000 Morde an Farmern, deren Familienangehörigen und Angestellten verübt.

Die Regierung weigert sich, dies als Problem wahrzunehmen und effizient zu bekämpfen. Die beabsichtigten entschädigungslosen Enteignungen und das Vorhaben, dafür sogar das Grundgesetz zu ändern, um dies zu ermöglichen, schaffen viel Angst und Unsicherheit unter den Buren. Tausende Menschen verlassen Südafrika jährlich aus Angst um ihre Sicherheit. Es gibt inzwischen nur noch 30.000 gewerbliche Farmer in Südafrika.

„D“: Südtirols Autonomie wird international gepriesen als der beste Schutz für Minderheiten. Wäre so etwas in Südafrika möglich und würde dies ihrer Volksgruppe helfen?
Langner: Südtirols Autonomie ist für die „Solidariteit“ und seine über 400.000 Mitglieder ein herausragendes Beispiel für ein friedliches Zusammenleben verschiedener Sprach- und Volksgruppen. Wir sind überzeugt, dass dies als Vorbild für Südafrika dienen kann. Eine größere Gebietsautonomie mit einer größeren Konzentration von Buren in bestimmten Städten und Provinzen kann uns Buren eine nachhaltige Zukunft garantieren.

Vertreter der Gewerkschaft „Solidariteit“ (von links): Daniel Langner , Jaco Kleynhans und Rizelle Botha.

STICHWORT

Die Buren

Südafrika ist ein Vielvölkerstaat. Neben der schwarzafrikanischen Mehrheit gibt es auch asiatische und europäischstämmige Minderheiten. Die Buren siedeln seit dem 17. Jh. in Afrika und sind die zahlenmäßig größte Volksgruppe europäischer Abstammung (ca. 3,5 Mio. Menschen). Sie sehen sich nicht als Europäer, sondern als einheimische Volksgruppe – daher auch die Selbstbezeichnung „Afrikaaner“. Dort entwickelten sie auch ihre eigene Sprache „Afrikaans“ – die jüngste germanische Schriftsprache. Sie entstand aus dem Verbund des Niederländischen mit deutschen und französischen Sprachelementen sowie unter starkem Einfluss asiatischer und afrikanischer Sprachen. «

DOLOMITEN, 3. OKTOBER 2016

Große Feier auf Schloss Maretsch

FREUNDESKREIS DER AFRIKAANER: Vorstand neu gewählt – Mit 2 Jahren Verspätung soll heuer 10-jähriges Bestehen gefeiert werden

BOZEN. Neben den Neuwahlen des Vorstandes standen bei der jüngsten Vollversammlung des Vereines Südtiroler Freundeskreis der Afrikaaner vor allen Dingen die Vorbereitungen für das 10-jährige Gründungsjubiläum im Mittelpunkt, das man mit 2 Jahren Verspätung heuer endlich begehen möchte.

Der neue Vorstand (von links): Klaus von Ach, Fr. Enrico Divina, Carlo Vettori, Gino Bentivoglio, Hendrik van den Driesch, Christoph von Ach und Manfred Agostini. Es fehlen Sepp Eckmair und Paul Decarli.

„Trotz coronabedingter Einschränkungen unserer Vereinstätigkeiten in jüngster Zeit ist die Mitgliederzahl auf 84 angewachsen."

Christoph von Ach, Südtiroler Freundeskreis der Afrikaaner

Coronabedingt musste die Feier bereits 2 Jahre verschoben werden. Doch für heuer ist man zuversichtlich, dass das Jubiläum endlich gefeiert werden kann. Geplant ist die Feier für Juni diesen Jahres auf Schloss Maretsch – und „in größerem Rahmen", berichtet Vorstandsmitglied Christoph von Ach.

Daneben stand auch die Genehmigung der Jahresabschlussrechnung auf der Tagesordnung der Vollversammlung. Viel gab es allerdings nicht zu genehmigen: „Wir haben in den vergangenen beiden Corona-Jahren die Vereinsmittel kaum angegriffen", erklärt von Ach. Die Tätigkeiten des Vereins kamen weitgehend zum Erliegen. „Das meiste wurde in die sozialen Medien verlagert", so von Ach. Natürlich halte man sich weiterhin über die Situation in Südafrika auf dem Laufenden. Und da, so von Ach, stechen derzeit vor allen Dingen 3 Themen hervor: die Corona-Situation, die aktuellen Probleme mit der Stromversorgung sowie das Korruptionsverfahren gegen den inhaftierten südafrikanischen Ex-Präsidenten Jacob Zuma.

Neben den geplanten Ausgaben für das große Fest fließt das Geld des Vereins zu einem großen Teil in Hilfsprojekte vor Ort, die man mit Partnerorganisationen in Südafrika umsetzt. Da ist zum einen die Siedlung Orania zu nennen: „Um auch verarmten Afrikaanern ein menschenwürdiges Leben zu ermöglichen, werden Fertighäuser für bedürftige Familien aufgestellt. So werden Menschen aus den Slums geholt, bekommen ein Zuhause, eine Arbeitsmöglichkeit und eine gute Schule für ihre Kinder", heißt es dazu auf der Internetseite des Vereins. Darüber hinaus unterstützt der Verein eine Obdachlosensiedlung in der Nähe von Pretoria und hilft in Einzelfällen.

Doch so manches hat Corona in den vergangenen Monaten verhindert, darunter auch ein Praktikum eines Südtiroler Akademikers in Südafrika. „Das fiel leider der Pandemie zum Opfer", bedauert von Ach. Und eine Besserung der Situation sei auch in Südafrika noch nicht abzusehen.

Erfreut zeigte sich von Ach über den Zuspruch, den der Verein trotz eingeschränkter Aktivitäten gerade in jüngster Zeit erhält. So seien zum einen 22 Personen in Präsenz zur Vollversammlung gekommen. Zum anderen sei die Mitgliederzahl mittlerweile auf 84 angewachsen. Der neu gewählte Vorstand setzt sich aus Klaus von Ach, Fr. Enrico Divina, Carlo Vettori, Gino Bentivoglio, Hendrik van den Driesch, Manfred Agostini, Sepp Eckmair, Paul Decarli und Christoph von Ach zusammen.

Die Afrikaaner sind jene Nachfahren holländischer, deutscher, wallonischer und französischer Siedler, die seit 1652 vom Kap der guten Hoffnung aus Südafrika besiedelten. Afrikaans, die Muttersprache der Afrikaaner, gilt als die jüngste germanische Sprache der Welt und entstand aus der Verschmelzung von niederländischen, französischen, deutschen und afrikanischen Sprachelementen.

DOLOMITEN, 10. JÄNNER 2022

Im Jahr 1900 wurde in Bozen

die Burendeklaration unterschrieben – vom damaligen Bozner Bürgermeister Julius Perathoner und rund 300 Bozner Bürgern. Das Original wird im Archiv des Krüger House in Pretoria aufbewahrt. In Anlehnung soll heute Abend eine neue Bozner Burendeklaration unterzeichnet werden.

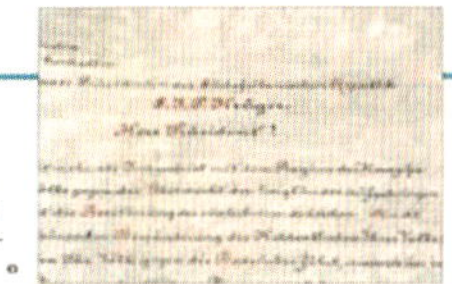

Afrikaaner sind jene Nachfahren

vorwiegend holländischer, aber auch deutscher, wallonischer und französischer Siedler, die seit 1652 nach Südafrika einwanderten. Afrikaans, die Muttersprache der Afrikaaner, entstand aus der Verschmelzung von niederländischen, französischen, deutschen und afrikanischen Sprachelementen.

„Afrikaaner werden systematisch behindert"

INTERVIEW: „Freundeskreis der Afrikaaner" feiert Jubiläum – Bentivoglio: Mandelas „Rainbow Nation" ist nicht entstanden – Diskriminierung auf der Tagesordnung

BOZEN. Heute feiert der Verein „Südtiroler Freundeskreis der Afrikaaner" sein 10-jähriges Bestehen – aufgrund der Pandemie mit 2-jähriger Verspätung. Im Interview zeigt Obmann Gino Bentivoglio die Ziele des Vereins auf: Bewusstseinsbildung und Hilfsprojekte.

„Dolomiten": Vor 10 plus 2 Jahren hat sich der Verein „Südtiroler Freundeskreis der Afrikaaner" gegründet. Mit welchen Zielen?

Gino Bentivoglio: Wir haben vorwiegend 2 Ziele als Verein. Das eine sind spezielle Hilfsprojekte in Südafrika für Afrikaaner. So haben wir in den vergangenen Jahren mit unseren Spendengeldern etwa den Bau eines Wohnhauses für Obdachlose und ein anderes für allein stehende Mütter finanziert, das Schulgeld für ein Waisenkind übernommen und eine Familie aus „Plakkerskamp", dem Slum der Weißen in Johannesburg, unterstützt.

Der Vorsitzende Gino Bentivoglio (vorne, 2. von rechts) bei einem Besuch beim Hilfsprojekt „Helpende Hand" in Südafrika, bei dem obdachlosen Jugendlichen eine Berufsausbildung geboten wird.

tuation der Afrikaaner dokumentiert. Denn die wenigsten Südtiroler können sich vorstellen, wie die Verhältnisse aktuell in Südafrika sind.

bracht. Dabei ist das längst Vergangenheit und man sollte ein Volk nicht aufgrund seiner Vergangenheit als Kollektiv verurteilen. Derzeit haben sie es in Süd-

entstanden. Die derzeitige Regierung ist nur auf ihren eigenen Vorteil aus, betreibt Klientelpolitik und die Afrikaaner halten für alles, was nicht gut läuft, als Sün-

„Die Regierung ist nur auf ihren eigenen Vorteil aus, betreibt Klientelpolitik und Afrikaaner halten für alles, was nicht gut läuft, als Sündenböcke her."

Gino Bentivoglio

und Sprache. Afrikaans wird als Sprache immer weiter zurückgedrängt, unter anderem in den Bildungsinstitutionen - und auch in Gegenden, in denen die Bevölkerung fast ausschließlich Afrikaans als Muttersprache hat. Das ist eine ganz klare Benachteiligung, denn Erziehung sollte in der eigenen Muttersprache erfolgen. Aber auch in ökonomi-

beispielsweise durch das sogenannte BBBEE - Broad-Based Black Economic Empowerment - übersetzt die „breit angelegte wirtschaftliche Stärkung von Schwarzen". Öffentliche Institutionen, aber auch Firmen, die sich an öffentlichen Ausschreibungen beteiligen wollen, müssen die Vorgaben des Gesetzes erfüllen. Und das sieht vor, den Anteil an schwarzen Mitarbeitern zu erhöhen. Konkret führt dies derzeit dazu, das bestimmte Firmen gar keine Weißen mehr einstellen. Ein derart rassistisches Gesetz sollte es im 21. Jahrhundert nicht mehr geben.

„D": Kommen wir zur Feier...

Bentivoglio: Bei der Festveranstaltung werden wir anhand von Kurzfilmen und Kurzinterviews die vergangenen 10, eigentlich mittlerweile 12 Vereinsjahre, Revue passieren lassen. Wir erwarten zahlreiche Ehrengäste - auch aus dem europäischen Ausland. Zudem wird Flip Buys, Vorsitzender der Solidarität-Bewegung in Südafrika, erwartet. Höhepunkt ist die Unterzeichnung ei-

DOLOMITEN, 10. JUNI 2022

10 + 2 Jahre

seines Bestehens feierte der Südtiroler Freundeskreis der Afrikaaner im Schloss Maretsch. Das Netz zur Unterstützung der Buren reicht weit. Von weit kamen auch die Gäste: aus Südafrika, Schweden, Belgien und den Niederlanden, aus Deutschland, Österreich, Kroatien und Ungarn, aus Italien und Südtirol.

„Es ist für mich faszinierend zu sehen, dass 8000 Kilometer entfernt ein Volk lebt, das viele Gemeinsamkeiten mit Südtirol hat."

Gino Bentivoglio, Südtiroler Freundeskreis der Afrikaaner

BUREN-DEKLARATION

Nach 1900 erneut Dokument verfasst

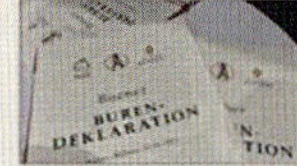

BOZEN (br). Schon 1900 wurde eine Bozner Buren-Deklaration unterzeichnet und zum Jubiläum des Südtiroler Freundeskreises der Afrikaaner erneut. Das Dokument fordert grundlegende Rechte wie das Heimatrecht der Buren ein. Unterzeichnet haben **Flip Buys**, Vorsitzender der afrikaansen Bürgerrechtsbewegung „Solidariteit", **Joost Strydom**, Vorsitzender der Orania-Bewegung, **Gino Bentivoglio**, **Carlo Vettori** und **Rik van den Driesch** vom Südtiroler Freundeskreis der Afrikaaner, **Sebastian Stricker** vom Österreichischen Freundeskreis der Afrikaaner, **Andreas Vogel**, vom Deutsch-Afrikaans Interessenforum, **Zoltan Palatinus**, Vertreter der Ungarisch-südafrikanischen Freundschaftsgesellschaft und **Johan Deckmyn** von den flämischen Unterstützungsgruppen der Bewegung „Solidariteit".

„Weil die Buren unsere Brüder sind"

JUBILÄUM: Südtiroler Freundeskreis der Afrikaaner feiert 12-jähriges Bestehen – Unterstützung für diskriminierte Minderheit Südafrikas

BOZEN (br). „Gesetze, die einer Volksgruppe gewisse Rechte zugestehen, sind im Normalfall – wie in Südtirol – dazu da, eine Minderheit zu schützen. Südafrika wendet sie so an, dass sie die Minderheit benachteiligt", sagte Gino Bentivoglio, der Präsident des Freundeskreises der Afrikaaner, bei der Jubiläumsfeier auf Schloss Maretsch.

Im Rahmen der Jubiläumsfeier unterzeichneten die Vertreter der Buren-Netzwerkorganisationen eine Deklaration, in der Rechte eingefordert werden. br

Geigen- und Harmonikaklänge stimmten auf den Jubiläumsabend innerhalb der schönen Gemäuer ein. Auch Lieder in Afrikaans, der Sprache des südafrikanischen Volksstamms, ertönten. Die Afrikaaner, auch Buren genannt, sind die Nachfahren der Europäer, vor allem Niederländer, die um die Mitte des 17. Jahrhunderts vom Kap der Guten Hoffnung aus Südafrika besiedelten.

Seit der Machtübernahme der ANC-Partei 1994 werden die Buren in die Minderheitenrolle gedrängt und unterdrückt. Aufgrund diskriminierender Gesetze finden sie kaum Arbeit und Wohnung und leben oft in großer Armut. Auch werden – und das erinnert an Südtirol unter dem Faschismus – Sprache und Kultur zurückgedrängt, Schulen und Unis in Afrikaans geschlossen, Ortsnamen geändert.

„Südtirol weiß, was es heißt, Minderheit und unterdrückt zu sein", sagte Gino Bentivoglio. So wurde 2010 der Südtiroler Freundeskreis der Afrikaaner gegründet, mit dem Ziel zu helfen. Historisches Vorbild war der Bozner Burenverein, der 1899 gegründet wurde, um die Buren in ihrem Freiheitskampf zu unterstützen. Sie mussten gegen das imperialistische England kämpfen – wie Tirol einst gegen die Übermacht Napoleons. Und noch etwas verbindet Südtirol mit den Buren: Jan Smuts hatte als Südafrikanischer Ministerpräsident 1946 bei den Pariser Friedensverhandlungen für die Südtirol-Autonomie gestimmt.

„Wir sind in Freundschaft mit den Afrikaanern verbunden und wollen heute etwas zurückgeben", sagte Christoph von Ach. Die Ach-Brüder Christoph und Florian waren auf den Spuren der Buren in Südafrika und fassten den Entschluss, einen Hilfsverein zu gründen.

Heute zählt der Freundeskreis 80 Mitglieder. Beim Jubiläum, das coronabedingt 2 Jahre später als geplant stattfand, blendete der Verein in Kurzfilmen zurück auf die Vereinsgründung, auf die internationalen Kontakte und auf die Projekte, mit denen die Lebensumstände der Buren verbessert werden konnten. Partner sind die Bürgerrechtsbewegung „Solidariteit", die Hilfsorganisation „Helpende Hand" und die Orania-Bewegung. Eines der ersten Projekte war eine Wohnstätte für obdachlose Afrikaaner.

Prominenter Unterstützer ist Luis Durnwalder, Landeshauptmann a. D, der 2015 in Südafrika war und über Südtirol referierte. „Der Wille zur Selbstregierung ist da, die Buren dürfen nur nicht aufgeben. Auch wir haben durchgehalten", betonte Durnwalder. In einem Dokumentarfilm hat Rik van den Driesch die langen Beziehungen zwischen Südtirol und Südafrika festgehalten. „Die Buren sind unsere Brüder; sie sind fantastisch", sagte er.

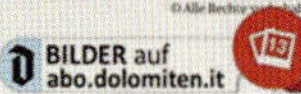

DOLOMITEN, 14. JUNI 2022

NACHWORT: DIE WEITERE ENTWICKLUNG ORANIAS UND DIE ZUKUNFT

Ich habe Orania im Mai 2019 aus verschiedenen persönlichen Gründen verlassen und bin wieder nach Deutschland gezogen, allerdings ohne meine Zelte in Orania gänzlich abzubrechen und mit dem festen Vorsatz, in Zukunft wieder zurück zu kehren. Orania war schon damals, trotz mancher Rückschläge, auf einem guten Weg, sodass ich mit dem Gefühl gehen konnte, meinen Beitrag für das Gelingen dieses Projekts geleistet zu haben.

Zum ersten Mal seit meiner Abwesenheit war ich mit meiner Familie Anfang 2023 wieder in Orania und war sehr erstaunt, wie dynamisch sich der Ort einschließlich des Umlandes entwickelt hat. Überall wurde gebaut und neue Wohngebiete waren im Entstehen begriffen. Neben dem Wohnbau gab es zahlreiche neue Gewerbeansiedlungen. Auch die Infrastrukturentwicklung hatte einen Sprung nach vorne gemacht mit einer neuen und viel größeren Kläranlage für 10.000 Einwohner, neuen Straßen und einem Solarkraftwerk mit 824 Kilowatt Nennleistung[400]. Das Krankenhaus und das Sicherheits- und Notfallzentrum waren mittlerweile operativ und sehr beeindruckend. Der Ausbau der tertiären Bildungseinrichtungen ging ebenfalls in riesigen Schritten voran, mit den nun vollendeten Studentenwohneinheiten hatte Orania mittlerweile auch eine permanente Einwohnerschaft von etwa 100 Studenten, was den Charakter des Ortes ebenfalls positiv verändert hat. Auch der Elan unter den Einwohnern war deutlich zu spüren.

400 Kemp, J, Orania in beweging. Episode 3 (eie energie).

Im Gegensatz dazu verfielen die normalen Siedlungen und Städte, die wir bei unserer Fahrt durchs Land sahen, immer weiter: große Schlaglöcher selbst in den Hauptstraßen die man schon nicht mehr umfahren konnte; Traditionsgeschäfte geschlossen und noch mehr von den üblichen chinesischen und arabischen Billigläden übernommen, die Bürgersteige vermüllt, eine allgegenwärtige Obdachlosigkeit, bestreikte Verwaltungen, zerstörte öffentliche Gebäude. Auch die Kriminalität und die furchtbaren Farmermorde sind noch schlimmer geworden. Die Stromunterbrechungen waren eine regelmäßige Beeinträchtigung des täglichen Lebens. Orania ist in der Hinsicht bald autark, nachdem mittlerweile (April 2024) die Speicherkapazität auf 4,8 Megawattstunden erhöht wurde[401]. Damit ist die Gemeinschaft demnächst in der Lage, konstanten Strom aus seinem eigenen Solarkraftwerk zu liefern.

Orania gleicht einem kleinen Rettungsboot auf hoher See, das um ein sinkendes Schiff Südafrika kreist und versucht, so viel wie möglich Menschen und kostbare Güter zu retten. Gleichzeitig ist man sich auf dem Rettungsboot bewusst, dass man nicht ewig so nahe am dem sinkenden Riesenschiff bleiben kann, da man im Moment des Sinkens durch den Sog selbst in die Tiefe gerissen würde. Aber wegrudern hieße, viele zurückzulassen. Inständig hofft man, das große Schiff möge vielleicht doch nicht sinken – oder, dass diejenigen, die das rettende Boot nicht erreichen können, sich aus den Wrackteilen eigene Rettungsboote zu bauen imstande sind.

Mit diesem Vergleich ist Oranias Situation beschrieben und es mutet wie ein Wunder an, dass diese Siedlung wächst und gedeiht. In Südafrika wird schon seit Jahrzehnten immer vor dem „großen Knall" eines Bürgerkrieges gewarnt, aber es sieht eher nach einem sich beschleunigenden Verfallsprozess aus. Anders als ein Schiff geht ein Staat aber nie völlig unter, sondern existiert als treibendes Wrack weiter. Afrika ist diesbezüglich leider voller abschreckender Vorbilder.

Orania hat bereits praktische Antworten für das Dilemma gefunden, das der Westen zunehmend zu spüren bekommt: wie schützen wir unsere Zivilisation, unsere Werte und unseren Wohlstand gegen eine zunehmend demographisch ungünstige Situation? Es kann nur eine Kombination von starken Grenzen und Verteidigungsbereitschaft, guter Diplomatie und Entwicklungshilfe sein. Die Situation der afrikaanssprachigen Minderheit in Südafrika ist eine dystopische Zukunftsvision der westlichen, abendländischen Welt und so kann auch Orania ein Zukunftsmodell sein. Interesse, Solidarität und Unterstützung wären angebracht, nicht Desinteresse, Verachtung und sogar Ablehnung, wie es zur Zeit oft noch der Fall ist.

401 Orania Newsletter, 24. April 2024.

DANKSAGUNG

Dieses Buch wäre nicht möglich geworden ohne die aufopferungsvolle Korrekturarbeit und die zahlreichen Verbesserungen und Ratschläge von besonders Christoph von Ach, aber auch seines Bruders Florian und ihres Vaters Klaus von Ach, die viele Stunden ihrer knappen Zeit für das Gelingen dieses Buches beitrugen. Auch die Beantragung der Förderung namens des Südtiroler Freundeskreises ist Christoph von Ach zu verdanken.

Außerdem möchte ich dr. Albrecht Beer danken für das Gegenlesen und die Endkorrektur.

Des weiteren soll allen Oraniern und anderen Gesprächspartnern, die für teilweise stundenlange Interviews bereit waren und dadurch sehr viel Detailwissen und persönliche Erlebnisse zu dem Buch beisteuern, gedankt sein.

Zuletzt danke ich auch meiner Frau Heidi, die mir immer den Rücken freigehalten hat für die Arbeit an diesem Buch.

QUELLENANGABEN

BÜCHER

Unbekannter Autor: Stigting van die Afrikaner-Volkswag. Afrikanervolkswag, Pretoria, 1984

Aucamp, I und Swanepoel, J: Einde van 'n groot party. Morrison Verlag, Allensnek, 2007

Böttger, C: Autonomie für die Afrikaanse Nation! Lindenbaum Verlag, Schnellbach, 2020

Boshoff, CWH snr.: Dis nou ek, Carel Boshoff. Lapa Uitgewers, Pretoria, 2012

Boshoff, CWH snr.: Die grondvraag: langtermynkeuse vir die Afrikaner. Beraadverslag. EPOG, Orania, 2008

Boshoff, CWH jnr.: Afrikaners na apartheid. Vryheidsreeks 6. Afrikanervryheidstigting, Pretoria, 1992

Boshoff, CWH jnr.: Orania en die derde Afrikaner. Drie lesings. EPOG, Orania, 2007

Boshoff, CWH jnr.: Verder as vryheid. Die Orania Beweging en die toekoms van ons mense. EPOG, Orania, 2015

Bothma, LJ: Vat jou goed en trek, Ferreira. Selbstpublikation. Bloemfontein, 2019

Bruwer, PF: Republiek Afrikana. 'n Tuiste vir die Afrikaner. Pretoria, Oranjewerkers Promosies, 1983

Bruwer, PF, Verwoerd HF (jnr) ea: Afrikanerland - 'n Gebiedsaanduiding. Oranjewerkers Promosies, Morgenzon, 1990

Clark, C: Die Schlafwandler: wie Europa in den Ersten Weltkrieg zog. Pantheon, 2013

Du Plessis, A: Orania-eerste Volkstaatdorp. Selbstpublikation. Bloemfontein, 1998

Giliomee, H: The Afrikaners. Biography of a people. Tafelberg Verlag, Kapstadt, 2003

Giliomee, H: The last Afrikaner leaders. Tafelberg Verlag, Kapstadt, 2012

Guise, D: Freedom for all. The Orange River Proposals. Rivonia, 1993

Horrell, M: The African Homelands of South Africa. SAIRR, Johannesburg 1973

Jansen, J und Osterhammel, J: Dekolonisation. Das Ende der Imperien. CH Beck, 2013

Jonker, K: Vegters teen Politieke Boelies. Griffel, 2009

Kemp, K: Carel Boshoff en sy Afrikanerdenke. Pretoria, Oranjewerkers Promosies, 1984

Lubbe, WJG: Witman, waar is jou tuisland? Oranjewerkers Promosies, Pretoria, 1983

Oppermann, H: Klippe vertel...Orania se rotsgravures. EPOG, Orania, 2014

Paul, J: Die territoriale Ausbreitung der britischen Herrschaft in Südafrika bis zur Gründung Rhodesiens. Eine politisch-geographische Studie zur neueren Kolonialgeschichte, 1927

Razumovsky, D: Letzte Hoffnung am Kap. Bericht aus dem südlichen Afrika, 1990

Rousseau, L: 'n Toevlug in die Weste. Rubicon Press, Kapstadt, 1993

Swart, A (red.): ...en hier is nou ons nuwe Boerevolkstaat. Oranjewerkers Promosies, Pretoria, 1985

Van der Walt, IJ: Partisie. Enigste uitweg vir Suid-Afrika. Potchefstroom, Universum Uitgewers, 1991

Van Heerden, WM: Hartland van die Afrikaner. Oranjewerkers Promosies, Morgenzon, 1990

DISSERTATION

Jooste, NJ: Die eerste fase van die Oranjerivierontwikkelingsprojek, 1962-1976. 'n Historiese analise. Proefskrif voorgelê om te voldoen aan die vereiste vir die graad doctor philosophiae in die fakulteit geesteswetenskappe, departement geskiedenis, Universiteit van die Oranje-Vrystaat, 1999

ZEITUNGEN (GENAUERE ANGABEN IN DEN FUSSNOTEN)

Afrikaner
Argus
Beeld
Cape Times

Citizen
Financial Mail
Das Parlament
Patriot
Pretoria News
Rapport
Star
Sunday Times
Transvaler
Vancouver Sun
Volksblad
Volkstater
Weekly Mail

BROSCHÜREN, PAMPHLETE

Departement van Inligting/Depart of Information: 'n Magtige rivier getem/A mighty river tamed. Pretoria, 1971

Kruger, D: Dr. HF Verwoerd en die Oranjerivierprojek. Verwoerd Memorial Lecture. Orania, 2012.

Vryheidsfront: Neutedop: VF-plan vir Afrikanervryheid. 1997

Vryheidstrek: Die volkstaat en die gebiedsaanduidigings daarvoor. Elsburg, 1991

ZEITSCHRIFTEN (GENAUERE ANGABEN IN DEN FUSSNOTEN)

Der Spiegel
Boundary and Security Bulletin
Finansies en Tegniek
Frontnuus
Journal of Racial Affairs
Voorgrond. Tydskrif van die Afrikanervolkswag
Zeitschrift für Politik

BERICHTE

Afrikaner-Volksfront: 'n Land vir die Boerevolk. Eerste verslag van die Volksrepubliekkomitee van die Afrikaner-Volksfront vir vrede in Suid-Afrika. Juni 1995

Boshoff, A, Boshoff, C en Viljoen, D: Ondersoek na 'n volkstaat in die Noordwes-Kaap. August 1996

Boshoff, CWH prof: Die grondvraag: langtermynkeuse vir die Afrikaner. EPOG, Orania, 2008

Report of the Commission for the socio-economic development of Bantu areas within the Union of South Africa (Tomlinson Report). 1954

Von Ach, Christoph: Südtirol hilft Südafrika. Informationsbroschüre des Südtiroler Freundeskreis der Afrikaner. Bozen. (Ausgaben von 2010, 2012, 2014, 2016)

Volkstaatraad: Eerste tussentydse Verslag van die Volkstaatraad. Pretoria, Mai 1995

Volkstaatraad: Selfbeskikking in internasionale verband. Pretoria, 1996

Volkstaatraad: Ondersoek na moontlikhede vir Afrikaner-vestiging en ontwikkeling in die bestemde gebied in die Noord- en Wes-Kaap provinsies. Mai 1997

Volkstaatraad: Erkenning van die Afrikaner se vryheidstrewe kan lei tot stabiliteit en ontwikkeling. Verrigtinge van konferensie te Pretoria, 16. bis 17. Februar 1999

Volkstaatraad: Finale verslag: bevindinge en aanbevelings. Pretoria, März 1999

PERSÖNLICHE INTERVIEWS DES AUTORS (TONMITSCHNITTE IM EPOG ARCHIV ORANIA)

Dr. Chris Jooste am 11. und 12. März 2014 in Stellenbosch

Kobie Gouws und Rina Coetsee am 9. Oktober 2014 in Philippolis

Johanna Pohl am 9. Oktober 2014 in Philippolis

Pieter Grobbelaar am 14. März 2014 in Tergniet

Eleanor Lombard am 13. März 2014 in Tergniet

Marianne Botes am 13. Mai 2014 in Orania

Dr. Jozef Henning am 23. März 2016 in Orania

Thinus Schutte am 14. Oktober 2014 in Hopetown

Renus Steyn am 5. März 2014 in Orania

Annatjie Boshoff am 3. und 30. April 2014 in Orania

Adam und Adelaide Boshoff am 30. Oktober 2015 in Orania

Madeleine Winterbach am 9. Mai 2014 in Orania

Carel Boshoff jnr. am 8. Oktober 2014 in Orania

Frans de Klerk am 11. August 2014 in Orania

Jan und Elica Joubert am 2. Junie 2014 in Orania

Desire Viljoen am 22. Mai 2014 in Orania

Christiaan van der Merwe am 18. November 2014 in Orania

Sarel Roets am 17. November 2015 in Orania

Dr Manie Oppermann am 19. Januar 2016 in Orania

Dr John Strydom am 13. September 2016 in Orania

Kobus van der Merwe am 9. Februar 2016 in Orania

Martin Kemp am 8. Februar 2016 in Orania

Francois und Annatjie Joubert am 23. Februar 2016 in Orania

Leon Strauss am 29. Februar 2016 auf seiner Farm im Distrikt Luckhoff

Andreas du Plessis am 24 August 2016 in Orania

Willie Nel am 23. Juli 2015 in Orania

Willie du Plessis am 24. August 2016 in Orania

FILME, VIDEOS

Kemp, J. Orania in beweging. (Kurze Informationsvideos zu Aspekten von Orania. In 10 Episoden: 1. Architektur, 2. Stadtentwicklung, 3. Energie, 4. Wirtschaft und Finanzen, 5. Landwirtschaft, 6. Unterricht und Ausbildung, 7. Sicherheit und Medizinische Versorgung, 8. Tourismus, 9. Symbole, 10. Internationale Kontakte). Orania, 2023. Verfügbar auf youtube.

Lindner, T. Orania. Ein Dokumentarfilm. Berlin. 2012

ANDERE DOKUMENTE

Constitution of the Republic of South Africa, 1983

Constitution of the Republic of South Africa, 1996

BILDNACHWEIS

Seite 3, Archiv Sebastian Biehl

Seite 9, Archiv Sebastian Biehl

Seite 13, Archiv Sebastian Biehl

Seite 15, Archiv Sebastian Biehl

Seite 26/27, Orania Bewegung

Seite 30, Discott (https://commons.wikimedia.org/wiki/File:Great_Trek_map_full.png), https://creativecommons.org/licenses/by-sa/4.0/legalcode

Seite 31, Unknown author (https://commons.wikimedia.org/wiki/File:Kitchener_at_the_Peace_Conference_that_ended_the_Second_Boer_War.png), „Kitchener at the Peace Conference that ended the Second Boer War", als gemeinfrei gekennzeichnet, Details auf Wikimedia Commons: https://commons.wikimedia.org/wiki/Template:PD-US

Seite 32, Shutterstock

Seite 34, Epog Archiv

Seite 37, CIA (https://commons.wikimedia.org/wiki/File:Southafricanhomelandsmap.png), „Southafricanhomelandsmap", als gemeinfrei gekennzeichnet, Details auf Wikimedia Commons: https://commons.wikimedia.org/wiki/Template:PD-US

Seite 40, U.S. Central Intelligence Agency (https://commons.wikimedia.org/wiki/File:South_Africa_racial_map,_1979.gif), „South Africa racial map, 1979", als gemeinfrei gekennzeichnet, Details auf Wikimedia Commons: https://commons.wikimedia.org/wiki/Template:PD-US

Seite 41 oben, Pieter Mulder Fotosammlung

Seite 41 unten links, https://censorbugbear-reports.blogspot.com/2013/06/nelson-mandela-bombs-amanzimtoti-23-dec.html

Seite 42, Epog Archiv

Seite 49, Copyright World Economic Forum (www.weforum.org) (https://commons.wikimedia.org/wiki/File:Frederik_de_Klerk_with_Nelson_Mandela_-_World_Economic_Forum_Annual_Meeting_Davos_1992.jpg), „Frederik de Klerk with Nelson Mandela - World Economic Forum Annual Meeting Davos 1992", https://creativecommons.org/licenses/by-sa/2.0/legalcode

Seite 54, Pieter Mulder Fotosammlung

Seite 57, Pieter Mulder Fotosammlung

Seite 59, Final Report of the Volkstaat Council, 1999

Seite 62, Pieter Mulder Fotosammlung

Seite 63, Pieter Mulder Fotosammlung

Seite 64, Freiheitsfront

Seite 66, Pieter Mulder Fotosammlung

Seite 67, Maroela Media

Seite 69, Pieter Mulder Fotosammlung

Seite 72, Maroela Media

Seite 76, Orania Bewegung

Seite 77, Orania Bewegung

Seite 79, Epog Archiv

Seite 80, Epog Archiv

Seite 92, (https://commons.wikimedia.org/wiki/File:Professor_Carel_Boshoff.jpg), „Professor Carel Boshoff", https://creativecommons.org/licenses/by-sa/3.0/legalcode

Seite 85 oben, Orania Bewegung

Seite 85 unten, Orania Bewegung

Seite 86 unten, Epog Archiv

Seite 88 oben, Pieter Mulder Fotosammlung

Seite 88 unten links, Epog Archiv

Seite 88 unten rechts, Pieter Mulder Fotosammlung

Seite 89, Epog Archiv

Seite 95, Epog Archiv

Seite 97, Epog Archiv

Seite 99, Epog Archiv

Seite 100, Epog Archiv

Seite 101, Epog Archiv

Seite 103, Epog Archiv

Seite 109, Epog Archiv

Seite 119, Epog Archiv

Seite 120, Orania Bewegung

Seite 121, Pieter Mulder Fotosammlung

Seite 122, Shutterstock

Seite 125, Pieter Mulder Fotosammlung

Seite 126, Pieter Mulder Fotosammlung

Seite 133, Shutterstock

Seite 134, Archiv Sebastian Biehl

Seite 136, Archiv Sebastian Biehl

Seite 139, Epog Archiv

Seite 141, Orania Bewegung

Seite 142, Epog Archiv

Seite 145, Orania Bewegung

Seite 147, Orania Bewegung

Seite 148, Orania Bewegung

Seite 150, Epog Archiv

Seite 151, Archiv Sebastian Biehl

Seite 153, Archiv Sebastian Biehl

Seite 154, Vectorebus (https://commons.wikimedia.org/wiki/File:Orania_flag.svg), https://creativecommons.org/licenses/by-sa/4.0/legalcode

Seite 161, Epog Archiv

Seite 164 links, Epog Archiv

Seite 164 rechts, Epog Archiv

Seite 173, Epog Archiv

Seite 177, Epog Archiv

Seite 178, Epog Archiv

Seite 180, Archiv Sebastian Biehl

Seite 180, Archiv Sebastian Biehl

Seite 184, Epog Archiv

Seite 241, Academia

Seite 242-245, Dolomiten

Seite 246, Die Südtirolerin

Seite 247-250, Dolomiten

Alle anderen Bilder, Archiv Freundeskreis der Afrikaaner